早稲田の世界史

［第2版］

今西英貴 編

JN058693

教学社

はしがき

　本書は，早稲田大学の世界史のレベルを実感しながら今の自分の実力を確認し，必要な知識を得て，今後の学習に活かしてほしいと編集したものです。「赤本」はそれぞれの学部のものがありますが，早稲田大学は学部間併願の多い大学ですし，学部ごとの傾向があるとはいえ，求められるものには共通点も見られます。このため，早稲田大学の世界史を重点的に対策したい受験生のために，2022〜2012年度の11年間の各学部の入試問題から41題を厳選し，詳細な解説を付しました。

　最初に全体的な傾向分析を行い，あまり類書では触れられることのなかった具体的な学習の進め方についてまとめました。その後，学部ごとにカウントしたデータに基づき出題形式・傾向・対策をまとめています。志望する学部のものを熟読するだけではなく，すべての学部に関して目を通しておいてほしいと思います。

　そして，前近代史・近現代史と地域別・時代別に配置した大問，通史・地域横断的な大問を章分けした演習問題にチャレンジしましょう。限られたページ数ですが，早稲田大学の傾向を重視しながら，広く世界史の理解や知識を問う問題を選定できたと自負しています。さらに，空欄補充問題や語句選択・記述問題，正文・誤文選択問題は当然のこと，配列問題や論述問題，図版・史資料を用いた問題，複数個解答を選択する問題など，近年の問題形式を網羅しています。2021年度より，教育学部で続けて出題されていた語句記述問題がなくなったように，志望する学部で問題形式の変更もあるかもしれません。そのような事態になっても本番の試験会場で動揺しないよう，自分の受験予定でない学部の問題も一問一問丁寧に解答してみてください。さまざまな問題形式に触れることで，自分の理解・知識をさらに深めることもできます。

　答え合わせの際には，自分の解答の思考過程をたどりながら，正解・不正解を確認しましょう。正解の際にはその理解・知識を補強するために，不正解の際にはその理由を考えながら解説を読んでいくようにしましょう。そのときに意識するべきは，「次は正解できるように」です。

　本書が一人でも多くの早稲田大学受験生の合格への手助けとなることを願っています。

編著者しるす

目　次

（　）内は年度・学部・大問番号を示す。

★は史資料・地図問題。

第1章　前近代史①——東・内陸アジア史

第2章　前近代史②——西・南・東南アジア史，アフリカ史

第3章　前近代史③──欧米史

第4章　近現代史

第5章 テーマ史・論述

◇時代区分について
　本書では，アメリカ独立革命より前を前近代，以降を近現代と区分しています。

本書の特色と活用法

▶問　題

　早稲田大学の世界史を攻略するためのポイントは，①正文・誤文選択問題への対応，②アジア史（中国史）・欧米史を中心とした幅広い地域のカバーです。これをふまえて，代表的な良問を精選しました。各学部を通じて繰り返し出題されているテーマや頻出事項を含む問題を選定しています。

▶解　説

　紛らわしい事項，受験生が混乱したり誤解しそうな箇所について，できるだけ整理してポイントを示しています。また，どの問題も，**早稲田大学全体の出題傾向をふまえて解説**しています。必須事項が精選されていると考えて，しっかり理解しておきましょう。

▶難易度

　すべての設問に難易度を示しました。早稲田大学の世界史に取り組む際には，「教科書レベルの理解」をベースとした**難易度の見極め**が非常に重要です。一問一問，難易度を意識しながら取り組みましょう。

　《易》は基本的な問題で，ここでのミスは避けたいところです。《やや易》は基本的ではありますが，取りこぼしも考えられる問題です。《標準》は早大志望者であれば着実に得点したい問題です。《易》～《標準》がクリアできれば 7 割程度は確保できるはずで，合格ラインはぐっと近づきます。早大といえども，難問ばかりが出題されるわけではないのです。

　《やや難》は，用語集の説明文中や教科書の欄外で取り上げられるような知識が求められる問題です。一歩踏み込んだ学習が必要となりますが，世界史で得点を稼いでおきたい受験生は，このレベルの問題をクリアしておくと他の受験生に差をつけることができるでしょう。

　《難》は多くの受験生ができない問題ですので，解けなくてもそう心配することはありません。本書の解説を読んで，内容を理解しておけば十分です。こうした難問の攻略のために膨大な時間を費やしたとしても，なかなか得点率はアップしませんし，満点を取らなくても合格できます。

早大世界史の研究

① 早大合格を確実にするために

　私大最高峰のひとつである早稲田大学。その世界史について，「**実はみなさんが思うほど難問ぞろいというわけではないです**」という話を予備校の講義中にすると，生徒たちは「またまたぁ」という顔をする。そこで，実際に過去問を提示して一緒に解いてみると，驚きながら「本当にそうでもなかった」と期待通りのリアクションをしてくれる。過去問を未見の場合，頭の中の「早稲田」というイメージが「難しいに違いない」という先入観となり，過去問を解いたことがある場合，その中に何割か含まれる「難問」のイメージが強く残っていて，それが「早稲田＝難問」という記憶として刷り込まれているのだろう。そして，その先入観や記憶から，対策としていきなり難しい参考書や問題集に手を出してしまう，という受験生を多く見てきた。実際に本書を使用して，腰を据えてじっくりと大問１題に取り組めば，実は教科書レベルの問題が多くを占めていることに気が付くはずだ。

▶基礎学習の流れ

① 教科書レベルの理解に努める

　早稲田大学合格への第一歩は，当たり前の話になるが，「**教科書レベルの理解に努めること**」である。具体的には，教科書や参考書を，地図や写真，脚注やコラムなども含めて熟読することである。教科書レベルとはいえ，早稲田大学の問題では，教科書の本文中には記載がないが，脚注で説明している情報を正文・誤文選択問題の判別に使うことがあるからである。

　教科書などを熟読する際に，気を付けるべきことは２つ。

- わからない用語に関しては用語集などを調べながら，知らない地名などは資料集や図説などで常に確認しながら読み進める。
- 読んでいて登場した歴史的事象を，「原因→経過→結果→影響（→また異なる事象の原因へ）」という「つながり・流れ・背景」を意識しながら理解する。

　ただ漫然と読むだけでは，頭の中を通過してしまい，知識や記憶として残るものは少ないだろう。上記の２点を実践しながら読むことで，頭の中にいわば「**世界史という大きな木の幹**」ができてくる。その「幹」から，さまざまな方向に枝葉（＝つながり，因果関係，世界史用語）を伸ばしていくことで，どのようなタイプの問題を解く際にでも必要な力をつけることができるのである。

② 用語（の定義）の記憶──時代・地域（国名）・関係者に注目

　理解のタームで「幹」ができてきたら，次は記憶のタームに移る。一問一答形式の問題集などで「幹」から伸びる「枝」，さらに「葉」を増やしていく感覚で取り組む。その際には，**「問題文中のヒント」「空欄の前後のヒント」に常に注目しながら解いていくことが必要である。**そうすることで，言葉と言葉のつながりも見えてきて，いざ入試問題で演習する際にも大いに役に立つし，早稲田大学の問題で多く見られる正文・誤文選択問題を解く際に求められるスピードを養うことができる。「幹」をつくる際に世界史の用語をそれぞれ説明可能なまで習得している受験生はこのタームを飛ばすことも可能だが，一問一答形式の問題集には自分の学習の「穴」を発見しやすいという長所がある。ところどころでは利用してほしい。

③ 自分の理解・知識の確認

　そしていよいよ確認のタームとなる。ここでは本書のような問題集で自らの理解（記憶）した箇所，逆にあいまいな箇所を確認する。その際に気を付けるべきことは「なんとなく解かない」こと。面倒かもしれないが，この演習の際には，**時間を気にせず，選択肢ひとつひとつを自分なりの確証を持って絞っていってほしい。**早稲田大学の世界史では，一部で教科書レベルを超える用語が選択肢に登場することもあるため，実際にはすべての選択肢に明確な根拠を持って判断することは難しいが，できる限りチャレンジしよう（教科書や用語集にないとわかったらそこで撤退する，くらいでよい）。このように演習することで，今の自分に足りないものや，忘れてしまったこと，認識不足の箇所，誤認してしまっている箇所などがより明確になる。解説を熟読し，学校や予備校で使っているテキスト，用語集・図説なども活用して，ひとつひとつあぶり出した課題を「潰していく」ことが，今回できなかった問題，もしくは早稲田大学の世界史において頻出の問題を解く際に大いに役立つのである。

▶偏りのない学習を

　早稲田大学の世界史は，先史時代から現代の時事問題に至るまで，**問われる時期がきわめて広範囲といえる。**学部・年度によっては前近代・近現代どちらかに偏ることもあるが，基本的に全範囲の学習が必要であろう。地域別でみると，欧米史かアジア史かでいえば欧米史が多くなってはいる。しかし，これも年度・学部によってかなり「揺れ」が生じているため，やはり全範囲の学習が必要である。時代別にも地域別にも，苦手なものを残してしまうと本番で致命傷になりかねない。知識の穴は積極的にふさいでいこう。アジア史だと中国史，欧米史だと西ヨーロッパ・アメリカ史がやはりメインだが，たとえば法学部では，アジア史としては中国と周辺（東南・内陸アジア）とのつながりに力点を置いたような大問，欧米史としては北欧やラテンアメリカ史の大問がそれぞれ出題されたことがある。周辺地域に関しても，主に中心地域など

との交流をしっかり理解しておこう。

▶正文・誤文選択問題が勝負を分ける

　法学部では問題の過半数を正文・誤文選択問題が占めている。商・文・文化構想・教育学部でもおよそ3分の1はこの形式ということもあり，早稲田大学合格のためには対策が不可欠である。ここで，用語や因果関係などの理解や記憶があいまいだと，出題者の術中にはまることになってしまう。正文・誤文選択問題のパターンを考えてみると，人物の事績や王朝の政策などを入れ替えることで誤文をつくる方式が目立つ。教科書・参考書などの熟読の際や問題演習の際には，フィリップ2世，フィリップ4世，フィリップ6世などの「ややこしい人名」，靖康の変，靖難の役などの「ややこしい事件名」などを専用のノートにまとめてみることが良い対策となる。

　その際は，時代や王朝などの大きな概念→為政者などの小さな概念，という順で用語を整理することを勧めたい。たとえば，中世のフランス王朝史については

カペー朝　→　ヴァロワ朝　→　ブルボン朝

と，まずは王朝単位で「フォルダ」をつくり，さらにカペー朝のフォルダの中に

ユーグ＝カペー　→　フィリップ2世　→　ルイ9世　→　フィリップ4世

のように君主単位の「小フォルダ」を順に並べる。そして，

ユーグ＝カペー	987年　カペー朝を創始
フィリップ2世	第3回十字軍に参加
	英王ジョンから仏国内の英領を奪う
	アルビジョワ十字軍開始
ルイ9世	アルビジョワ派平定
	1248年　第6回十字軍
	モンゴルにルブルックを派遣
	1270年　第7回十字軍
フィリップ4世	1302年　三部会招集
	1303年　アナー二事件
	1309年　教皇のバビロン捕囚（～77年）

と，それぞれの「小フォルダ」に事績を正しく配置する。これを頭の中に丁寧に構築していく意識で学習すると，やがて選択肢の誤りの部分に気付けるようになってくる。早稲田大学では年代の違いで誤文と判定させるような問題もあるが，ごく一部となってきているし，その対策のために年表を全部記憶するようなことは，受験までの限られた時間を考えると現実的ではない。

　さらに，早稲田大学の正文・誤文選択問題では，用語集の見出し語を知っていれば解けるという問題だけではなく，その用語の説明文の中の表現から正誤を判別する必要がある問題が見られる。説明文の中のキーワードとなる部分にも気を配っておこう。

▶配列問題が増加中

　本書でも採録したが，「起きた順に正しく並べたものを選ぶ問題」や，「古いものから順に〜番目の国家を選ぶ問題」など，**配列式の問題が目立つようになってきた。**一見難解で，ある程度の年代知識を求める問題も見られるが，先述のように「フォルダ」を整理し因果関係を理解していれば解ける問題もある。すべての歴史的事象の年代を記憶することに途方もない労力を使うより，学校や予備校の講義中に出てきた重要年代や，教科書の太字レベルの用語の時期を見ておくくらいの対策でよいだろう。

▶文化史対策を怠らないように

　全学部の設問・選択肢に文化史が見られるため，しっかりカバーしておこう。人名と作品名だけで判別できるものから，その社会的・政治的背景が問われるものまで出題されている。単純な暗記ではなく，ある時代になぜそのような作品が生まれたのかを考えながら，**政治史・社会史の中で文化をとらえる意識を持とう。**特に文・文化構想学部では図版を用いた出題が毎年のように見られる。教科書や図説に掲載されている写真は流し見せず，なぜその写真がそのページに掲載されているのかまで考える習慣をつければ，対策としてはバッチリである。

▶地理的知識も不可欠

　単に地理的知識といっても，実際に地図を問題中に表示してそれを利用して解かせる問題や，地図は表示せず，頭の中で地図を描いて解くことを要求する問題までさまざまである。やはり世界史を理解する際に地図は切っても切り離せないものであるから，日々の学習の際には座右に図説などの地図のページを広げておきたい。

▶漢字は正確に

　記述・論述式の小問が出題されている。誤字は当然，正答とはならない。書く途中で手が止まったり，不安になったりしたら，すぐに正しい漢字を調べる意識が必要である。

② 早大世界史／全体概観

このコーナーでは過去5年分（2019〜2023年度）の出題傾向の分析を行う。

■出題形式

学部ごとの出題形式

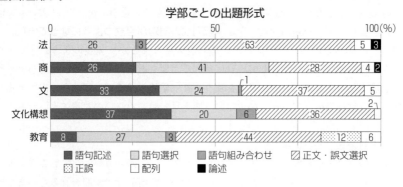

▶**語句記述問題**

　語句記述問題の割合が3割を超える文・文化構想学部は言うに及ばず，大問1題が
まるまる記述・論述問題となる商学部でも，語句（特に漢字）を正確に書くという対
策は欠かせない。一問一答形式の問題集にチャレンジする際も，移動中などの時間に
心の中で解答を念じるようなかたちで演習するだけでなく，自宅や自習室の机に座っ
てペンを動かす時間をとっていると，誤字に気付く感覚を得ることができる。

▶**語句選択問題**

　空欄に当てはまる語句を選択するものや，一問一答の解答を選択するものなど，す
べての学部で出題されている。誤答となる選択肢の中には教科書や用語集に掲載され
ていないような語句が見られるが，正解の選択肢は見覚えのある語句であることが多
い。基礎となるボキャブラリーを増やしていく意識を常に持とう。

▶正文・誤文選択問題／正誤問題

　正文・誤文選択問題はすべての学部で出題されているが，特に語句記述問題を課さない**法学部**では，**正文・誤文選択問題が全体の半分以上を占めている**。また，**教育学部**では，**2つの文の正誤の組み合わせ**を答える形式や，「**すべて選べ**」として正文・誤文の数がわからず，消去法では解けない形式のものもある。正文・誤文の吟味には時間がかかることがあるので，演習をこなしていく中で自分のペースをつかみたい。

▶論述問題

　法・商学部では論述問題が出題されている。2019年度までは文学部でも出題されていたが，2020〜2023年度は出題されていない。短いものは歴史的事象の説明を求めるものが主である。教科書や用語集の定義するところに従って書く練習をしよう。長いものは長期間にわたる事象の経緯や変遷を問うことが多い。知識を固めるのは言うに及ばず，設問文が何を要求しているのかを意識しながら，「**どこからどこまで書くのか**」という設計の練習を行っていきたい。

●論述問題のテーマ

〈法学部〉

年度	テーマ	字数
2023	1990年代初頭の南アフリカの社会変革と歴史的経緯	300
2022	6世紀〜10世紀末のトルコ系民族集団の興亡と移動	300
2021	1701〜63年におけるフランス・オーストリアとイギリスとの関係の変遷	300
2020	20世紀末までのメキシコとアメリカ合衆国との関係の変遷	300
2019	10世紀〜12世紀の「聖」・「俗」関係の歴史的変遷	300

〈商学部〉

年度	テーマ	字数
2023	ジャクソンが大統領選に勝利した背景や要因	100
2022	1982年にメキシコで起こった経済的に重要な出来事とその背景	100
2021	1960年代後半に共和党がアメリカ南部で支持者を増やした理由	100
2020	EU内の移動の自由と2015年以降のイギリスでの出来事との関連性	100
2019	プラザ合意の背景・内容・日本への影響	100

〈文学部〉

年度	テーマ	字数
2019	ヨーロッパ商人の東アジア進出が明の社会経済に与えた影響	90

■時代別

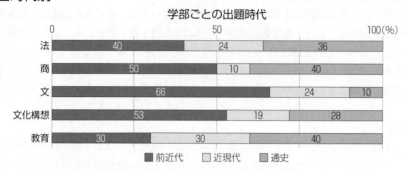

便宜的にアメリカ独立革命より前を前近代，以降を近現代として大問単位で見てみると，グラフ中では「通史」と分類した，**前近代・近現代という時代区分を超えた大問が各学部で目立つ**。その中で教育学部は3割程度が近現代に特化した大問となっており，特に注視すべきである。

■地域別

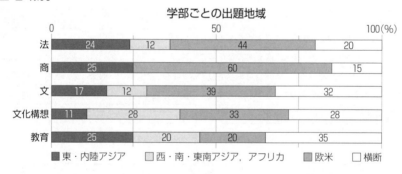

地域別に見ても，大問の中で広く問うことが多い早稲田大学の問題だけに，アジア・アフリカ史や欧米史の枠を超えて問う**地域横断的な大問**が比較的多いが，全体としては各学部ともバランスがとれているように見える。**法・商学部は欧米史重視**になっていることには注目しておきたい。

■史資料・地図問題

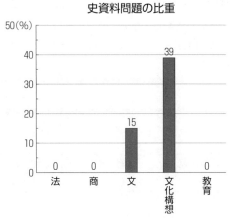

史資料問題の比重

文・文化構想学部では史資料問題が出題されている。

　通常，歴史家が歴史を構成していく際に参考にするのは，その時代を生きた人間が遺した情報である。文字のものを「史料」，それ以外を「資料」と呼ぶことが多いが，早稲田大学の世界史ではこれらを用いた出題を行っている。視覚資料を用いた「資料」問題の方は，その資料自体が知識として問われる設問も時折見られるが，「史料」問題は，初見でも解答できるような問題であることが多い。闇雲に暗記しようとするのではなく，史資料の中にひそむ「ヒント」となる部分に気付き，自らの世界史の知識とつなぐ練習をしたい。

　また，過去には地図問題や，地理的知識を必要とする設問も見られる。出題されるされないにかかわらず，世界史の理解をすすめるには地理的状況の把握は不可欠である。先述の通り，世界史学習の際には常に地図の掲載されている教科書・図説などを座右に置いておこう。

③ 学部別／傾向と対策

　ここからは，「全体概観」でみた5年分のデータのほか，それ以前の過去まで分析した学部ごとの傾向を整理し，それぞれに有効な対策を示す。第一志望以外の学部にも目を通してほしい。

●法学部

〈出題の傾向〉

形　式	論　述	時　代	地　域	史資料
正文・誤文選択中心	あり	バランス	欧米重視	なし

▶出題形式

　試験時間60分。大問5題，小問34問と長文論述1問。長文論述以外はマーク式で，約3分の2を占める正文・誤文選択問題と，語句選択問題（語句の組み合わせを選択するものも含む），配列問題が見られる。指定語句を用いた長文論述は，2016年度以降，250字以上300字以内となっている。

▶出題内容

　地域別では，長文論述以外は欧米史の比率が高い。1，2題はアジア史であるが，多地域にまたがるような形で出題されることもある。欧米史では西ヨーロッパやアメリカが中心であるが，2015年度と2020年度に北欧史，2021年度にアイルランド史の大問があることに注目したい。アジア史では例年〔1〕で問われている中国史が中心である。アジア史が大問で2題出題されている場合，もう1題は横断的に古代オリエントやパレスチナ史，ムガル帝国など西・南アジア史が扱われてきた。長文論述は近世から現代にかけての欧米史が多いが，2022年度はトルコ系民族の興亡，2023年度は南アフリカのアパルトヘイトについて問われている。

　時代別では，近年は古代から現代までバランスよく出題されるようになった。概して欧米史は近現代，中国史は前近代が多いという傾向は見られるが，近年の変化を考慮すると過信は禁物である。

　分野別では，政治史や社会経済史が主だが，文化史も続けて出題されている。大問として文化を扱うものもあり，難問も見られるので注意が必要である。

▶対策

　問われている内容として特に難解すぎるものも見られず，受験生の実力を測るのに適した出題が揃っている。まずは用語集・図説の力を借りながら教科書レベルの知識を完成させよう。ただし中には，解答する際に用語集の見出し語だけでなく，説明文レベルまで求めている問題も散見されるので，教科書や参考書を熟読する際，用語集が定義する表現にも気を配りたい。

　小問数は他学部に比べて少なめだが，多くを占める正文・誤文選択問題の選択肢が長文であるため，判断に時間がかかる。そのうえ，〔5〕の長文論述で20分ほどかかることを考えると，時間配分に気を付ける必要があるだろう。

　300字程度書く必要がある論述問題は，当然対策が必要である。長いスパンの経緯や変遷を問う問題が多いので，市販の問題集を用いながら，一定の時間内で書いていく訓練をしよう。そして，書いた答案は高校や予備校の先生に添削してもらうことを忘れずに。

●商学部

〈出題の傾向〉

形　式	論　述	時　代	地　域	史資料
語句選択中心	あり	前近代／通史	欧米重視	なし

▶出題形式

　試験時間60分。大問4題，小問は50問で一定しており，形式も〔1〕から〔3〕までがマーク式，〔4〕が空欄補充の語句記述13問と100字の論述1問となっている。〔1〕から〔3〕までは語句選択と正文・誤文選択問題中心であるが，語句選択問題は2019年度から次第に減少している。その代わりに正文・誤文選択問題や配列問題が増加傾向にある。

▶出題内容

　地域別では，概して欧米史が重視されている。しかし，小問単位ではアジア史について答えさせるような問題も多い。2018年度のように，アジア史が大問で2題出題されていることもあるので，安易に欧米史ばかりと思ってはいけない。

　時代別では，概ね前近代と通史が半々となっており，近現代単独の大問は少ない。また，近年は，〔1〕で古代ギリシア・ローマから中世ヨーロッパ，〔2〕で中国やその周辺地域，〔3〕で欧米の近現代を含む通史，そして〔4〕で比較的長い時代を問うテーマ史が扱われることが多くなっており，古代から現代まで広く出題されていることを意識したい。テーマ次第ではあるが，21世紀の事象に関する知識が問われることもよくある。

　分野別では，政治史・外交史が中心で，その他に社会経済史・文化史からも出題されている。特に，商学部という学部の性質からか，2020年度の「株式会社の歴史」，2019・2021年度の「貨幣に関する歴史」，2022年度の「近代から現代にかけての米英の通商問題」など，経済史分野の出題が目立つ。

▶対策

　商学部も，古代から現代まで幅広くさまざまな問いを立ててくる学部であり，極力「学習の穴」をつくらない準備が必要であろう。用語集や図説を適宜調べながら教科書や参考書の精読を行うことが攻略の第一歩である。正文・誤文選択問題に時折判断しにくい選択肢が散見されるが，選択肢はほとんど教科書レベルの知識で判断でき，消去法も用いることで正解にたどり着くことができる。

　商学部に特有の経済関連の問題や，現代の世界の情勢に即した論述問題には，世界史の教科書や用語集では対応しきれないものがある。海外の時事問題を扱うニュースサイトで目にした問題の歴史的背景の理解に努めたり，「政治・経済」の用語集や参考書も活用したりしながら，大学入学後にも役立つ知識を身に付けるという意識を強く持って学習を進めよう。

　さらに，論述問題は事項の概略説明や背景・関連事項などを100字で説明するという形式で，「なんとなく書けそうで書けない」というラインでの出題が続いている。当然対策は必要で，正文・誤文選択問題や配列問題で時間をとられることも想定しながら，10分から15分ほどで書けるような演習が必要であろう。過去問だけではなく，市販の問題集などを利用して100字前後の論述に慣れておこう。そして，書いたら解答例との比較を行い，気になった箇所があれば必ず世界史の先生に質問しよう。

●文学部

〈出題の傾向〉

形　式	論　述	時　代	地　域	史資料
正文・誤文選択中心	近年はなし	前近代重視	欧米重視	あり

▶出題形式

　試験時間60分。大問7〜9題，小問は45問前後。約4割を占める正文・誤文選択問題を中心に，語句選択（語句の組み合わせを選択するものも含む），語句記述で構成されているが，従来4分の1から3分の1ほどであった語句記述が，2023年度は4割に迫るほど出題されたのが気になるところである。加えて，2015年度まで30字程度の短文論述が出題されており，その後2016年度40字，2017年度50字，2018年度120字，2019年度90字と，小論述と呼べるレベルにまで字数が増加したが，2020〜2023年度は出題されていない。

▶出題内容

　地域別では，近年は欧米史の割合が大きいが，年度によってはアジア史が過半数を占めることがある。欧米史では西ヨーロッパが，アジア史では中国史が中心である。中国史では宋代を扱うことが多い。他に特筆すべきは古代オリエントで，〔1〕で毎年のように出題されている。

　時代別では，近年は前近代の出題が多いが，数年単位で見ていくと，先史時代から第二次世界大戦後まで幅広く出題されていることがわかる。特に2020〜2022年度と続けて第二次世界大戦後から出題されていることは意識しておきたい。〔1〕からほぼ時代順に大問が並んでいることが多いのも特徴的である。

　分野別では，政治史が中心で，社会経済史よりも文化史の比率が高いことが注目される。文化史は，写真なども含め美術作品が例年出題されている。

▶対策

　従来，文学部の世界史は早稲田大学の問題としては比較的易しいとされてきた。近年，正文・誤文選択問題を中心に比較的難しいものも含まれるようになったが，それでも大学が発表するデータでは得点調整前の平均点が7割前後と，やはり高得点勝負であることは間違いない。大問数も多く，先史から現代まで幅広く出題されるので，何よりも教科書の全範囲をカバーするくらいの意欲で学習を進めてほしい。そして，比較的出題数が多い語句記述問題で取りこぼしがないよう正確に書く訓練をしておく

ことも望まれる。

　視覚資料を使った問題は毎年出題されているので，教科書や図説に掲載されている芸術作品については，作者・名称・様式なども写真とともに印象付けることを欠かさず実行しよう。

　論述に関してはここ数年出題されていないが，復活する可能性もあるため，重要事項に関して，「原因→経過→結果→影響」のつながりを考え，一定の字数でまとめるような練習をしておきたい。

●文化構想学部

〈出題の傾向〉

形　式	論　述	時　代	地　域	史資料
バランス	なし	前近代重視	バランス	あり

▶出題形式

　試験時間60分。大問5〜8題，小問数は40問前後。マーク式と記述式の併用で，語句記述，語句選択（語句の組み合わせを選択するものも含む），正文・誤文選択問題などがバランスよく出題されている。

▶出題内容

　地域別では，欧米史・アジア史がほぼ半々，または欧米史が若干多い年度が続いている。欧米史では西ヨーロッパが目立ち，2015年度や2021年度にはロシア史の大問がみられる。アジア史は中国が中心だが，その他，東南アジア・南アジア・西アジアなどもしっかりと出題され，時折，2019年度の〔6〕「琉球王国と台湾」のように受験生の意表を突くテーマで大問を構成することがある。地域横断的な大問も一定数ある。

　時代別では，先史時代から第二次世界大戦後の現代史まで幅広く出題されているが，概して前近代からの出題が多い。現代史では2016・2020年度と冷戦期の大問があった。

　分野別では，これもやはり政治史を中心に外交史，社会経済史，文化史と幅広く出題されているが，特に文化史では「文化」を冠する学部の入試問題とあって，文学・歴史・宗教・美術などがよく出題されている。

▶対策

　文学部と並び，早稲田大学の問題の中では比較的易しいとされてきた文化構想学部であるが，こちらも文学部同様，正文・誤文選択問題を中心に判断に迷うような設問が増加してきた。時代・地域ともにバランスよく出題されているので，やはり教科書の全範囲をカバーするような学習が必要であろう。試験全体の構成は古代から順に並ぶ形式であるので，〔1〕〔2〕では先史・古代オリエント・ギリシア・ローマなどをテーマとすることが多い。近現代に重きを置くことがある他学部と異なり，先史時代・古代への対策を忘れないようにしよう。また，文学部と同様，語句記述問題でミスしないよう訓練しておく必要がある。

　史料を用いた問題も文化構想学部の特徴である。しかし，初見の史料でも既習事項から解答できるような設問であることが多い。教科書や図説などに掲載されている史

料文中から，自分の持っている世界史の知識につながるキーワードを見つける練習をしたい。史料に関する設問を出すようになった共通テスト対策の問題集にチャレンジするのも史料問題対策になるだろう。

　写真を用いた美術史の大問もほぼ毎年見られるので，教科書や図表に掲載されている建築や絵画は時代背景などもセットで頭に入れておきたい。そして，文化史に関しては，「アールヌーヴォー」や「印象主義」など，文化構想学部の過去問に登場した用語の再登場が目立つ。傾向の似ている文学部の過去問とあわせて演習を行おう。

●教育学部

〈出題の傾向〉

形　式	論　述	時　代	地　域	史資料
正文・誤文選択中心	なし	バランス	バランス	なし

▶出題形式

　試験時間60分。大問 4 題，小問50問の出題が続いている。2021年度から記述式の問題がなくなり，すべてマーク式となった。2020年度まで10問出題されていた語句記述問題がなくなり，その分正文・誤文選択問題や語句選択問題，正誤問題などが増加した。また，2021年度には正文・誤文選択問題で「すべて選べ」という設問が出現した。なお，近年，2 文組み合わせ型の正誤問題を出題しているのは教育学部のみである。

▶出題内容

　地域別では，〔 1 〕と〔 2 〕が欧米史，〔 3 〕と〔 4 〕がアジア史というパターンが多い。欧米史はヨーロッパ中心だが，時折アメリカ史の大問が見られる。アメリカ史は2017年度〔 2 〕で冷戦前後の流れが問われた他，小問単位での出題もあった。アジア史は中国史で 1 題，その他の地域で 1 題という構成であることが多いが，広範囲にわたる地域を扱うこともある。小問レベルでは日本に関しても扱われる。

　時代別では，欧米史では古代から近世にかけての大問が 1 題，近現代史が 1 題となることが多い。古代ギリシア・ローマが大問として扱われることは少ないが，欧米史の中で小問単位での出題がなされている。アジア史は中国史中心で，王朝単位で問う大問の他，テーマ史として長いスパンで問われる大問も見られる。中国史以外が問われる際は，地域における歴史を通史的に問う大問が多い。また，第二次世界大戦後はもちろん，21世紀の事項まで扱う小問が見られる。

　分野別では，政治史・外交史・社会経済史が中心である。文化史的なリード文の大問もあるが，そこから小問で問われているのは文化史だけではなく，関連する政治史や社会経済史であることも多い。

▶対策

　まずは全体の 4 割以上を占める正文・誤文選択問題対策が重要である。あっさりと判断できる選択肢が多い中，一部には判断に困る選択肢も見られる。基本的な対策としては，用語集などの見出し語に関する説明文を丹念に学習していくことである。これによってたいていの選択肢の正誤の判断が可能となるが，用語集レベルを超えた選

択肢を判断する際にも，消去法を用いながら正解にたどり着きたい。2021年度に出題された正解の数がわからない「すべて選べ」という正誤問題においては，すべての選択肢の判断ができなければ正解できないため，選択肢を吟味しても迷うことがあるかもしれない。しかし，そうなることを最大限避けるためにも，教科書・用語集・図説・参考書などをフル活用して選択肢の判断につながるような情報を得ておきたい。

　その他，リード文中の空欄に文章を当てはめる設問や，3つの文の正文・誤文選択のような，旧センター試験や共通テストなどに近い問題もある。さまざまな形式の出題を想定し，本書に含まれるような早稲田大学の他学部の問題や，共通テスト対策などの問題集の演習なども行っておきたい。

第1章　前近代史①
──東・内陸アジア史

1

◇以下の文を読んで，各設問に答えなさい。設問1は記述解答用紙の所定欄に記し，設問2～5はマーク解答用紙の所定欄に一つだけマークしなさい。

　秦の滅亡後，劉邦は項羽を破って天下を再統一し，漢（前漢）を建国した。しかし，建国後まもなく匈奴に大敗し，事実上その従属下におかれた。第7代の武帝は匈奴に対する反撃をはかり，西北方面では張騫を大月氏や（　あ　）に派遣し，西域に対する外交政策を展開した。同時に，匈奴と戦ってその勢力を駆逐し，河西地方を確保して四郡を置き，シルクロードを開拓した。南方方面では南越を滅ぼし，九郡を置いた。
また東北方面でも衛氏朝鮮を攻略して四郡を置いた。
　こうして漢は武帝のとき空前の大領土が形成されたが，しかし一連の対外戦争は深刻な財政難をもたらした。そのため，財政難を打開する新政策が行われたが，かえって小農民の没落をすすめ，社会不安を助長する結果となった。武帝の死後，朝廷では外戚と宦官の権力争いが激しくなり，地方では豪族が力をのばした。
　後8年，外戚の王莽は漢をうばって新を建国した。王莽は儒家の経典に依拠して，官僚機構や貨幣制度を改め，全国の土地を国有にし，奴隷の売買を禁止し，商業を統制した。しかしこれらの政策も，ますます社会を混乱させる結果となり，豪族の反抗や農民反乱を招き，また対外政策の失敗から周辺諸国・諸民族の離叛や侵入があいつぎ，新は15年で滅亡した。

問1　空欄（　あ　）に入る最も適切な語句を記しなさい。

問2　下線部aの南越に関して，不適切なものはどれか。
①　秦の滅亡を機に，漢人地方官が越人を支配して建国した国家である。
②　広東・広西・ベトナム北部を領有した。
③　広州を都として，南海貿易の利を独占した。
④　南越の滅亡後，もとの領域内の南海郡に，大秦王安敦の使者が入貢した。

問3　下線部bに関して，不適切なものはどれか。
①　衛氏朝鮮は，燕の亡命者衛満が箕氏朝鮮をうばって建国した国家と伝えられる。
②　朝鮮四郡とは，楽浪郡，真番郡，臨屯郡，玄菟郡のことである。
③　楽浪郡は四郡の中心で，現在の平壌（ピョンヤン）付近である。
④　帯方郡は，前漢末に楽浪郡の南部を割いて新設された郡である。

問4　下線部 c に関して，この政策を推進した人物は誰か。
　① 李　斯　　　　② 桑弘羊　　　　③ 董仲舒　　　　④ 鄭　玄

問5　下線部 d に関して，儒家の経典の「五経」に含まれないものはどれか。
　① 『論語』　　　② 『易経』　　　③ 『礼記』　　　④ 『春秋』

解説　前漢〜新の滅亡までの中国

前漢の建国から全盛期の武帝を経て新の滅亡までの政治を扱ったリード文だが，設問の中心は武帝の内外政策となっている。また，これに関連させて問3など古代の朝鮮史も出題されている。基本問題が多いので，しっかり解答しておきたい。

問1　答：烏孫　　　　　　　　　　　　　　　　　　　　　　　　標準

烏孫は月氏を駆逐して天山山脈北方のイリ地方を拠点とした騎馬遊牧民。武帝は匈奴を挟撃するために張騫を大月氏，続いて烏孫に派遣した。張騫は大月氏との同盟に失敗し，烏孫との同盟にも失敗したが，彼の死後，烏孫は前漢と同盟した。

●漢代における主な西域の勢力・地域

大月氏	前2世紀〜後1世紀頃	バクトリアに建国した遊牧民
烏孫	前2世紀〜後5世紀頃	イリ地方を拠点とした遊牧民　漢と結ぶ
大宛		シル川上流に位置する盆地　汗血馬の産地

問2　答：④　　　　　　　　　　　　　　　　　　　　　　　　標準

④－×　166年に大秦王安敦（ローマの五賢帝最後の皇帝マルクス＝アウレリウス＝アントニヌスと考えられている）の使者が入貢したのは南海郡ではなく南海九郡の最南端，現在のベトナム中部にあたる日南郡である。

問3　答：④　　　　　　　　　　　　　　　　　　　　　　　　やや難

④－×　遼東の太守であった公孫氏によって帯方郡が新設されたのは3世紀初めであるから，前漢末ではなく後漢（25〜220年）末にあたる。

なお，①の「箕氏朝鮮」は「箕子朝鮮」が正しい。

問4　答：②　　　　　　　　　　　　　　　　　　　　　　　　やや難

桑弘羊は前漢の財務官僚・政治家で，武帝に塩・鉄・酒の専売や均輸法・平準法を提言して財政難を打開しようとした。

●前漢武帝の財政政策

塩・鉄・酒の専売化	
均輸法	各地の特産物を不足地に転売して，物価調整・財政難打開を図る
平準法	物価下落時に購入した物資を高騰期に販売し，物価調整・財政難打開を図る
五銖銭の鋳造	官による鋳造だけを認め，貨幣制度を安定させた

問5　答：① ──────────────────────────────────── 易

　　五経とは②『易経』，③『礼記』，④『春秋』と，『書経』『詩経』の 5 つをいう。
孔子と弟子との言行録である①『論語』は五経ではなく，『大学』『中庸』『孟子』
とともに四書に数えられる。

2

◇以下の文章を読み，下線部(1)～(10)に関する問いについて，a～dの選択肢の中から答えを1つ選び，マーク解答用紙の所定欄にマークしなさい。また，波線部A～Bの問いの答えを，記述解答用紙の所定欄にすべて漢字で記入しなさい。

　中国では2世紀末に黄巾の乱がおこり，後漢の統治体制が崩壊して魏・呉・蜀の三国が分立し，魏晋南北朝と総称される長い分裂の時代を迎えた。この時代には，社会の混乱を収拾させるために，いくつかの政権は新しい土地制度や税制度を導入した。
　社会混乱を招いた原因の一つは，民族移動と民族対立であった。西晋の朝廷に内紛がおこると，その機に乗じて，華北に移住していた匈奴の劉淵が自立して漢（前趙）を建国し，西晋は滅んで五胡十六国時代が幕を開けた。五胡十六国は北魏によって統一されたが，その北魏の末期には北方の辺境から六鎮の乱がおこり，何度目かの大規模な民族南下現象を引き起こした。後に隋唐の皇室となる勢力も，この時に中国内地に入ってきた。
　その反面で，魏晋南北朝時代は，今日の中国社会に影響を残す文化の基礎が形成された時期でもあった。仏教は後漢の時代に伝わったといわれるが，中国に定着したのはこの時代である。亀茲出身の鳩摩羅什は長安に来て仏典約300巻を漢訳し，また中国僧もインドに留学した。さらには中国各地に石窟寺院が造営された。道教が確立したのもこの時代である。道教は後漢末の民間宗教結社の流れを汲み，北魏の寇謙之によって教団が形成された。一方，南朝では書・画・文芸などの分野で華麗な貴族文化が発展した。
　中国の魏晋南北朝時代は，朝鮮半島や日本では国家形成期にあたっている。日本には渡来人が高度な技術や文化を伝えて列島の政治・文化の発展に寄与したが，これも民族移動の余波と見られる。

問(1)　三国・西晋の政治的展開について，誤っている説明はどれか。
a　曹丕が後漢・献帝の禅譲を受けて魏が成立した。
b　建業に都を置いた呉は魏の攻撃を受けて滅亡した。
c　劉備は四川に蜀を建て諸葛亮を丞相とした。
d　魏の実力者の子である司馬炎が禅譲を受けて西晋を建てた。

問(2)　諸王朝の実施した制度について，誤っている説明はどれか。
a　魏は屯田制を施行した。

　　b　西晋は戸調式の税制を発布した。
　　c　五胡の諸国では土断法が行われた。
　　d　北魏は均田制を施行した。

問(3)　この出来事は何というか。
　　a　永嘉の乱　　　　　　　　　　b　黄巣の乱
　　c　赤眉の乱　　　　　　　　　　d　八王の乱

問(4)　この王朝の首都，平城があった場所は現在のどこか。
　　a　河南省安陽市　　　　　　　　b　河北省北京市
　　c　江蘇省揚州市　　　　　　　　d　山西省大同市

問(5)　この混乱後の政治史について，誤っている説明はどれか。
　　a　東魏の実権者高歓は，洛陽から鄴に都を遷した。
　　b　西魏は長安を拠点とし，府兵制を施行した。
　　c　東魏・西魏の対立期は，南朝では梁の時代にあたっていた。
　　d　北周からの禅譲で成立した隋は，北斉を併合して華北を統一した。

問(6)　この僧が訳した漢訳仏典は「旧訳」といわれるが，後に仏典の「新訳」を行い法相宗の教義を開いた僧は誰か。
　　a　義浄　　　　　　　　　　　　b　玄奘
　　c　智顗　　　　　　　　　　　　d　仏図澄

問(7)　洛陽郊外に造営された石窟はどれか。
　　a　雲崗　　　　　　　　　　　　b　莫高窟
　　c　仏国寺　　　　　　　　　　　d　竜門

問(8)　この伝統道教を改革して，金代には全真教という道教教団が成立した。全真教の開祖は誰か。
　　a　王重陽　　　　　　　　　　　b　慧遠
　　c　恵果　　　　　　　　　　　　d　陸九淵

問(9)　書聖と称され，後世の漢字の書体に大きな影響を与えた人物は誰か。
　　a　王羲之　　　　　　　　　　　b　呉道元
　　c　顔真卿　　　　　　　　　　　d　顧愷之

問(10)　この時代の出来事に相当しないものはどれか。

　　a　大祚栄が中国東北地方に震国を建国した。

　　b　倭の五王の朝貢が中国の歴史書に記された。

　　c　高句麗で「広開土王碑」が建てられた。

　　d　三韓の一つの馬韓を中心に百済が成立した。

問A　インド旅行記である『仏国記』を著した東晋時代の僧の名を記せ。

問B　張陵が蜀で創立した教団で，後に天師道と呼ばれた宗教結社の名称を記せ。

| 解説 | **魏晋南北朝時代の中国** |

　三国時代から隋による中国統一までの中国史を問う大問。ほぼ魏晋南北朝時代の中国史のみを扱うが，設問単位で金代や同時代の東アジアも問われている。政治史以外にも文化史からの出題が目立ち，社会・経済に関する設問もみられる。諸王朝の制度を問う問(2)や法相宗と玄奘を結び付ける問(6)など，細かい知識が必要な設問も散見され意外と手強い。

問(1)　答：b ━━━━━━━━━━━━━━━━━━━━━━━━ 標準

　b－×　呉を滅ぼしたのは西晋。呉の滅亡は280年だが，それより前の265年に，西晋を建てた司馬炎に禅譲して魏は滅んでいる。なお，魏が263年に滅ぼしたのは蜀である。

問(2)　答：c ━━━━━━━━━━━━━━━━━━━━━━━━ 難

　c－×　土断法が実施されたのは，東晋および南朝。土断法とは，混乱が続く華北からの流民が豪族のもとで保護され，豪族の勢力拡大に寄与したため，現住地で戸籍に登録し税役を負担させ国家財政を確立しようとする戸籍制度である。

● 魏晋南北朝時代の諸制度

王朝	皇帝	制度	内容
魏	文帝	屯田制	国有地を流民などに耕作させる制度
		九品中正	中正官が郷里の評価により人材を9等に評価し，官吏として推薦 結果的に豪族の子弟が上級官職を独占し，門閥貴族化
西晋	武帝	占田法	土地私有の上限を定めた
		課田法	土地給付・官有地の強制耕作など，諸説あり
		戸調式	もとは曹操が始めたとされる 占田法・課田法における課税法
東晋・南朝		土断法	流民を現住地の戸籍に編入し，税役を負担させる
北魏	孝文帝	均田制	大土地所有抑制 一定年齢の人民に土地を支給
		三長制	村落中の5家（＝隣），5隣（＝里），5里（＝党）それぞれに長を置き，戸籍調査や徴税義務を課した
西魏		府兵制	全国に設置した折衝府で，丁男の中から府兵を選び農閑期に訓練する兵農一致の兵制

問(3)　答：a ━━━━━━━━━━━━━━━━━━━━━━━━ やや易

　リード文中の「西晋の朝廷に内紛」が八王の乱（290〜306年）のことであり，この混乱に乗じて侵入した匈奴などの五胡が起こした兵乱が永嘉の乱（311〜316年）

である。

問(4)　答：d ──────────────────────── 標準

d　山西省大同市には北魏時代の雲崗石窟寺院が残されている。

a　河南省安陽市には殷後期の都城の遺跡である殷墟がある。

b　河北省北京市には元・明・清の都が置かれた。

c　江蘇省揚州市は大運河沿いにあり，隋代以降清代まで栄えたが，太平天国の乱の際に占領・破壊された後，荒廃した。

問(5)　答：d ──────────────────────── 標準

d−×　北斉を併合して華北を統一したのは北周である。北魏は東魏と西魏に分裂し，それぞれ北斉と北周に取って代わられていたが，北周は北斉を併合（577年）し華北を統一した後，外戚であった楊堅に禅譲することとなり，581年には隋が成立した。

問(6)　答：b ──────────────────────── 難

設問文の「法相宗の教義を開いた」から，bの玄奘と結び付くが，用語集の説明文レベルの内容なのでやや細かい知識。なお，aの義浄は華厳宗の成立に尽力，cの智顗は天台宗を開き，dの仏図澄は鳩摩羅什（クマーラジーヴァ）以前に中国に至り，仏教の布教に貢献した。

問(7)　答：d ──────────────────────── 易

dの竜門石窟が造営されたのは北魏の洛陽遷都後のことで，その仏像は西域の敦煌にあるbの莫高窟や，平城郊外にあるaの雲崗石窟と比較すると中国的な様式となっている。cの仏国寺は，8世紀中頃，新羅の都であった慶州の郊外に創建された仏教寺院である。

問(8)　答：a ──────────────────────── やや難

aの王重陽が創始した全真教の特徴は道教・儒教・仏教の融合であり，その教えはより庶民的でわかりやすいものとなった。

b　宗教史に関連する慧遠は，一般的には，阿弥陀仏への信仰を説き，中国仏教の基礎を築いたとされる東晋の僧を指す。

c　恵果は，唐代の僧で，その死の直前に日本から渡来した空海を弟子とした。

b・cともにやや細かい。

d　陸九淵は，朱熹の唱えた「性即理」を批判し，ありのままの心こそが人間の本質であるとして「心即理」を唱えた。

問(9)　答：a ──────────────────────── 標準

「書聖」と称された東晋の書家である王羲之の代表作としては「蘭亭序」が知られる。bの呉道元（画家）とcの顔真卿（書家）はともに玄宗に仕えた唐代の人物であるが，顔真卿は安史の乱の際に，玄宗のために義勇軍を率いて戦ったこともおさえておきたい。『女史箴図』を描いたとされるdの顧愷之は，「画聖」と称された

東晋の画家である。

問(10)　答：a　　　　　　　　　　　　　　　　　　　　　　標準

　　「この時代」とは魏晋南北朝時代の220〜589年。

　a　大祚栄の震国建国は698年である。大祚栄は唐への朝貢後，渤海郡王に封じられたことから，国号を渤海と称した。

　b　倭の五王による宋・斉・梁への朝貢は5〜6世紀初め。

　c　高句麗最盛期の王の業績を記した「広開土王碑（好太王碑）」が建てられたのは5世紀初め。

　d　朝鮮半島西南部に百済が成立したのは4世紀中頃。なお，同じ頃，朝鮮半島東南部，辰韓を中心に新羅が成立した。

問A　答：法顕　　　　　　　　　　　　　　　　　　　　　　易

　　法顕は往路を陸路で，復路は海路で中国・インド間を往復した。なお，唐代の玄奘の旅行記は『大唐西域記』，義浄の旅行記は『南海寄帰内法伝』である。

問B　答：五斗米道　　　　　　　　　　　　　　　　　　　標準

　　張陵は蜀（四川）で五斗米道を創始し，自らを天師と称した。五斗米道は道家の神仙説に基づく祈禱により病気を治療し，謝礼として米5斗を出させたのでこの名がある。なお，下線部(8)にある寇謙之が形成した教団は，この天師道を改革したものであったため，新天師道と呼ばれた。

解　答

問(1)	b	問(2)	c	問(3)	a	問(4)	d	問(5)	d
問(6)	b	問(7)	d	問(8)	a	問(9)	a	問(10)	a

問A　法顕　　問B　五斗米道

3

◇中国の唐宋時代について述べた以下の文章を読み，下線部(1)～(10)に関する問いについて，a～dの選択肢の中から答えを1つ選び，マーク解答用紙の所定欄にマークしなさい。また，波線部Aおよび空欄B，Cに関する問いの答えを，記述解答用紙の所定欄にすべて漢字で記入しなさい。

　中国の歴史にはいくつかの画期が認められるが，なかでも唐代から宋代にかけて起きた社会変容は「唐宋変革」として以前から注目されてきた。そもそも，唐は五胡十六国以来の民族移動を背景にして成立した王朝だったので，第2代皇帝の太宗が中国を統一して勢力を外地にまで拡張すると，中国社会には国際的な文化が形成された。いくつかの外来宗教が中国に伝わり，貴族層にはペルシア風の西域意匠が好まれた。しかし，8世紀半ばに安史の乱が起こると，唐が築き上げてきた統治構造は崩壊した。上記の唐宋変革はここから生じたといえる。唐の辺境統治は不安定となり，中国内地には藩鎮の勢力が林立して，王朝の権力は低下した。9世紀末には塩の密売商人による　　B　　の乱が起こり，唐は事実上崩壊した。安史の乱が辺境から起こって民族抗争の様相を呈したのに対し，この唐末の反乱は中国内地の物流の発展を背景にしている。やがてこの反乱軍の武将であった朱全忠によって皇帝位が奪われ，五代十国時代が始まった。

　五代十国の混乱は，北宋によって統一された。魏晋南北朝以来の門閥貴族は唐の後半期以降に没落し，北宋ではかわって新しい階層が社会の支配者層として台頭した。また，宋代には前代の風潮を受けて商業が発展し，華北と江南の人口比率が逆転して，中国南方の港湾都市が発展した。中国経済の中心が南方の沿岸部に置かれ，その地に人口が集中する今日の構造の基礎は，この時代に形成された。北宋の領土は唐前半期に比べれば狭く，北方諸国からの圧力にさらされたが，遼との間に澶淵の盟が結ばれて平和な時代を保つことができた。今日の東北地方に金が興ると，宋は金と手を結んで遼を滅亡に追い込んだ。しかし，金は戦後の宋の約束不履行を理由に首都開封に攻め込み，徽宗・欽宗などの皇族を捕虜として北方に連れ去る　　C　　の変を起こし，北宋は滅亡した。

問(1)　この皇帝の説明として誤っているものはどれか。
a　軍事制度に募兵制を採用した。
b　東突厥を服属させた。
c　その治世は「貞観の治」と称される。

　　d　高句麗遠征を行った。

問(2)　外来宗教の説明として誤っているものはどれか。

　　a　回教は唐代には主として海路で伝えられ，中国南方の港市に寺院が建てられた。

　　b　景教はネストリウス派キリスト教の中国名で，阿羅本が来朝して布教した。

　　c　祆教はゾロアスター教の中国名で，その寺院は清真寺と呼ばれた。

　　d　摩尼（マニ）教は，西洋ではカタリ派に影響を与えた。

問(3)　唐代に胡人やラクダなどをかたどり副葬品として流行した陶器は次のどれか。

　　a　赤　絵　　　　b　三　彩　　　　c　青　磁　　　　d　白　磁

問(4)　藩鎮を形成した主要な勢力は次のどれか。

　　a　衛　所　　　　b　折衝府　　　　c　節度使　　　　d　猛　安

問(5)　五代の諸王朝に関する説明として誤っているものはどれか。

　　a　後梁は汴州（開封）に都を置いた。

　　b　後唐は李存勗によって建国された。

　　c　後漢の高祖は都を洛陽に移した。

　　d　後周の世宗は仏教弾圧を行った。

問(6)　北宋初期の政策や出来事として誤っているものはどれか。

　　a　軍人の勢力を弱めるために禁軍は廃止された。

　　b　武断政治の風潮を押さえるために文治主義をとった。

　　c　科挙が整備されて皇帝自らが行う殿試が導入された。

　　d　第2代太宗が十国最後の国である北漢を滅ぼした。

問(7)　門閥貴族にかわって経済・文化の担い手として台頭した新興地主層を指す名称はどれか。

　　a　形勢戸　　　　b　佃　戸　　　　c　客　家　　　　d　部　曲

問(8)　これらの都市と周辺地域に関する説明として誤っているものはどれか。

　　a　厦門はアヘン戦争後の南京条約で開港された。

　　b　福州と泉州はともに今日の福建省の港市である。

　　c　マカオはポルトガルの貿易拠点として発展した。

　　d　広州湾は帝国主義時代にイギリスが租借した。

問(9)　この盟約に関する説明として誤っているものはどれか。

a　盟約を結んだ宋の皇帝は真宗である。

b　燕雲十六州は遼から宋に返された。

c　宋は絹・銀などを毎年遼に贈ることとされた。

d　この盟約の後，宋は西夏と慶暦の和約を結んだ。

問(10)　金と遼に関する説明として誤っているものはどれか。

a　金はツングース系女真族の完顔部が今日の中国東北地方に建てた国である。

b　遼の王族耶律大石は中央アジアに移って西遼を建て，ベラサグンを拠点とした。

c　西遼に滅ぼされたサーマーン朝は史上最初のトルコ系イスラム王朝であった。

d　金はオゴタイ＝ハン率いるモンゴル軍の攻撃を受けて滅んだ。

問A　この反乱の名称は二人の首謀者の姓を並称したものである。安禄山と並ぶもう
　　一人の武将の姓名を記しなさい。

問B　空欄　　B　　に入る語を記しなさい。

問C　空欄　　C　　に入る語を記しなさい。

解説	唐宋時代の中国

唐から宋にかけての中国史を問う大問。政治史を中心に，リード文のテーマ「唐宋変革」らしく，文化・宗教・社会史の設問が含まれている。難問は見られず教科書レベルの知識で対応できる内容なので，完答を目指したい。

問(1) 答：a ——————————————————————— 標準

a－× 募兵制が採用されたのは玄宗時代の 8 世紀。太宗の時代は西魏で創始された兵農一致の制度である府兵制が行われていた。

問(2) 答：c ——————————————————————— 標準

c－× 清真寺（せいしん）はイスラーム教寺院。イスラーム教の中国名は回教が有名だが，回回（フィフィ），清真教とも称される。なお，ネストリウス派キリスト教（景教）の寺院は波斯寺（はし）（のち，大秦寺）と呼ばれた。

問(3) 答：b ——————————————————————— 標準

b 三彩は唐三彩とも呼ばれ，白い素地に緑・褐・藍色など 2 色以上の釉薬を用いて焼かれた。

a 赤絵は白磁に赤色などの釉薬で文様を描いて焼かれた陶磁器で，明代に盛んに作られた。

c 青磁は，釉薬に含まれる鉄分が青緑色に発色した磁器である。

d 白磁は，白い素地に透明な釉薬を用いて焼かれた磁器で，青磁とともに宋代に盛んに作られ，周辺諸国にも輸出された。

問(4) 答：c ——————————————————————— 標準

c 安史の乱後，国内の統治と治安維持のために，従来辺境警備のために置かれていた節度使が内地にも置かれるようになった。やがて，節度使は地方で独立化を強めて藩鎮と呼ばれるようになり，唐の支配力は低下した。

a 衛所は，唐の府兵制を参考に洪武帝が創始した衛所制における軍営のことである。衛所はそれぞれ各省の都指揮使司が統率し，さらに中央の五軍都督府に統轄された。

b 折衝府は，唐代の府兵制において各地に設置された徴兵・訓練などを行う軍府のことである。

d 猛安は，女真人固有の行政・軍事組織もしくは官名を指す言葉である。金はその統治において，漢人には州県制を，女真人には，300 戸を 1 謀克，10 謀克を 1 猛安とし，戦時には 1 謀克からそれぞれ100人の兵を徴収した制度である猛安・謀克制を敷くという二重統治体制を採った。猛安はその3000戸の長としての官名でもあった。

問(5)　答：c　やや難

　c－×　五代の後漢の都は汴州(べんしゅう)（開封）。五代の都は後唐のみが洛陽だが，残る4
　　王朝（後梁・後晋・後漢・後周）はすべて汴州。

問(6)　答：a　標準

　a－×　北宋初期に禁軍が廃止された事実はない。禁軍とはもともと皇帝を守る近
　　衛兵を意味したが，北宋では中央の直轄軍を意味するようになった。

問(7)　答：a　標準

　a　北宋の趙匡胤（太祖）は，殿試を導入するなど科挙を整備し，君主独裁体制を
　　確立した。その際，儒学や詩文を学び科挙に合格できたのは，経済力のある新興
　　地主（形勢戸）が多かったため，形勢戸・科挙出身の文人官僚・儒学的教養をも
　　つ知識人（読書人）の3つの性格をあわせもった階層，すなわち士大夫が生まれ，
　　新たな支配層を形成した。

　b　佃戸(でんこ)は宋代における荘園の小作人。

　c　客家(ハッカ)は4世紀に華北から中国南部に移り住んだとされる人々の子孫。

　d　部曲（かきべ／ぶきょく）は，古代日本では豪族の私有民を意味するが，中国
　　史においては奴婢を意味する。

問(8)　答：d　やや易

　d－×　19世紀末，広州湾を租借したのはフランス。同じく19世紀末にイギリスが
　　租借したのは，山東半島北部の威海衛(いかいえい)と九竜半島(クーロン)である。

　●列強による中国分割

ロシア	東清鉄道敷設権（1896年）・遼東半島南部租借（1898年）　満州を勢力範囲に
ドイツ	膠州湾租借（1898年）　山東省を勢力範囲に
イギリス	威海衛・九竜半島租借（1898年）　長江流域・広東省東部を勢力範囲に
フランス	広州湾租借（1899年）　広東省西部・広西省を勢力範囲に
日本	福建省不割譲協定（1898年）で福建省を勢力範囲化

問(9)　答：b　標準

　b－×　燕雲十六州が遼から宋に返還された事実はない。燕雲十六州は，936年に
　　後晋の石敬瑭(せきけいとう)が建国支援の対価として契丹に割譲して以来，元の滅亡まで北方民
　　族の支配下にあった。

問(10)　答：c　標準

　c－×　西遼などに滅ぼされたのは，中央アジア最初のトルコ系イスラーム王朝で
　　あるカラハン朝である。サーマーン朝はイラン系イスラーム王朝で，10世紀末に
　　カラハン朝に滅ぼされた。

問A　答：史思明　標準

　玄宗の晩年に起こったのが安史の乱（755～763年）。節度使の安禄山が挙兵し，

帝位について大燕と号した後，息子に殺されると，その息子を倒して安禄山の盟友であった史思明が指導権を握った。唐は，当時モンゴル高原に台頭したトルコ系遊牧民族のウイグルの武力を借りて，ようやく反乱を鎮圧したが，乱のさなかに各地で有力化した節度使は藩鎮となり，唐の中央集権体制は崩れていくこととなった。

問B　答：黄巣 ━━━━━━━━━━━━━━━━━━━━━━━━━━━━ やや易

唐末，塩の密売商人の王仙芝が挙兵すると，同じく塩の密売商人であった黄巣が呼応し，黄巣の乱（875～884年）となった。唐に降った反乱軍の武将朱全忠によって乱は鎮圧されたが，その朱全忠は907年唐を滅ぼして後梁を建てた。

問C　答：靖康 ━━━━━━━━━━━━━━━━━━━━━━━━━━━━ 標準

1126年，金が北宋の都開封を占領し，翌1127年，捕らえた上皇徽宗（きそう）や皇帝欽宗（きんそう）らを北方に連れ去り北宋は滅亡した（靖康の変）。このとき，欽宗の弟の高宗が江南に逃れて帝位に就き，南宋を建てて臨安（現在の杭州）を首都とした。

解　答

問(1)	a	問(2)	c	問(3)	b	問(4)	c	問(5)	c
問(6)	a	問(7)	a	問(8)	d	問(9)	b	問(10)	c
問A	史思明	問B	黄巣	問C	靖康				

4

◇次の文章を読み，問A～Lに答えよ。解答はマーク解答用紙の所定欄に一つだけマークせよ。

　歴史上の中国において，王朝はその支配下にある文化的・社会的に多様な人々を様々な方法で識別・区分した。その最も著名な例は，モンゴル帝国（元朝）による，モンゴル・色目・漢・南からなるいわゆる「四階級制」であろう。しかし，上位の階級であるモンゴル人・色目人が被征服者である漢人・南人を抑圧したという通説は近年の研究により見直され，漢語史料にのみあらわれる色目人という概念は，実は漢人により創出されたことや，そもそもモンゴル・色目・漢・南という区分自体も納税・裁判などの制度上でのみ適応され，「階級」や「身分」を意味しないとされる。むしろ，モンゴル帝国の統治の根幹は，ある人物およびその家系がモンゴルの支配者たちに仕えた歳月の長さを意味する「根脚」という概念や，職能や宗教ごとに人々を区分して管理する支配の方式にあった。

　このように，政治的な経歴や職能による人々の識別・区分は，中国の歴史上，モンゴル帝国以外の幾つかの王朝においても同様に行われた。例えば，北魏におけるいわゆる「漢化政策」の前提は，鮮卑・漢のそれぞれが独自の制度・言語で統治されていたことであり，契丹の遼朝や女真の金朝も，支配下の人々を識別・区分して統治した。ここで注目すべきは，歴史上の中国においては，外来の征服者たちこそが人々の識別・区分に積極的であり，現在につながる多くの民族的概念の源流が，彼らの政策に遡るという点である。

問A　下線部Aについて，次の中からモンゴル帝国の拡大について正しい説明を一つ選べ。
1　チンギス＝ハンのインド侵攻による混乱の中で頭角をあらわしたアイバクは，後に奴隷王朝をたてた。
2　バトゥが率いる軍勢により，東欧にまでモンゴル帝国の侵攻が及んだ。
3　1258年，モンゴル軍はバグダードを陥落させ，セルジューク朝を滅ぼした。
4　ハイドゥはフビライの忠実な配下として，イル＝ハン国を建てた。

問B　下線部Bについて，清朝滅亡後の中国において，旧来の身分や階級に批判的な文章を発表した作家に魯迅がいるが，彼の作品でないものを次から一つ選べ。
1　『故郷』　　　　　　　　　　　2　『阿Q正伝』

3　『狂人日記』　　　　　　　　　4　『新青年』

問C　下線部Cに関連して，歴史上の「漢人」について，誤っているものを次から一つ選べ。
1　遼朝の支配下では多くの「漢人」が官僚となった。
2　大清帝国（清朝）において，「漢人」により編成された八旗が存在した。
3　明代中期以降，多くの「漢人」が法を犯して長城を北に越え，モンゴル高原に移住した。
4　「漢化政策」実施後の北魏では，「漢人」と鮮卑の貴族家系の間での婚姻は禁止された。

問D　下線部Dについて，「南人」とは主に旧南宋領の出身者を指すが，南宋時代の江南開発の中で湿地帯が干拓されて形成された田の名称として，正しいものを次から一つ選べ。
1　公　田　　　　2　乾　田　　　　3　方　田　　　　4　囲　田

問E　下線部Eについて，モンゴル帝国支配下で作成された漢語文献について，誤っている説明を次から一つ選べ。
1　モンゴル語の統語構造を反映した特異な漢語により命令文書や判例などが記された。
2　『西遊記』などの小説が現在に伝わる形で成立し，元曲と総称される。
3　パスパ文字はモンゴル語のみならず，漢語の音写にも用いられた。
4　モンゴルの支配者たちは漢語の書籍の刊行に資金的な援助を行った。

問F　下線部Fについて，色目人とされた人々にはイスラム教徒が多かったが，モンゴル帝国支配下の中国を訪れたとされるイスラム教徒を次から一人選べ。
1　イブン＝ハルドゥーン　　　　2　イブン＝アブドゥル＝ワッハーブ
3　イブン＝バットゥータ　　　　4　イブン＝シーナー

問G　下線部Gにつき，チンギス＝ハンの子孫により建てられたウルスのうち，最も早く君主の血統が途絶えたものを次から一つ選べ。
1　キプチャク＝ハン国　　　　2　イル＝ハン国
3　大元ウルス（元朝）　　　　4　チャガタイ＝ハン国

問H　下線部Hに関して，モンゴル帝国支配下の宗教に関する説明として誤っているものを次から一つ選べ。

1　華北で興隆した全真教がモンゴル帝国の支持を得て江南の道教を統括した。

2　カトリックの宣教が大都（現在の北京）で行われた。

3　イスラム教徒の人口が増大し，改宗者にはモンゴルの王侯も含まれていた。

4　チベット仏教の高僧が帝師として歴代ハーンに大きな影響力を及ぼした。

問I　下線部Iに関して，モンゴル帝国成立以前の中国をめぐる国際関係について誤っているものを次から一つ選べ。

1　南宋はその存続期間を通じて，金朝に対して臣下の立場をとるかわりに，絹や銀の下賜をうけた。

2　西夏は北宋に臣下の礼をとり，その見返りとして莫大な絹・銀などを歳賜として受け取った。

3　南宋では秦檜が主導して，金朝との交戦を主張する派閥を弾圧した。

4　ベトナムの李朝は北宋との戦争を有利に戦い，南宋の冊封体制のもとでも高い地位を占めた。

問J　下線部Jに関して，北魏において施行された政策を一つ選べ。

1　租調庸制　　　　　　　　　　2　三長制

3　里甲制　　　　　　　　　　　4　府兵制

問K　下線部Kについて，北魏の指導者層を形成した中核集団である拓跋氏が華北に移動してから，その居住地であるシラ＝ムレン流域（現在の中国内モンゴル自治区東部）の草原地帯を占拠し，そののち華北の政治情勢に様々に介入する集団を次から一つ選べ。

1　柔　然　　　　2　契　丹　　　　3　鉄　勒　　　　4　回　紇

問L　下線部Lについて，遼朝と金朝の統治制度について，正しいものを次から一つ選べ。

1　金朝は100戸を1謀克，10謀克を1猛安として編成した。

2　遼朝は支配地域を二分し，北半は北面官，南半は南面官がそれぞれ軍政・民政を掌握する二重統治体制をしいた。

3　金朝においては女真人も科挙を受験した。

4　遼朝がつくった契丹文字は，ウイグル文字の創造に大きな影響を与えた。

解説　元を中心とした中国王朝における支配下の人々の識別・区分

　中国王朝において支配下にある人々をいかに識別・区分したかをテーマにした大問。いわゆる征服王朝などの政治・社会・文化を広く問うている。正文・誤文選択問題は，詳細な知識を求めるものがあり，問Ｃ・問Ｈ・問Ｌは二択までは絞れたとしても，最後の判断が難しい。語句選択問題の問Ｇと問Ｋも，解答に迷う問われ方で，設問文の中にあるヒントから的確に判断したい。その他はおおむね一般的なレベルであり，取りこぼしは避けたい。

問Ａ　答：2 ——————————————————————————————— 標準

1－×　ゴール朝のマムルーク出身のアイバクが奴隷王朝を建てたのは，クリルタイによってテムジンがチンギス＝ハンとして即位したのと同年の1206年である。チンギス＝ハンがホラズム＝シャー朝を追ってインドに遠征したのは1221年頃のことである。

3－×　モンゴル軍がバグダードを陥落させて滅ぼしたのはアッバース朝である。セルジューク朝は，11世紀中頃にバグダードに進出し，トゥグリル＝ベクがアッバース朝のカリフからスルタンの称号を受けたが，やがて各地の地方政権に分裂していった。

4－×　1258年，西アジアにイル＝ハン国を建てたのはフラグである。ハイドゥはオゴタイの孫で，1266年，フビライの即位に反対してハイドゥの乱を起こした。

問Ｂ　答：4 ——————————————————————————————— 標準

　『新青年』は，1915年に上海で陳独秀らによって創刊された『青年雑誌』を翌年改称した雑誌のタイトルである。「民主と科学」をキーワードに中国の封建的な文化や政治を批判していたが，やがて儒教批判や白話運動に代表される文学革命を論点とした。

問Ｃ　答：4 ——————————————————————————————— やや難

4－×　孝文帝の漢化政策では，鮮卑・漢人両貴族の家格を定めて，相互の通婚を奨励した。その他，鮮卑族の服装・姓名・言語を漢人風に改めさせた。その際に北魏の国姓である拓跋氏も元氏に改められている。

問Ｄ　答：4 ——————————————————————————————— 標準

　囲田はその名の通り，低湿地を堤防で囲んで干拓した農地のことである。囲田のほか，圩田や湖田も同様に干拓された新田である。

問Ｅ　答：2 ——————————————————————————————— 標準

2－×　『西遊記』は明代に完成した長編小説で，元曲ではない。元曲の代表作品には，『琵琶記』『西廂記』『漢宮秋』などがある。

問F　答：3　━━━━━━━━━━━━━━━━━━━━━━━━━━━━━━━　易

3　モロッコ出身のイブン＝バットゥータは，『旅行記（三大陸周遊記)』を著した
大旅行家で，メッカ巡礼の後，インドなどを訪れ，中国では泉州・広州・杭州・
大都（現在の北京）などを訪れたとされる。

1　ティムールと謁見したことでも知られるイブン＝ハルドゥーンは，14世紀後半
に『世界史序説』を著した歴史家である。

2　イブン＝アブドゥル＝ワッハーブは，18世紀のアラビア半島で「コーランと預
言者のスンナ（言行)」への回帰を訴え，イスラーム教の復古運動を起こした思
想家である。彼の運動がリヤドの豪族サウード家と連携することで，ワッハーブ
派が成立し，後にワッハーブ王国（1744頃～1818年，1823～89年）が建てられた。

4　イブン＝シーナーは，古代ギリシアのヒポクラテスやローマ期のガレノスなど，
古代からの医学を集大成した医学書『医学典範』を11世紀に著した医学者・哲学
者である。この本は12世紀にはラテン語訳され，その後も長くヨーロッパ医学で
も権威とされたため，イブン＝シーナーはアヴィケンナというラテン語名でも知
られる存在であった。

問G　答：2　━━━━━━━━━━━━━━━━━━━━━━━━━━━━━━━　難

「君主の血統」が途絶えた時期は判断がつかないので，チンギス＝ハンの血統が
途絶えた時期を手がかりに解答する。

2　イル＝ハン国は，内紛や有力貴族の専横によって分裂し，1353年にチンギス＝
ハンの血統が途絶えた。

1　キプチャク＝ハン国は，1480年のモスクワ大公国イヴァン3世の自立により事
実上崩壊したが，その後，チンギス＝ハンの血統はクリム＝ハン国に受け継がれ，
1783年，エカチェリーナ2世のロシア帝国に滅ぼされるまで続いた。

3　大元ウルスは，明によって北方に追われた後，1388年まで北元として存続した
が，その後血統を受け継いだチャハル部が17世紀前半にホンタイジによって征服
された。

4　チャガタイ＝ハン国は14世紀半ばに東西に分裂したが，東ハン国（モグリスタ
ン＝ハン国）では17世紀頃までチンギス＝ハンの血統が残った。

問H　答：1　━━━━━━━━━━━━━━━━━━━━━━━━━━━━━━━　やや難

1－×　金代に王重陽によって創始された全真教は，モンゴル保護下において華北
を代表する宗派として，江南を代表する正一教（従来の天師道系の道教を継承し
た一派）と道教界を二分する勢力となった。

問I　答：1　━━━━━━━━━━━━━━━━━━━━━━━━━━━━━━━　標準

1－×　1142年に結ばれた紹興の和議によって，淮河から大散関が金と南宋の国境
となったほか，南宋が金に臣下の礼をとるようになり，金が南宋から歳幣として
銀や絹を受け取ることとなった。

問J　答：2 ── 標準

　　三長制は，5家を隣，5隣を里，5里を党として，それぞれに長を置いて戸口調
査や徴税を行わせた村落制度である。北魏の孝文帝の治世に実施され，均田制実施
の前提となった。租調庸制は隋から唐にかけての税制，里甲制は明代の村落行政制
度，府兵制は西魏から唐にかけて実施された兵農一致の兵制である。

問K　答：2 ── やや難

　　遼河上流にあたるシラ＝ムレン流域に4〜5世紀より居住し，6世紀頃から中国
の史書にあらわれたのは契丹である。「華北の政治情勢に様々に介入」とあり，北
魏と抗争を繰り返した1の柔然を選択したくなるが，柔然はモンゴル高原の出身で
ある。少し時期は下るが，遼建国後の燕雲十六州の獲得や澶淵の盟締結などを想起
したい。3の鉄勒は南北朝から唐代にかけての中国でのトルコ系民族の呼称である。
4の回紇はウイグルの中国における呼称である。

問L　答：3 ── やや難

　3−○　金は靖康の変によって華北を領有すると，そのまま宋で行われていた科挙
　　を採用した。
　1−×　1謀克は100戸ではなく300戸である。
　2−×　北面官・南面官は地域別の統治体制ではない。遼は，契丹など北方の遊牧
　　民族に対しては北面官による統治，漢人などの農耕民族に対しては南面官を通し
　　ての統治を行った。
　4−×　ウイグル文字はソグド文字をもとに8世紀頃から用いられたとされる文字
　　であり，やがてモンゴル文字や満州文字に受け継がれた。契丹文字は，10世紀に
　　作られた文字で，漢字をもとに作られた大字と，ウイグル文字の影響で作られた
　　小字がある。

解　答					
問A　2	問B　4	問C　4	問D　4	問E　2	問F　3
問G　2	問H　1	問I　1	問J　2	問K　2	問L　3

5

◇中国史に関する以下のA～Eの文章を読み，設問1～9について解答を一つ選び，マーク解答用紙の所定欄にマークしなさい。

A　14世紀になると元は衰退し，各所で反乱が起こった。紅巾の乱の一武将だった朱元璋は穀倉地帯の江南地方を支配し，1368年に金陵で即位した。彼は大都に進撃し，元をモンゴル高原に退け，中国を統一した。君主独裁体制を確立するため，中書省を廃止してその属下の六部を皇帝に直属させ，都察院，五軍都督府を置き，こうして　あ　を分立させた。民衆支配として里甲制を実施し，里長や甲首に徴税や治安維持の責任を負わせた。

問1　下線aの反乱に関して，中国史上の農民反乱はしばしば宗教と深く関わっているが，それにもっとも該当するのはどれか。
① 陳勝・呉広の乱　　　　　② 黄巾の乱
③ 八王の乱　　　　　　　　④ 黄巣の乱

問2　　あ　に入る適切な語句はどれか。
① 監察権　　　② 民政権　　　③ 軍事権　　　④ 三　権

B　靖難の変で建文帝を破った燕王は，南京で即位すると北京に遷都し，江南と北京を結ぶ大運河を修復拡張した。対外面では，北方に対しては万里の長城を再修築し，タタールやオイラトを撃退してモンゴル勢力を一掃した。南方に対しては内紛で滅亡した陳朝の復興を口実にベトナムに進出した。南海地方に対しては鄭和に命じて大規模な遠征を行わせた。

問3　下線bの大運河に関して，誤った記述はどれか。
① 大運河は隋の文帝が大興城（長安）と黄河を結ぶ運河を開いたことに始まり，煬帝のとき江南の杭州から涿郡（北京）に至る運河として完成した。
② 大運河に沿い水陸交通の要衝にある揚州に，唐代に最初の市舶司が置かれた。
③ 政治の中心地華北と経済の中心地江南を結ぶ大動脈として，隋以後の王朝においても大いに活用されていた。
④ 元では隋代の運河を改修し，新運河を開掘して補強し，さらに沿岸沿いに長江下流域から大都方面に至る海上輸送路も併用した。

問4 下線cの陳朝に関して，正しい記述はどれか。

① 朱子学や国民文学が発達した。

② 宋軍を撃退し，大理やチャンパーに侵攻した。

③ モンゴル軍の侵入を三度も撃退した。

④ ベトナム最後の王朝である。

C 永楽帝の時代を頂点に，明はしだいに国力が衰退した。15世紀中頃，西北モンゴ
ルのオイラトがモンゴル高原を統一して北辺に侵入した。同世紀後半にはタタールが
内モンゴルを統一し，連年北辺に侵入して明に多大な被害を与えた。明は南方海上で
も倭寇の被害に悩まされた。その防衛に莫大な支出を費やしただけでなく，東南沿岸
地域が荒廃して経済的に大打撃を受けた。これによって明の国政は乱れた。

問5 下線dのオイラトに関して，誤っている記述はどれか。

① 北元が滅びると，モンゴル高原では東部のモンゴル諸部族と西部のオイラトが
勢力を争った。

② エセン＝ハンのとき全モンゴルを統一したが，彼が部下に殺されると急激に衰
えた。

③ 河北北部の土木堡で明軍を破って，正統帝を捕えた。

④ ダヤン＝ハンやその孫アルタン＝ハンを輩出し，チベット仏教を受け入れた。

問6 下線eの倭寇に関して，誤っている記述はどれか。

① 倭寇は元代から登場し，武装した日本の密貿易者が朝鮮半島沿岸や中国江南の
沿岸を略奪し，高句麗滅亡の原因ともなった。

② 室町幕府が成立すると，勘合貿易が開かれ，倭寇は減少した。

③ 16世紀になると，長江下流域から華南の沿岸地域で倭寇が再び急増した。

④ 明の海禁に不満をもつ中国人通商業者は，明の衰退に乗じて倭寇と結託し，密
貿易や海賊行為を行った。

D 16世紀末，東北地方では建州女真の首長ヌルハチが女真族を統一し，後金国を建
国した。その子太宗は国号を清に改め，国家の基礎を築いた。明が李自成によって滅
ぼされると，順治帝は山海関を突破し，李自成を破って北京に入城した。次の康熙
帝・雍正帝・乾隆帝の三代約130年間が清の最盛期で，この時期に清はほぼ現在の中
国の領土の原型を形成した。

問7 清の皇帝とその治世における対外関係の組み合わせに関して，誤っているもの
はどれか。

　① 康熙帝／ネルチンスク条約

　② 雍正帝／キャフタ条約

　③ 乾隆帝／南京条約

　④ 光緒帝／北京議定書

問8　下線fの領土形成に関して，誤った記述はどれか。

　① 順治帝のとき，台湾に拠って最後まで抵抗した鄭成功の孫を滅ぼし，中国史上初めて台湾を領土に加えた。

　② 康熙帝のとき，ロシアとの国境を外興安嶺とアルグン川の線に画定した。

　③ 雍正帝のとき，ロシアとモンゴル方面の国境を画定した。

　④ 乾隆帝のとき，ジュンガル部を滅ぼした。

E　清はこの大領土を三層に分けて統治した。すなわち東北地方（満州）・中国本土・台湾は直轄領として直接統治し，モンゴル・青海・新疆・チベットは藩部として間接統治し，朝鮮・ベトナム・タイ・ビルマ（ミャンマー）を属国とした。藩部を管理する事務機関として理藩院が置かれた。このような清の支配体制も，乾隆帝の長い治世の終わり頃から破綻がみられるようになる。

問9　Eの文に関して，誤っているものはどれか。

　① 清は東トルキスタンの回部の反乱を平定して，ここを新疆とした。

　② 朝鮮王朝は明の冊封を受けていたので清の建国を認めず，そこで清の太宗は朝鮮を攻めてこれを臣属させた。

　③ 阮福暎は西山朝を滅ぼし，全土を統一して阮朝を樹立し，清から大越国王に封じられた。

　④ 清はダライ＝ラマなどの活仏を保護して，モンゴルやチベットの支配に利用した。

解説 明・清代の政治と周辺諸国

　主に明から清にかけての政治的な状況と当時の周辺諸国との関係を問う問題。国内政治に関しては教科書レベルで正文・誤文選択も容易なので，日本や東南アジアを含む周辺諸国に関する問題がポイントとなるだろう。しかし，これも基本的な学習ができていれば迷うものはなく，確実に得点したい問題である。

A　問1　答：②　　　　　　　　　　　　　　　　　　　　　　　　　　　　　標準

　宗教と深く関わっているのは黄巾の乱（184年）。黄巾の乱は，後漢末期に張角が創始した，まじないなどで治病をはかる太平道の信者が中心となって起こした農民反乱である。反乱自体は張角が病死したためすぐに鎮圧されたが，この太平道は，同時期に四川で張陵が創始した五斗米道とともに道教の源流となった。

問2　答：④　　　　　　　　　　　　　　　　　　　　　　　　　　　　　　やや難

　この場合の三権とは，行政権，監察・司法権，軍事権のことを指す。明では洪武帝によって中書省が廃止されたことで皇帝直属となった六部が行政権を，御史台を改称した都察院が監察・司法権を，そして五軍都督府が軍事権をそれぞれ掌握していた。

B　問3　答：②　　　　　　　　　　　　　　　　　　　　　　　　　　　　　標準

②―×　唐代に最初の市舶司（海上交易を監督する事務官庁）が置かれたのは，中国南部を流れる珠江下流域の広州である。やがて市舶司は海上交易が発達した宋代に整備され，泉州・明州（寧波）・杭州などにも置かれた。

問4　答：③　　　　　　　　　　　　　　　　　　　　　　　　　　　　　　標準

③―○　陳朝は13世紀に成立したベトナム王朝で，モンゴル軍・元軍の3度にわたる侵入を撃退している。

①―×　朱子学や国民文学が発達したのは，陳朝末期に実権を掌握した外戚胡季犛が簒奪して建てた王朝である胡朝（1400～07年）の時期である。この王朝では李朝で始まった科挙に合格した官僚を中心に集権化が図られたが，明軍の干渉を受けて崩壊した。

②―×　宋軍を撃退したベトナム王朝は李朝（1009～1225年）。また，李朝は南のチャンパーと攻防を繰り広げた。

④―×　ベトナム最後の王朝は阮朝（1802～1945年）。

●ベトナムの主な王朝

李朝（大越）	1009〜1225年	ベトナム初の長期王朝 李公蘊が建国　科挙実施 11世紀後半に宋軍の侵入を撃退
陳朝	1225〜1400年	陳氏が簒奪し建国　字喃の創始 モンゴル・元軍を3度撃退　『大越史記』の編纂
胡朝	1400〜07年	胡氏が簒奪し建国　字喃の普及 明の遠征を受け崩壊
黎朝	1428〜1527年， 1532〜1789年	黎利が建国　チャンパーを征服 16世紀以降，鄭氏（北部）と阮氏（南部・広南王国）の対立
西山朝	1778〜1802年	西山（タイソン）の乱で成立　民族意識高揚
阮朝（越南）	1802〜1945年	フランス人宣教師ピニョーの支援を受け阮福暎が建国 19世紀後半からフランスの進出にさらされ，1887年にはフランス領インドシナ連邦が成立

C　問5　答：④ ━━━━━━━━━━━━━━━━━━━━━━━　標準

④―✕　ダヤン＝ハンやアルタン＝ハンを輩出したのはタタール（韃靼）。タタールは元朝滅亡後モンゴル高原に逃れたモンゴル系部族。明代の前半はモンゴル高原西部のオイラトに圧倒されていたが，15世紀後半ダヤン＝ハンのもとで強勢となった。孫にあたるアルタン＝ハンは明にしばしば侵入し，1550年には一時北京を包囲する庚戌の変を起こしている。なお，アルタン＝ハンはチベット仏教に帰依し，その指導者にダライ＝ラマの称号を贈ったことでも知られる。

問6　答：① ━━━━━━━━━━━━━━━━━━━━━━━　標準

①―✕　倭寇（前期倭寇）は，14世紀頃から海賊や私貿易の活動を行った集団である。高句麗は，668年に唐と新羅の連合軍によって滅ぼされており，倭寇とは無関係。倭寇（前期倭寇）が滅亡の一因となったのは高麗である。

D　問7　答：③ ━━━━━━━━━━━━━━━━━━━━━━━　やや易

③―✕　南京条約（1842年）はアヘン戦争の講和条約で，当時の皇帝は第8代の道光帝（位1820〜50年）である。乾隆帝は第6代皇帝（位1735〜95年）。

問8　答：① ━━━━━━━━━━━━━━━━━━━━━━━　標準

①―✕　台湾を征服した（1683年）のは第4代康熙帝（位1661〜1722年）のとき。順治帝は第3代皇帝で，1644年に明が李自成の乱で滅亡すると万里の長城を越えて北京を占領し，清朝の中国支配の基礎を築いた。

E 問9 答：③ ━━━━━━━━━━━━━━━━━━━━━━━━━━━━━ 標準

③—✕ 阮福暎は大越国王ではなく越南国王に封じられた。ベトナムは11世紀初頭に成立した李朝から国号を大越（ダイベト）としていたが，阮朝からは越南としている。

解 答

問1	②	問2	④	問3	②	問4	③	問5	④	問6	①
問7	③	問8	①	問9	③						

6

◇モンゴル高原の遊牧民について述べた以下の文章を読み，下線部(1)～(10)に関する問いについて，a～dの選択肢の中から答えを選び，マーク解答用紙の所定欄にマークしなさい。また，設問A～Cの答えを記述解答用紙の所定欄に記入しなさい。

　モンゴル高原のステップ地帯には，紀元前より遊牧を生業とする牧畜民族が分布していた。彼らは，騎馬戦術を用いる軍事力によって西方や南方に影響を及ぼし，中国の歴史もこれらの北方遊牧民族との関係によってその方向性が決定付けられることがしばしばあった。

　モンゴル高原の遊牧民族に関するまとまった史料が登場し，ある程度詳しい情報が得られるのは，匈奴からである。漢は多くの時代に匈奴との抗争に劣勢であり，かの
(1)
張騫の西域遠征もある国と同盟を結んで匈奴を挟み撃ちにしようとしたのであった。
(2)
匈奴が分裂して衰退すると，かわってモンゴル高原には鮮卑がおこり，一時強勢をふるった。しかし，やがて鮮卑も分裂し，その一部は華北に南下して五胡十六国の主要
(3)
勢力となった。中国南北朝時代に北朝を形成したのも，鮮卑族の北魏であった。鮮卑
(4)
の弱体後，モンゴル高原には一時柔然という民族が勃興したことが中国の史書によっ
(5)
て知られる。

　モンゴル高原の遊牧民族で初めて固有の文字を持つのは，次の突厥からである。突
(6)
厥文字が解読された結果，突厥はトルコ系民族であることが明らかとなった。突厥は
(7)
東西に分裂して，ユーラシアのステップ地帯の東半を支配下に入れたが，いずれも唐
(8)
の攻勢のもとに衰退した。突厥の衰退後，モンゴル高原には同じトルコ系のウイグル
(9)
が興り，唐の勢力後退と反比例して強大化した。しかし，そのウイグル遊牧帝国も9
(10)
世紀半ばに解体し，それとともにトルコ系民族の西方移動がおこった。やがて彼らはイスラーム化し，かわってモンゴル高原にはモンゴル系諸部族が分布することとなった。

(1)　匈奴について誤っている説明はどれか。
　　a　前漢の武帝は冒頓単于の率いる匈奴軍に包囲されたことがある。
　　b　ヨーロッパに進出したフン族は，西方に移動した匈奴と同族とする説がある。
　　c　中国北部に移住した南匈奴の子孫は，永嘉の乱で五胡十六国時代の幕を開けた。
　　d　司馬遷は『史記』の中で匈奴について書き残した。

(2)　張騫が同盟を結ぶために向かった国はどれか。

　a　条支国　　　　b　安息国　　　　c　大月氏国　　　d　楼蘭国

(3)　通常，五胡に含まれない民族はどれか。
　a　越　　　　　b　羌　　　　　c　羯　　　　　d　氏

(4)　北魏の孝文帝が行った政策として誤っている説明はどれか。
　a　道教を国教とし，仏教を弾圧した。
　b　中国風の官僚制度を導入し，官制改革を行った。
　c　三長制という村落統治制度を施行した。
　d　胡服と鮮卑語を禁止するなどの漢化政策を行った。

(5)　柔然について誤っている説明はどれか。
　a　可汗という君主号を用いた。
　b　その支配は一時タリム盆地に及んだ。
　c　滅亡時の中国は北斉と北周の対立期にあった。
　d　別名トクズ＝オグズとも呼ばれた。

(6)　突厥文字が刻されたものはどれか。
　a　広開土王碑　　　　　　　　b　オルホン碑文
　c　大秦景教流行中国碑　　　　d　ベヒストゥーン碑文

(7)　トルコ系民族に含まれないものはどれか。
　a　高車　　　　b　大夏　　　　c　丁零　　　　d　鉄勒

(8)　突厥について誤っている説明はどれか。
　a　東突厥は一時唐に滅ぼされたが，その後再び独立した。
　b　唐は東突厥族を統治するために，モンゴル高原に安北都護府を設置した。
　c　唐が西方経営のために設置した単于都護府は，高昌から亀茲に移された。
　d　西突厥は天山山脈の北方一帯を主要な勢力圏とした。

(9)　ウイグルについて誤っている説明はどれか。
　a　漢文の史料では回紇などと表記された。
　b　初期には突厥文字を，後にウイグル文字を使用した。
　c　吐蕃を仲介して唐と盛んに絹馬貿易を行った。
　d　支配層の間にマニ教信仰が広まった。

⑽ ウイグル滅亡時に長安に滞在していた日本人の僧侶は誰か。

a 円 仁   b 空 海   c 最 澄   d 道 元

設問A　6世紀半ばに突厥とササン朝ペルシアの挟撃によって滅亡したとされる中央アジアの民族の名を記しなさい。

設問B　ウイグルの滅亡後，モンゴル高原北部を一時的に制圧したが，後にチンギス＝ハンのモンゴル軍によって征服されたトルコ系民族の名を記しなさい。

設問C　10世紀半ばより中央アジアを支配した最初のトルコ系イスラーム王朝の名を記しなさい。

> ### モンゴル高原の遊牧民と中国諸王朝

> 　モンゴル高原で活躍した遊牧民を中心に，遊牧民と中国王朝との関係性を問う大問である。それぞれの民族の詳細な知識が求められており，柔然に関する知識を問うた(5)や，トルコ系民族にあてはまらないものを選ぶ(7)は難しい。特に(7)は消去法でも厳しい。また，ウイグル滅亡時に長安に滞在した日本人僧侶を選ぶ(10)は，世界史としてはかなりの難問である。

(1)　答：a ───────────────────── 標準

　a－×　冒頓単于の匈奴軍に包囲された経験があるのは前漢の高祖である。前3世紀末になるとモンゴル高原と中国双方で統一者が現れた。モンゴル高原を統一して匈奴の全盛期を築いた冒頓単于が中国に進出した際，これを迎え撃った前漢の建国者高祖率いる軍勢を現在の山西省大同郊外の白登山で撃破した。以後，前漢は匈奴に対して和親策をとったが，武帝の治世において積極策に転じたことで，匈奴は内紛による東西分裂などで衰退していった。

　　なお，cの五胡十六国時代の開始は，南匈奴の劉淵が304年に漢王を称したところからはじまるとされ，永嘉の乱（311〜316年）以前のことであるが，開始年には諸説あるようで，ここでは明らかにaが誤文であるため，aを正解とする。

(2)　答：c ───────────────────── 標準

　c　大月氏はもともとモンゴル高原西部で活動していた月氏が源流とされる。月氏の一部は前2世紀前半，冒頓単于に敗れてイリ地方に，さらに烏孫に押される形でアム川上流のソグディアナ地方に移り大月氏と呼ばれるようになった。

　a　条支国は，後漢の西域都護班超がローマに向けて派遣した甘英が到達したとされる地域であるが，その場所にはペルシア湾岸説，シリア説がある。

　b　安息国は，中国におけるパルティア（前248頃〜後224年）の呼称である。開祖アルサケスの名を音訳したとされる。

　d　楼蘭国は，タリム盆地東部ロプノール湖畔で，シルクロード交易の拠点として栄えた国家である。漢と匈奴の争奪戦の結果，前1世紀前半漢の支配下に入り，鄯善国と改称した。その後，この地域の乾燥化に伴い無人化した。

(3)　答：a ───────────────────── 易

　a　五胡とは，北方系の匈奴・鮮卑・羯と，チベット系の氐・羌を指す。越は，春秋時代に現在の浙江省北部を中心として成立した国家である。前5世紀，隣国である呉との抗争で呉を滅ぼした越王の勾践は，春秋の五覇に数えられることもある。

　c　前60年，匈奴が東西に分裂した後，前48年に東匈奴がさらに南北に分裂，内モ

ンゴルから華北に居住し後漢に服属した南匈奴の末裔とされる劉淵の自立（304
年）が五胡十六国時代の幕開けである。羯はその匈奴の別種とされる。4世紀前
半に華北の大部分を支配した後趙は羯が建てた王朝である。

(4)　答：a ──────────────────────────────────── 標準

　a－×　道教を国教化し，仏教を弾圧したのは，439年に華北を統一したことでも
　知られる北魏の第3代皇帝太武帝である。新天師道を創始して道教の体系化・組
　織化を行った寇謙之を信任した北魏の太武帝は，この寇謙之の進言に従って道教
　を国教とし，仏教を弾圧した。孝文帝はその在位中に均田制や三長制などの施行
　や，漢化政策や洛陽遷都を行った北魏第6代の皇帝である。

(5)　答：d ──────────────────────────────────── 難

　d－×　トクズ＝オグズとは，突厥などの碑文に見られるトルコ系の部族のことと
　考えられている。中国の史料では九姓鉄勒と称され，隋・唐時代に主にモンゴル
　高原北方で活動した鉄勒の一部族である。柔然は5世紀から6世紀にかけてモン
　ゴル高原で有力化したモンゴル系の遊牧民である。北魏との抗争で知られるが，
　6世紀の中頃（中国では北斉と北周の対立期）に突厥によって滅ぼされた。

(6)　答：b ──────────────────────────────────── 標準

　b　突厥文字は北方遊牧民最古の文字と考えられ，アラム文字やソグド文字に由来
　するとされている文字である。デンマークのトムセンが，オルホン碑文から解読
　に成功した。

　a　広開土王碑は，4世紀末から5世紀初めの高句麗最盛期の王とされる広開土王
　の業績をたたえた碑である。

　c　大秦景教流行中国碑は，8世紀後半に，唐で流行した景教（ネストリウス派キ
　リスト教）の中国での歴史を記した碑である。漢文とシリア文字で記されている。

　d　ベヒストゥーン碑文は，古代ペルシア語，エラム語，アッカド語（バビロニア
　語）の3言語でダレイオス1世の業績を刻んだ碑である。19世紀にイギリスのロ
　ーリンソンがこの碑文から楔形文字の解読につなげた。

　　オルホン碑文はやや細かい知識だが，知らなくても消去法で対処できる。

(7)　答：b ──────────────────────────────────── 難

　(5)の〔解説〕にもあるが，dの鉄勒の前身がcの丁零（前3～後5世紀頃），a
　の高車（5～6世紀頃）で，いずれもトルコ系の民族である。bの大夏とは，アフ
　ガニスタン北部で活動したトハラ族の中国での地域・民族名だが，消去法で対処し
　たい。ちなみに，国名としては，チンギス＝ハンに1227年に滅ぼされたタングート
　族も自らは大夏（中国での呼称は西夏）と称した。

(8)　答：c ──────────────────────────────────── やや難

　c－×　唐が西方経営のために設置したのは安西都護府（高昌→亀茲）と北庭都護
　府（天山北部）。単于都護府は内モンゴルの突厥などを統括するためにフフホト

付近に設置された北方の都護府で，安北都護府の東にあった。

(9)　答：c　━━━━━━━━━━━━━━━━━━━━━　やや難

　c－×　北方遊牧民と唐との絹馬貿易を仲介したのはイラン系のソグド人である。ソグド人は突厥やウイグルなどの遊牧国家で商人としてだけではなく，軍人や外交官としての役割も果たしていたとされる。なお，ウイグルは744年に東突厥を滅ぼして王国を建設した。

(10)　答：a　━━━━━━━━━━━━━━━━━━━━━━━━━　難

　dの道元（曹洞宗の開祖）のみ鎌倉時代，他の3人はいずれも奈良時代末～平安時代初めの人物である。内紛に乗じたキルギスの攻撃によってウイグルが滅んだのは840年であり，bの空海（真言宗の開祖），cの最澄（天台宗の開祖）はともにすでに亡くなっている。正答のaの円仁は，当時，長安に滞在しており，その旅の記録である『入唐求法巡礼行記』は，同年の会昌の廃仏について詳細に記録している。

設問A　答：エフタル　━━━━━━━━━━━━━━━━━━━　標準

　エフタルは，5世紀から6世紀にかけて中央アジアから北インドに至る広大な領域を支配し，シルクロード交易で大きな利益をあげた騎馬遊牧民である。本問のように，突厥とササン朝のホスロー1世の挟撃で滅亡したことがよく出題されるが，6世紀後半の西北インドに侵入してグプタ朝（320頃～550年頃）を衰退させた民族としてもおさえておきたい。

設問B　答：キルギス　━━━━━━━━━━━━━━━━━━━　標準

　キルギスは，840年にウイグルを滅ぼした後，モンゴル高原北部を中心に覇権を築いたが，13世紀はじめ，モンゴル帝国のチンギス＝ハンに服属した。同じくチンギス＝ハンに滅ぼされたトルコ系のナイマンは，モンゴル高原西部を中心に広がっていたため，正答とはならない。

設問C　答：カラハン朝　━━━━━━━━━━━━━━━━━━　標準

　カラハン朝は，モンゴル高原からキルギスに追われ西走したウイグルなどのトルコ系の人々が10世紀半ばに建国した王朝である。建国後にイスラーム教に改宗したことから，中央アジア初のトルコ系イスラーム王朝とされ，10世紀末にはサーマーン朝を滅ぼして東西トルキスタンを平定した。11世紀には分裂し，その領域はカラキタイ（西遼）やホラズム＝シャー朝に支配された。

解答

| (1) a | (2) c | (3) a | (4) a | (5) d |
| (6) b | (7) b | (8) c | (9) c | (10) a |

設問A　エフタル　　設問B　キルギス　　設問C　カラハン朝

第2章　前近代史②
──西・南・東南アジア史，アフリカ史

7

◇次の文章を読み，以下の問いに答えなさい。解答はマーク解答用紙の所定欄にマークしなさい。

　　古代オリエントにおいては，さまざまな民族の興亡が生じたが，ついには古代オリエントのほとんどを支配する大帝国が成立するに至った。

　　古代オリエントを初めて政治的に統合したのはアッシリア人である。アッシリア帝国は，前7世紀前半にはエジプトを含む全オリエントの主要部分を統一し，初の世界帝国といわれる。けれども，服属民族に対する過酷な支配のため帝国への反抗が生じ，前7世紀末に滅亡した。アッシリア帝国の滅亡後には，4王国が分立するに至った。

　　前6世紀の半ば頃にイラン人のアケメネス朝がおこり，キュロス2世のときに4王国のほとんどを滅ぼして帝国の基礎を築き，また捕囚とされていたユダヤ人を解放した。次いでカンビュセス2世のときにエジプトを征服し，全オリエントの統一に成功した。さらにダレイオス1世のときに帝国は最盛期を迎え，ギリシアにまで侵攻しペルシア戦争を引き起こした。

　　勢力を誇ったアケメネス朝はアレクサンドロス大王の東方遠征により前330年に滅び，アレクサンドロス大王の没後には，セレウコス朝をはじめとするギリシア系の国家が誕生してヘレニズム文化が栄えた。

　　やがてセレウコス朝の支配下からイラン系遊牧民が自立してパルティアを建国し，セレウコス朝滅亡後にはメソポタミア地方でローマ帝国と勢力を争うにまで至った。パルティアを倒したのが，イラン人のササン朝である。ササン朝は，ローマ帝国・東ローマ帝国と抗争を繰り返しながら繁栄を続け，ホスロー1世のときに最盛期を迎えイラン文明も発展した。けれども，7世紀半ばにイスラーム教勢力によって滅ぼされ，以降のオリエント世界はイスラーム世界となる。

問1　下線部①に関し，明白な誤りを含む文章を以下のア～エから一つ選びなさい。

　ア　アッカド人は，シュメール人の都市国家を次々に征服し，メソポタミア最初の統一国家を樹立した。

　イ　ヒッタイト人は，はやくから鉄製武器を使用し，バビロン第1王朝を滅ぼした。

　ウ　カッシート人は，バビロン第3王朝としてバビロニアを支配したが，アムル人により滅ぼされた。

　エ　アラム人は，内陸都市を結ぶ中継貿易に活躍し，その文字はオリエント世界の多くの文字の源流となった。

問2　下線部②に関し，前8世紀末よりアッシリアの首都となった都市の名前をア〜エから一つ選びなさい。

ア　エクバタナ　　　　　　　　イ　ニネヴェ
ウ　クテシフォン　　　　　　　エ　スサ

問3　下線部③に関し，これら4王国には含まれない王国をア〜エから一つ選びなさい。

ア　カルデア　　　イ　リディア　　　ウ　メディア　　　エ　ミタンニ

問4　下線部④に関し，明白な誤りを含む文章を以下のア〜エから一つ選びなさい。

ア　彼ら自身はイスラエル人と称し，ヘブライ人という呼称は他民族による呼び名である。
イ　前1500年頃にパレスチナに定住し，その一部はエジプトに移住したが中王国の圧政のためパレスチナに戻った。
ウ　前1000年頃王国を建設し，ダヴィデ王およびその息子ソロモン王の下で栄えたが，その後，王国はイスラエル王国とユダ王国に分裂した。
エ　ヤハウェを唯一神とし，選民思想・戒律主義・メシア信仰などを特色とする，ユダヤ教を成立させた。

問5　下線部⑤に関し，ダレイオス1世の事績について明白な誤りを含む文章を以下のア〜エから一つ選びなさい。

ア　全領土を約20の州に分け，州長官としてサトラップを任命し，徴税と治安維持を主な職務とした。
イ　「王の道」と呼ばれる国道をつくり，多数の宿駅を設けて，駅伝制を整備した。
ウ　金貨・銀貨を鋳造し，税制を整備し，海上ではフェニキア人の貿易を保護して，財政基盤を固めた。
エ　ダレイオス1世の事績を刻んだベヒストゥーン碑文は，フランス人シャンポリオンによって解読された。

問6　下線部⑥に関し，明白な誤りを含む文章を以下のア〜エから一つ選びなさい。

ア　前500年，アケメネス朝の支配に対しイオニア諸市が反乱を起こしアテネがそれに援助したことをきっかけとして，ペルシア戦争が始まった。
イ　ミルティアデス率いるアテネ重装歩兵軍団は，マラトンに上陸したペルシア軍を撃破した。
ウ　テミストクレス率いるスパルタ軍は，テルモピレーで南下するペルシア軍を阻止しようとしたが，全滅した。

エ アテネ・スパルタ連合軍は，プラタイアでペルシア軍を撃破し，ペルシア戦争における ギリシア側の勝利を確定させた。

問7 下線部⑦に関し，明白な誤りを含む文章を以下のア〜エから一つ選びなさい。

ア ポリス中心主義がポリスの崩壊によって意義を失い，ポリスの枠にとらわれない生き方を理想とする世界市民主義の思想が知識人の間で生まれた。

イ 哲学は個人の内面的幸福を説くようになり，精神的快楽を求めるエピクロス派や禁欲を重視するストア派が盛んになった。

ウ エジプトのアレクサンドリアにムセイオンがつくられ，古代自然科学および文献学研究の中心となった。

エ バクトリアは西北インドにヘレニズム文化を伝え，マウリヤ朝時代に最盛期を迎えるガンダーラ美術を生み出すことになった。

問8 下線部⑧に関し，ササン朝の捕虜とされたローマ皇帝の名前をア〜エから一つ選びなさい。

ア カラカラ   イ ウァレリアヌス
ウ ユリアヌス   エ テオドシウス

問9 下線部⑨に関し，明白な誤りを含む文章を以下のア〜エから一つ選びなさい。

ア パルティア初期にはヘレニズム文化の影響が強かったが，徐々にイラン伝統文化が復活していった。

イ ゾロアスター教はササン朝の国教とされ，北魏の頃中国に伝えられ祆教と呼ばれた。

ウ マニ教がおこり西方では北アフリカ・南フランスに伝わり，南フランスで生じたアリウス派などのキリスト教異端派にもその影響が認められる。

エ ササン朝美術の技術や様式は日本にまで伝えられ，法隆寺の獅子狩文錦や正倉院の漆胡瓶などがその代表例である。

解説　古代オリエントとイラン

　古代オリエント諸国家の興亡からアケメネス朝の統一と，パルティア・ササン朝を経てイスラーム勢力が進出するまでのイランの歴史を扱った問題。諸民族の興亡を中心に，宗教，ローマやインドなども幅広く取り上げられている。問1のカッシートに関する選択肢の内容はやや細かいが，それ以外の語句・誤文選択は比較的わかりやすい。

問1　答：ウ ——————————————————————————— やや難

　ウ－× 　カッシート人の建てたバビロン第3王朝を滅ぼしたのはエラム人である。エラム人は前3千年紀半ばから前7世紀前半にかけてイラン高原南西部を支配した民族系統不明の民族。彼らは独自の文字を発明するなどして長くメソポタミアの勢力に対抗したが，前7世紀のアッシリア王，アッシュルバニパルに制圧された。アムル人はバビロン第1王朝（古バビロニア）を建てた民族で，この国がヒッタイトに滅ぼされた後，バビロニアにカッシートが台頭した。

問2　答：イ ——————————————————————————— 標準

　アッシリアの首都は当初ティグリス川中流のアッシュルであったが，その後，前8世紀末以降は少し上流寄りのニネヴェへと移った。

　アのエクバタナはメディアの，**ウ**のクテシフォンはパルティア・ササン朝の，**エ**のスサはアケメネス朝のそれぞれ首都である。

問3　答：エ ——————————————————————————— 易

　アッシリア滅亡後の4王国とはカルデア（新バビロニア）・リディア・メディア・エジプト。ミタンニはバビロン第1王朝滅亡後，北メソポタミアを支配した国だが，その住民の多くはフルリ人であったとされる。

問4　答：イ ——————————————————————————— 標準

　イ－× 　ヘブライ人が移住した頃（前1500年頃）のエジプトは新王国時代（前1567〜前1085年）。なお，エジプトの中王国期は前21〜前18世紀頃である。

問5　答：エ ——————————————————————————— 標準

　エ－× 　エラム語，アッカド語の方言であるバビロニア語，古代ペルシア語で記録されたベヒストゥーン碑文をもとに楔形文字を解読したのはイギリスのローリンソン。なお，シャンポリオンはロゼッタ゠ストーンをもとに古代エジプトの神聖文字（ヒエログリフ）を解読した人物である。

●オリエント世界　古代文字の解読者

神聖文字 （ヒエログリフ）	シャンポリオン　ロゼッタ＝ストーンから
楔形文字	グローテフェント　ペルセポリス碑文から ローリンソン　ベヒストゥーン碑文から

問6　答：ウ ──────────────────────────── 標準

ウ－×　前480年のテルモピレーの戦いで全滅したスパルタの王はレオニダス。テ
　ミストクレスは，テルモピレーの戦いの後，アテネが陥落した状況下で起こった
　サラミスの海戦において，三段櫂船の艦隊を率いペルシア海軍を破ったアテネの
　将軍である。その後，この海戦で船の漕ぎ手として活躍した無産市民たちの地位
　が上昇し，ペリクレスの時代には古代民主政が完成した。

問7　答：エ ──────────────────────────── 標準

エ－×　ガンダーラ美術が最盛期を迎えたのはクシャーナ朝時代（1～3世紀）。
　バクトリアはアム川上流に植民したギリシア人の子孫が前3世紀に建てた国で，
　ここからヘレニズム文化がインドに伝播した。

問8　答：イ ──────────────────────────── やや易

イ　ヴァレリアヌス（位253～260年）はローマの軍人皇帝。東方に遠征したが，
　260年のエデッサの戦いでササン朝第2代のシャープール1世（位241～272年頃）
　に敗れ，捕虜となった。

ア　カラカラ（位198～217年）は，212年のアントニヌス勅令で帝国内の全自由民
　にローマ市民権を与えたローマ皇帝である。

ウ　ユリアヌス（位361～363年）は伝統的な宗教への回帰を目指したローマ皇帝。

エ　392年にキリスト教を国教化したテオドシウス（位379～395年）は，395年自ら
　の死に際して，長子アルカディウスに帝国の東方を，次子ホノリウスには帝国の
　西方を与えた。これによってローマ帝国が東西に分裂することとなった。

問9　答：ウ ──────────────────────────── 標準

ウ－×　マニ教の影響を受けて西欧に広がったカタリ派の中でも，南フランスで生
　じたものはアルビジョワ派と呼ばれている。インノケンティウス3世が提唱した
　ことでも知られるアルビジョワ十字軍は，フランス王ルイ9世らによって完成し，
　その結果フランスの王権が南フランスにまで拡大した。

解答

問1　ウ　　問2　イ　　問3　エ　　問4　イ　　問5　エ　　問6　ウ
問7　エ　　問8　イ　　問9　ウ

8

◇次の文章を読み，設問1〜5に答えなさい。

　マケドニアのアレクサンドロス大王はアケメネス朝ペルシア
を滅ぼし，北西インド
にまで進出した。その後，インド最初の統一王朝である　B　朝が誕生する。最盛
期の　C　王は仏教に帰依し，その思想に基づくダルマによる統治を目指した。ま
た彼は仏典の結集や布教を推進したが，この頃はまだ仏像をつくるという事はなかっ
た。
　B　朝の衰退後，　E　朝，サータヴァーハナ朝が台頭し，4世紀に興った
　F　朝のもとでインドの古典文化は黄金期を迎える。仏教・ジャイナ教が盛んに
なるだけではなく，ヒンドゥー教も社会に定着し，現在にいたるインド世界の基盤を
準備した。またこの時代には法典や叙事詩が現在伝えられるような形で完成した。

設問1　下線部Aの説明として，正しい記述を次のア〜エの中から一つ選び，マーク
　　解答用紙の所定欄にマークしなさい。
　ア　シャープール1世のもとで新興のマニ教は急速に発展した。
　イ　ダレイオス1世の時代にはエジプトからインダス川流域までを領土とした。
　ウ　バフラーム2世の時代にはすべての異教が禁止され，ゾロアスター教の国教化
　　が完成した。
　エ　ホスロー1世の時代に最盛期を迎え，エフタルを滅ぼした。

設問2　空欄B・E・Fに入る適切な語の組み合わせを次のア〜エの中から一つ選び，
　　マーク解答用紙の所定欄にマークしなさい。
　ア　B：マウリヤ　　　　E：クシャーナ　　　F：グプタ
　イ　B：クシャーナ　　　E：マウリヤ　　　　F：グプタ
　ウ　B：グプタ　　　　　E：クシャーナ　　　F：マウリヤ
　エ　B：マウリヤ　　　　E：グプタ　　　　　F：クシャーナ

設問3　空欄Cにあてはまる語を記述解答用紙の所定欄に記しなさい。

設問4　下線部Dに関して，マトゥラーとならんで石仏がつくられはじめた地域の名
　　称を記述解答用紙の所定欄に記しなさい。

設問5　下線部Gに関して，誤っている記述を次の**ア**〜**エ**の中から一つ選び，マーク
解答用紙の所定欄にマークしなさい。

ア　天文学・数学が発達し，ゼロの概念が生み出された。

イ　『マヌ法典』は人間の始祖が述べたものとされ，各ヴァルナが遵守すべき規範
について定めている。

ウ　カーリダーサにより戯曲『シャクンタラー』がつくられた。

エ　『マハーバーラタ』『ギーターンジャリ』『ラーマーヤナ』などの叙事詩は，東
南アジアにも影響を与えた。

解説 古代インドの諸王朝

　古代インドの諸王朝についての大問である。正文・誤文選択問題の設問1と設問5に少し詳細な内容が含まれるが，選択肢の内容から判断は可能で比較的対処はしやすい。このような問題ではミスをしないようにしっかりと得点したい。

設問1　答：イ ──────────────── 標準

　イ─○　アケメネス朝第3代の王ダレイオス1世は，西はエーゲ海・エジプトから東はインダス川に至る広大な領土を支配し，約20の州に分けて知事（サトラップ）を派遣した。

　ア─×　シャープール1世はササン朝第2代の王で，東ではクシャーナ朝を破って領土を拡大させ，西では260年のエデッサの戦いでローマの軍人皇帝ウァレリアヌスを捕虜としたことで知られる。彼はマニ教を保護し，創始者マニを重用したが，王の死後，マニは処刑された。

　ウ─×　バフラーム2世は3世紀後半のササン朝の王で，一見難しく感じるかもしれないが，この王を知らなくてもゾロアスター教の国教化はササン朝時代のことであり，アケメネス朝の記述としては誤りと判別できる。

　エ─×　ホスロー1世は6世紀，ササン朝最盛期の王で，東で突厥と結びエフタルを滅ぼしただけでなく，西ではビザンツ帝国のユスティニアヌス帝と抗争を繰り広げた。

設問2　答：ア ──────────────── 標準

　インド最初の統一王朝はBのマウリヤ朝である。マガダ国のナンダ朝を倒したチャンドラグプタによって建国され，アショーカ王の時代に領土が最大となった。その衰退後，中央アジアから西北インドにかけてイラン系のクシャン人が建てたEのクシャーナ朝，デカン高原を中心にサータヴァーハナ朝が興隆した。その後，4世紀にチャンドラグプタ1世がFのグプタ朝を建て，3代目の王チャンドラグプタ2世の治世期に北インドを統一した。

設問3　答：アショーカ ──────────────── 標準

　マウリヤ朝のアショーカ王はインド南東部のカリンガを制圧した際の凄惨な状況を目の当たりにしたことから仏教に帰依したとされ，不殺生や慈悲など人として守るべき倫理的規範であるダルマ（法）による統治を掲げ，その詔勅を磨崖や石柱に刻んで各地に造営した。

設問4　答：ガンダーラ ──────────────── 標準

　仏教では元来，釈迦の没後，その像をつくることは忌避されてきたが，代わりに仏足石や菩提樹を用いてその存在を象徴的に表してきた。1世紀以降，インド西北

部のガンダーラ地方において，ヘレニズム文化の影響を受ける中で仏像の制作がは
じまったとされる。マトゥラーは北インド，ガンジス川の支流ヤムナー川南岸の都
市で，赤砂岩を材料とする純インド的なグプタ様式の仏像制作地として知られるが，
クシャーナ朝期の仏像も多く遺されており，ガンダーラとマトゥラーのどちらが仏
像のルーツとなった場所なのかはまだ議論がある。

設問5　答：エ ━━━━━━━━━━━━━━━━━━━━━━━━━━━━━ 標準

エ−× 『マハーバーラタ』と『ラーマーヤナ』はインドの2大叙事詩だが，『ギー
　　ターンジャリ』は20世紀のインドの詩人・思想家タゴールの詩集である。タゴー
　　ルはアジア人初のノーベル賞受賞者で，その思想はインドの民族運動にも大きな
　　影響を与えた。『ラーマーヤナ』は，ジャワ島のプランバナンやカンボジアのア
　　ンコール゠ワットなど東南アジアにおける建築装飾のモチーフとされたり，ジャ
　　ワ島の影絵人形劇ワヤン゠クリの題材とされたりしている。

解　答

設問1　イ　　設問2　ア　　設問3　アショーカ　　設問4　ガンダーラ
設問5　エ

9

◇次のAとBの文章を読み，以下の設問に答えなさい。解答はマーク解答用紙の所定
欄にマークしなさい。

A 　預言者ムハンマドは，メッカ（マッカ）の有力者たちからの迫害を逃れ，ムスリ
　　ム（イスラームの信徒）とともにメディナ（マディーナ，ヤスリブ）に移ったが，
　　　　　　　　　　　　　　　　　　　①
　　その後，メッカを奪還してカーバを聖殿とし，ここを聖地とした。ムハンマドの死
　　後，ウンマ（ムスリム共同体）は，ムハンマドの義父であるアブー＝バクルをムハ
　　ンマドの代理人（カリフ）としたが，第4代カリフのアリーと対立したシリア総督
　　ムアーウィヤは，シリアでカリフの地位につき，ウマイヤ朝を興した。以後，ウマ
　　　　　　　　　　　　　　　　　　　　　　　　　②
　　イヤ朝のカリフは世襲化した。しかし，アリーとその子孫のみを支持する者たちは
　　これを認めず，後には，複数のカリフが並立する事態が生じることとなった。

問1 　下線部①に関し，これを「聖遷（ヒジュラ）」といい，その年がイスラーム暦
　　（ヒジュラ暦）の紀元元年である。それは西暦では何年にあたるか。正しいものを
　　一つ選びなさい。
　　い　622年　　　　　ろ　630年　　　　　は　632年　　　　　に　642年

問2 　下線部②の「ウマイヤ朝」についての以下の記述のうち，明白に誤っているも
　　のはどれか。一つ選びなさい。
　　い　ウマイヤ朝は，西ゴート王国を倒したが，フランク王国とのトゥール・ポワテ
　　　ィエ間の戦いに敗れた。
　　ろ　ウマイヤ朝では，征服地の異教徒らに地租（ハラージュ）を課したが，末期に
　　　は，アラブ人ムスリムにも課すようになった。
　　は　ウマイヤ朝では，アラビア語が公用語とされ，イスラームの根本聖典である
　　　「クルアーン（コーラン）」が初めて編纂されることとなった。
　　に　ウマイヤ＝モスクは，ダマスクスにある現存最古のモスクであり，キリスト教
　　　会の一部を転用したものといわれている。

B 　神の啓示はアラビア語で授かったとするイスラームであるが，もともとアラビア
　　語を話さない諸民族にも浸透していった。そのうち，イランでは，イスラームへの
　　改宗者（マワーリー）やシーア派などがムハンマドの叔父の子孫であるアッバース
　　家の革命運動に協力し，アッバース朝が建国された。またトルコでは，トルコ系遊
　　　　　　　　　　　　　③

牧民がイスラームに改宗しながら次々と中央アジアから西方に向けて移動し，奴隷軍人（マムルーク）や部族集団の形で勢力を強めていき，数々の王朝を開いていった。インドでも，インド洋交易等で活動していたムスリム商人の影響もあり，またガズナ朝やゴール朝の軍の数度にわたる侵入などもあって，イスラームが都市住民やカーストの下層などに及ぶところとなり，ゴール朝の将軍アイバクがインドで最初のイスラーム王朝を開いた後，いくつかのイスラーム王朝が興った。もっとも，インドにおけるイスラームとヒンドゥーとの関係は，後にパキスタンとインドの分裂へとつながっていく下地となった。アフリカにも広がったイスラームもまた，後にキリスト教との軋轢が生じるところとなった。

　イスラームの広がりは，文化面では，各地にイラン＝イスラーム文化，トルコ＝イスラーム文化，インド＝イスラーム文化，スワヒリ文化などを生みだした。

問3　下線部③の「アッバース朝」に関する以下の記述のうち，明白に誤っているものはどれか。一つ選びなさい。

い　アッバース朝はタラス河畔の戦いで唐を破ったが，その捕虜の中にいた紙すき工がイスラーム圏に製紙法を伝えたとされる。

ろ　アッバース朝は，全ムスリムの平等を実現したとして「イスラーム帝国」と呼ばれることがある。

は　アッバース朝の第5代カリフのハールーン＝アッラシードは，ギリシア語の文献を集めてアラビア語に翻訳する機関として「知恵の館」を創設した。

に　アッバース朝の大アミールに任じられたブワイフ朝では，軍人や官僚に俸給の代わりに一定の土地の徴税権を与える，イクター制が導入された。

問4　下線部④のトルコ系の「数々の王朝」に関する以下の記述のうち，明白に誤っているものはどれか。一つ選びなさい。

い　カラハン朝は，中央アジアで最初のトルコ系イスラーム国家であり，緩やかな部族連合体であった。

ろ　ガズナ（ガズニ）朝はイラン系のサーマーン朝の，ホラズム（ホラズム＝シャー）朝はトルコ系のセルジューク朝の，それぞれマムルークが建てた王朝である。

は　セルジューク軍はアナトリアでビザンツ軍を破りシリアに侵攻したが，そのことが十字軍を引き起こす原因の一つとなった。

に　ティムール朝は，ビザンツ帝国を滅ぼしたオスマン軍をアンカラ（アンゴラ）の戦いで破り，バヤジット1世を捕虜にした。

問5　下線部⑤の「ムスリム商人」に関する以下の記述のうち，正しいものはどれか。一つ選びなさい。

い　ムスリム商人がインド洋交易で用いた三角帆の木造船は，ガレオン船と呼ばれる。

ろ　マムルーク朝の時期に国際貿易を担ったのは，カーリミー商人と呼ばれるムスリム商人集団であった。

は　マジャパヒト王国は，15世紀半ばに国王や支配階級がイスラームに改宗し，ムスリム商人と中国商人とを結ぶ東西貿易の拠点として栄えたが，後にポルトガルに占領された。

に　ムスリム商人は，陸路においても，キャラバンサライ（隊商宿）を結んで東西交易を行い，ここに，後に「絹の道」や「陶磁の道」と呼ばれる交易ルートを形成した。

問6　下線部⑥のインドの「イスラーム王朝」についての以下の記述のうち，明白に誤っているものはどれか。一つ選びなさい。

い　ゴール朝のマムルークであったアイバクがインドで最初のイスラーム王朝を建て，その後マムルーク出身の王朝が続いたので，それらは「奴隷王朝」と総称される。

ろ　ハルジー朝は地租の金納化を実施したが，それは後のムガル帝国の統治にも受け継がれた。

は　南インドのマイソール王国は，イギリスのインド征服に対抗して数度にわたる戦争を起こしたが，敗北した。

に　ムガル帝国のアクバルは，高官には禄位（マンサブ）に従って給与と保持すべき騎馬の数を決めるマンサブダール制をとった。

問7　下線部⑦の「パキスタンとインド」の関係についての以下の記述のうち，明白に誤っているものはどれか。一つ選びなさい。

い　イギリスは，ヒンドゥーとイスラームを反目させて反英運動を分断することを意図して，1905年，ベンガル州を東西に二分することを含むインド統治法を制定した。

ろ　当初は親英であった全インド＝ムスリム連盟は，1916年に国民会議と協定を結び，民族運動に参入した。

は　インドとパキスタンは，カシミール藩王国の帰属をめぐり対立し，1947年と1965年に，両国間で戦争が起きた。

に　言語問題から分離独立を目指す東パキスタンのムスリムらの運動をインドが支援したことから第3次インド＝パキスタン戦争が起こり，1971年，バングラデシュが独立した。

問8　下線部⑧の「インド＝イスラーム文化」の例として適切でないものを一つ選び
なさい。

い　ウルドゥー語　　　　　　　ろ　『集史』

は　シク教　　　　　　　　　　に　タージ＝マハル

> ### 解説　イスラーム教の成立と拡大
>
> 　Aはムハンマドによる7世紀のイスラーム教の成立とウマイヤ朝，Bはトルコやインドなどアラブ人以外へのイスラーム教の拡大について問われている。比較的対処しやすい問題が多いが，ムスリム商人と交易，インドではムガル帝国やその文化など幅広い知識が求められている。問7ではヒンドゥーとイスラームの対立に関して，第二次世界大戦後のインドとパキスタンについても出題されている。

A　問1　答：い　　　　　　　　　　　　　　　　　　　　　　　　　　　　　やや易

　ヒジュラは単に拠点を移したのではなく，メディナで最初のイスラーム教徒の共同体ウンマを形成したことが重要とされる。なお，イスラーム暦は月の満ち欠けを基準とする純粋な太陰暦のため1年が354日しかなく，実際の季節と月がずれていくため農業には不向きで，太陽暦と併用されることが多い。

問2　答：は　　　　　　　　　　　　　　　　　　　　　　　　　　　　　　　標準

　は─×　『クルアーン（コーラン）』はウマイヤ朝期ではなく，第3代の正統カリフであるウスマーン（位644〜656年）の時代に現在の形に編纂されたとされている。

B　問3　答：は　　　　　　　　　　　　　　　　　　　　　　　　　　　　　標準

　は─×　アッバース朝の全盛期を築いたハールーン＝アッラシード（位786〜809年）は文芸を保護したことで知られるが，「知恵の館」を創設したのは第7代カリフのマームーン（位813〜833年）である。「知恵の館」はアラビア語で「バイト＝アルヒクマ」といい，ここでアリストテレスの著作など数多くのギリシア語の文献がアラビア語に翻訳され，イスラーム哲学や科学の発展に寄与した。さらにここでアラビア語に翻訳された文献は，のちにシチリア島のパレルモやイベリア半島のトレドでラテン語に翻訳され，中世ヨーロッパの「12世紀ルネサンス」を引き起こすこととなった。

問4　答：に　　　　　　　　　　　　　　　　　　　　　　　　　　　　　　　標準

　に─×　アンカラの戦いは1402年，オスマン帝国によるビザンツ帝国滅亡は1453年である。選択肢の文は，ビザンツ帝国を滅ぼしたあとのオスマン帝国をアンカラの戦いで破ったとなっているので，誤りとなる。なお，アンカラの戦いのときのオスマン帝国スルタンは，14世紀末にハンガリー王ジギスムント率いるニコポリス十字軍を破ったことで知られる第4代バヤジット1世（位1389〜1402年），ビザンツ帝国を滅ぼしたのは第7代メフメト2世（位1444〜46，51〜81年）である。

問5　答：ろ　　　　　　　　　　　　　　　　　　　　　　　　　　　　　　　標準

　い─×　ムスリム商人がインド洋交易で用いた三角帆の木造船はダウ船。ガレオン船は大航海時代にスペインなどが使用した大型の帆船である。

は─×　15世紀半ばにイスラームに改宗し，1511年にポルトガルに占領されたのは，マレー半島西南部に栄えた港市国家のマラッカ王国。元軍のジャワ撤退後に成立したマジャパヒト王国はジャワ島東部を中心とし，香辛料の交易ルートをおさえて繁栄したヒンドゥー教国である。

に─×　「陶磁の道」は，陸路ではなく海路。重量があり壊れやすい中国の陶磁器が「海の道」により大量に西方に運ばれたことから，「海の道」は「陶磁の道」とも呼ばれる。

問6　答：い ━━━━━━━━━━━━━━━━━━━━━━━━━━ 標準

い─×　アイバクがインドで開いた最初のイスラーム王朝が「奴隷王朝」であって，その後デリーを首都として興亡したハルジー朝，トゥグルク朝，サイイド朝，ロディー朝を総称して「デリー＝スルタン朝」という。なお，奴隷王朝の建国者アイバクが，まだゴール朝の将軍であった1200年頃にデリー近郊に造営したモスクが，インド最古のモスクであるクトゥブ＝モスクで，このモスクに付随する尖塔がクトゥブ＝ミナールである。

問7　答：い ━━━━━━━━━━━━━━━━━━━━━━━━━━ 標準

い─×　反英運動分断のために，インド総督カーゾンによってベンガル州を東西に二分することが制定されたのはベンガル分割令（1905年）である。インド統治法は第一次世界大戦後の1919年にイギリスが定めたもので，地方自治のごく一部をインド人に委譲するという内容であったが，戦後の自治を約束されて第一次世界大戦に参戦していたインド人には受け入れられない内容であったため，ガンディーなどによる抵抗運動が高揚した。なお，ベンガル分割令は反対運動の高まりから，1911年に撤回された。

問8　答：ろ ━━━━━━━━━━━━━━━━━━━━━━━━━━ 標準

『集史』は，イル＝ハン国全盛期のガザン＝ハンの宰相として活躍したラシード＝アッディーンが編纂したモンゴル帝国の正史。モンゴルの歴史を中心にユーラシア全体の歴史がペルシア語で書かれており，特に第1巻のモンゴル史はモンゴル帝国史研究の重要な史料となっている。

解　答

| 問1　い | 問2　は | 問3　は | 問4　に | 問5　ろ | 問6　い |
| 問7　い | 問8　ろ | | | | |

10

◇次の文章を読み，問A〜Lに答えよ。解答はマーク解答用紙の所定欄に一つだけマークせよ。

　秦の始皇帝の拡張政策により，現在の広東省をはじめとした中国の嶺南地域は，歴史上初めて中原王朝の直接統治下に入った。秦の滅亡後，この地域には南越が建国されたが，紀元前111年に前漢の武帝により征服され，南海九郡が置かれることとなる。その後，現在の広州を中心として，この地域は中国歴代王朝のいわゆる「南海交易」の拠点となっていった。1世紀以降，東南アジアでは交易を重要な経済基盤とする諸国家が形成され，インドとの密接な交易活動を背景として，「インド化」してゆく。
　インド・東南アジア・中国間の交易の活発化は，中国王朝にその管理と税収確保の必要性を抱かせ，唐代には海上交易全般を管理する　G　が広州に置かれた。11世紀には，長らく中国王朝の支配下にあった現在のベトナム北部に独立した王朝が成立し，南海交易の重要な中継地点としての地位を得る。その後13世紀，モンゴルの建国した元は積極的に東南アジアに軍事遠征を行い，南海交易の主導権を得ようとした。またこの時代には，ムスリム商人のネットワークが東南アジアを覆うようになり，それが次の王朝である明朝初期の七回にわたる南海への艦隊の派遣の下地となった。しかしその後，明は民間の海外渡航・海上交易を禁止する海禁政策をとり，続く清も大型船建造や武器輸出の禁止を行った。だが，アヘン戦争の講和条約である南京条約，それに続く欧米列強の進出は状況を一変させ，「南海交易」は最終的に欧米諸国が主導する交易システムに組み込まれてゆくことになる。

問A　下線部Aについて，この結果起きたことはどれか。
1　秦はその直轄地には郡県制を，遠隔地には封建制を行い，嶺南地域には9人の諸侯が封じられた。
2　折衝府が置かれ，管轄地域内の農民を徴兵し，訓練した。
3　現在の広西省・広東省からベトナム北部にかけて，象・桂林・南海の3郡が置かれた。
4　都護府が置かれ，屯田の経営，交易路の確保を任務とした。

問B　下線部Bについて，正しい説明はどれか。
1　「大秦王安敦」の使者がこの国に到着した。
2　秦の滅亡に乗じて，徴姉妹の反乱により建国された。

　　3　呉楚七国の乱に参加して，前漢に対して軍事行動を行った。
　　4　秦の滅亡に乗じて，趙陀により建国された。

問C　下線部Cについて，前漢の武帝が攻撃または使節の派遣を行っていない国家は
　　どれか。
　　1　高句麗　　　　　　　　　　　　2　匈　奴
　　3　大　宛　　　　　　　　　　　　4　衛氏朝鮮

問D　下線部Dについて，その建国の年代が古いものから順に2番目の国家はどれか。
　　1　カンボジア（真臘）　　　　　　2　チャンパー
　　3　扶　南　　　　　　　　　　　　4　クディリ朝

問E　下線部Eの特徴として，誤ったものはどれか。
　　1　サンスクリット語・インド神話と，それらの影響下にある王権概念を受容した。
　　2　ヒンドゥー教や仏教が普及した。
　　3　インド式建築様式が普及した。
　　4　バラモン階層が社会の支配者層となった。

問F　下線部Fについて，7世紀にスマトラ島のパレンバンを中心に成立し，イン
　　ド・中国との交易に積極的に参与した王朝はどれか。
　　1　シャイレンドラ朝　　　　　　　2　シュリーヴィジャヤ王国
　　3　マタラム朝　　　　　　　　　　4　スコータイ朝

問G　　G　にはいる語句はどれか。
　　1　転運司　　　　　　　　　　　　2　御史台
　　3　海　関　　　　　　　　　　　　4　市舶司

問H　下線部Hについて，この王朝はつぎのうちどれか。
　　1　李　朝　　　　　　　　　　　　2　黎　朝
　　3　阮　朝　　　　　　　　　　　　4　広南王国

問 I 　下線部 I につき，元の軍事遠征が成功し，征服された王朝はどれか。
　　1　タウングー朝　　　　　　　　　2　陳　朝
　　3　シンガサリ朝　　　　　　　　　4　パガン朝

問 J 　下線部 J につき，この結果として生じた変化として誤ったものはどれか。

1　マラッカ王は15世紀にイスラームに改宗し，マラッカ王国は国際交易都市として大いに発展した。

2　この時期以降，東南アジアの島嶼部を中心に，イスラーム神秘主義教団の活動が活発化した。

3　15世紀末のスマトラにイスラーム政権のアチェ王国が成立した。

4　マジャパヒト王国がジャワを中心に繁栄し，スマトラにまで版図を拡大した。

問K　下線部Kについて，その結果は何か。

1　東南アジアからアフリカ東岸に至るまでの諸国家が明に朝貢使節を送り，その関係は明の滅亡まで維持された。

2　ヨーロッパの最新の銃器が，遠征の途中に獲得され，明にもたらされた。

3　遠征に刺激された中国では，白磁や青磁など陶磁器の生産が史上はじめて盛んになり，海外に輸出された。

4　マラッカ王国が遠征の重要な中継拠点となり，その急成長をもたらした。

問L　下線部Lにつき，南京条約で規定されたのはどれか。

1　片務的最恵国待遇　　　　　　　2　清の関税自主権の喪失

3　外国人の中国内地旅行の自由　　　4　公行の廃止

解説　南海交易の歴史

　中国を中心とする南海交易の歴史をテーマに，東南アジア諸国の歴史や中国との関係史などを問う問題。問Dの配列問題は，東南アジアの国家や王朝の正確な成立年代をイメージすることが求められており難問である。それ以外は教科書レベルの標準的問題がほとんどなので，ここは確実に得点しておきたい。

問A　答：3 標準
　1－× 直轄地に郡県制，遠隔地に封建制を行ったのは，前漢の郡国制である。
　2－× 折衝府は，唐の府兵制の基礎となった軍事行政機関である。長安・洛陽付近を中心として，各地に設置された。
　4－× 都護府は，漢や唐が辺境地域の異民族統治のために設けた監視・統治機関である。

問B　答：4 やや難
　1－× 後漢代の166年，「大秦王安敦」の使者が来航したのは，南越ではなく日南郡である。日南郡は，前漢の武帝が南海九郡を設置する際，ベトナム中部に設置した中国最南の郡である。
　2－× 徴（チュン）姉妹の反乱は，後漢の光武帝の時代にベトナムで起きた反乱。
　3－× 南越が呉楚七国の乱に際して軍事行動を行った事実はない。

問C　答：1 やや易
　1　前漢の武帝（位前141～前87年）が高句麗遠征を行った事実はない。高句麗遠征を行った中国皇帝としては，隋の煬帝，唐の太宗，高宗などがおり，高宗が高句麗の内紛に乗じて新羅と結び，668年に高句麗を滅ぼした。
　2　匈奴に対しては衛青や霍去病に命じ，攻撃させている。
　3　大宛（フェルガナ）へは李広利を派遣し，汗血馬を獲得させている。
　4　衛氏朝鮮を滅ぼした武帝は，朝鮮半島に楽浪・真番・臨屯・玄菟の朝鮮4郡を設置した。

問D　答：2 難
　1世紀頃，メコン川下流域に建国した扶南は東南アジア最古の国家とされており，後漢の混乱に乗じて2世紀末に建国したベトナム中部のチャンパーよりやや古いので，3→2の順となる。7世紀に扶南を滅ぼしたカンボジア（真臘）は6世紀に現在のカンボジア北部に建国した。クディリ朝はかなり細かい知識だが，10世紀にジャワ東部に建国されたヒンドゥー教国で，3→2→1→4の順になる。

問E　答：4 やや難
　4－× ヒンドゥー教はカンボジア（真臘）やマジャパヒト王国などで信仰された

が，あくまでも支配層の権威の確立のためにすぎず，社会全般には普及しなかった。したがって，東南アジアにはヴァルナ制は存在せず，バラモン階層が社会の支配者層になったというのは誤りである。

問F　答：2 ────────────────────────────────── 易

2　パレンバンはスマトラ島東南部の港市。シュリーヴィジャヤ王国は7～14世紀にパレンバンを中心に港市国家として繁栄した。唐僧の義浄はインドへの往復の途中滞在し，帰路に滞在したときにこの地で『南海寄帰内法伝』を著したが，その中でシュリーヴィジャヤでは大乗仏教が盛んであったことを伝えている。

1　シャイレンドラ（シャイレーンドラ）朝は，8世紀後半にジャワ中部で強力となり，大乗仏教寺院としてボロブドゥールを造営した一方，9世紀にはスマトラ島のシュリーヴィジャヤ王国を支配し，東南アジアで大きく力をのばした。

3　マタラム朝は，8世紀，ジャワ中部に成立したヒンドゥー教国である。

4　スコータイ朝は，13世紀，タイ北部のスコータイを都にタイ人が建てた初の王朝である。最盛期となった13世紀後半のラームカムヘーン王の治世では，タイ文字が創始された。

問G　答：4 ────────────────────────────────── 標準

4　市舶司が初めて置かれたのは広州で，玄宗時代の8世紀前半。宋代には泉州・明州・杭州・密州などにも設置された。

1　転運司（使）は，唐宋代に置かれた官職である。もとは華北への円滑な物資輸送に携わっていたが，宋代には行政の権限も持ち，その権力が強大化した。

2　御史台は，後漢に始まる官吏監察機関である。

3　海関は，清代に開港場に設置された税関である。

問H　答：1 ────────────────────────────────── 標準

1　ベトナム北部・中部は始皇帝・武帝による支配に始まり長く中国の支配を受けていたが，唐滅亡後の五代十国の争乱期にようやく自立の動きが始まった。10世紀前半から呉朝・丁朝・黎朝（980～1009年）と短命な王朝が続き，11世紀（1009年）に李朝による長期政権が誕生し，国号を大越国と称した。

2　黎朝（1428～1527年，1532～1789年）は，明軍を撃退した黎利が建国したベトナムの王朝である。ベトナム南部のチャンパーを制圧したが，18世紀後半，西山の乱で滅亡した。

3　阮朝は，フランス人宣教師ピニョーの支援を得た阮福暎が，ベトナムを統一して建てた王朝である。19世紀後半からフランスの進出を受けて保護国となり，19世紀末にはフランス領インドシナ連邦とされたが，阮朝の滅亡は，第二次世界大戦における日本の敗戦直後に最後の皇帝バオダイが退位したことによる。

4　広南王国は，黎朝後期にベトナム南部に成立した阮氏政権の中国や日本における呼称である。北部の黎朝とともに，18世紀後半の西山の乱の際に滅亡した。

問I　答：4 ──────────────────────────────── 標準

4　パガン朝は1044年に建国されたビルマ人最初の統一王朝である。滅亡の時期に
は諸説あるが，現在は新興勢力シャン人の台頭を受けて1299年に滅亡したと考え
るのが通例である。元が滅ぼしたわけではないとみると，誤りのようにみえるが，
1287年にフビライ治世下の元軍の攻撃を受け首都パガンが陥落しており，「軍事
遠征が成功」「征服」という設問文の条件は満たしているため，これを正解とし
た。

1　タウングー朝は1531年に建国されたパガン朝に続くビルマ人の王朝。

2　ベトナムの陳朝はモンゴルと元に3回侵攻されたが，これを撃退した。

3　シンガサリ朝はジャワ島に栄えたヒンドゥー教国である。元によるジャワ遠征
前年の1292年に滅び，その後，元の干渉を退けてマジャパヒト王国が建国された。

問J　答：4 ──────────────────────────────── やや易

4－×　13世紀末に成立したマジャパヒト王国はヒンドゥー教国で，香辛料交易を
おさえて大いに栄えたが，15世紀後半以降，イスラーム勢力の進出によって衰退
している。

問K　答：4 ──────────────────────────────── 標準

1－×　「明の滅亡まで維持された」が誤り。鄭和に南海遠征を命じた永楽帝の死
後，明の対外政策は縮小し，厳しい海禁政策のもとで，明の朝貢貿易は縮小して
いった。

2－×　鄭和の南海遠征は1405～33年。大航海時代は始まっておらず，ポルトガル
はまだアジアに進出していないので，鄭和の遠征軍がヨーロッパの最新の銃器を
獲得するのは不可能である。

3－×　「史上はじめて」が誤り。白磁や青磁の生産が拡大し，ジャンク船によっ
て各地に輸出されるようになったのは宋代である。明代，陶磁器として輸出品に
もなったのは，染付や赤絵である。

問L　答：4 ──────────────────────────────── 標準

1　清朝のイギリスに対する片務的最恵国待遇は，南京条約の追加条約である虎門
寨追加条約（1843年）で規定された。

2　清が関税自主権を喪失したのも上と同じく虎門寨追加条約である。

3　外国人の内地旅行の自由を認めたのはアロー戦争の講和条約である天津条約
（1858年）・北京条約（1860年）である。

解　答											
問A	3	問B	4	問C	1	問D	2	問E	4	問F	2
問G	4	問H	1	問I	4	問J	4	問K	4	問L	4

第3章　前近代史③
──欧米史

11

◇次の文章を読み，以下の問いに答えなさい。解答はマーク解答用紙の所定欄にマークしなさい。

　古代ギリシア世界と古代ローマ世界の関係について，見ることにしよう。

　リウィウスによれば，紀元前5世紀半ばの（　①　）制定に際して，ローマの使節がソロンの法律等を学ぶためにアテネに赴いたと伝わる。他方，確実な事実としては，紀元前8世紀にはイタリア半島南部にギリシア人が植民市を建設した。ローマ王政末期には彼らとローマ人の交流が生じ，おそらくこの時期に重装歩兵戦術もローマに伝わった。この戦術を通じて，ローマはイタリア半島を統一し，地中海世界に覇を唱え，世界帝国となっていく。

　ローマがイタリア半島統一の過程にあった前4世紀後半，マケドニアのアレクサンドロスがギリシア世界を統一し大帝国を建設した。けれども，アレクサンドロスの死後，その帝国は，さまざまな政治勢力に分裂した。前280年，当時のギリシア世界で有力だったエペイロス王ピュロスが，南部イタリアのギリシア人植民市タレントゥムの要請で，イタリア半島に上陸した。ローマはこれを撤退させ，アレクサンドロス帝国以降のヘレニズム世界にローマの存在を知らしめた。

　他方，ローマは，前220年代以降，ギリシア本土で断続的に武力を行使するようになった。そして，前2世紀半ば，アンティゴノス朝マケドニアを滅ぼし，属州マケドニアを設置して，直接統治を始める。アンティゴノス朝が実質的に滅亡した際にローマによってイタリア半島に抑留されたポリビオスは，（　⑦　）を著して，ローマが世界帝国になった理由を明らかにしようとした。セレウコス朝シリアは，前1世紀半ば，後にカエサルと対立することになる（　⑧　）によって滅ぼされ，属州シリアが設置された。さらに，プトレマイオス朝エジプトはオクタウィアヌスとの戦闘で敗れ，滅亡し，属州エジプトが設置された。このようにして，ヘレニズム世界はローマ世界に統合され，ローマの直接支配に服するに至った。

問1　（　①　）に入る最も適切な語を以下のア～エから一つ選びなさい。

　ア　十二表法　　　　　　　　　イ　リキニウス・セクスティウス法
　ウ　ホルテンシウス法　　　　　エ　ローマ法大全

問2　下線部②について，明白な誤りを含む文章を以下のア～エから一つ選びなさい。

　ア　アテネの執政官で，ギリシア七賢人の一人といわれる。

　イ　アテネ市民を財産所有額に応じて4つの等級に分け，等級に応じた参政権を定
　　めた。
　ウ　借財を返済できず奴隷状態に陥った市民を救済するため，借金の帳消しを行っ
　　た。
　エ　慣習法を成文化し，アテネ最古の成文法を制定した。

問3　下線部③について，明白な誤りを含む文章を以下のア〜エから一つ選びなさい。
　ア　重装歩兵戦術は，国家が歩兵に武器や防具を支給することで，騎兵戦術に代わ
　　るものとして導入された。
　イ　歩兵が槍と盾を構え，横並びで隣り合う者たちを防御しつつ，隊列を組んで戦
　　う隊形を，ファランクスと呼ぶ。
　ウ　アテネの重装歩兵軍がペルシア戦争に決定的勝利をもたらしたことから，アテ
　　ネ民主政の最盛期が訪れた。
　エ　重装歩兵として国防に重要な役割を果たすようになったプレブスは，パトリキ
　　の公職独占に不満を持ち，身分闘争を起こした。

問4　下線部④に関し，ローマのイタリア半島統一について明白な誤りを含む文章を
　以下のア〜エから一つ選びなさい。
　ア　ローマは，イタリア半島内の諸都市とそれぞれ内容の異なる個別の同盟を結び，
　　そのような同盟を通じて，各都市を支配した。
　イ　ローマは，その支配に服した住民の一部にローマ市民権を付与し，服属した者
　　たちを支配者の側に組み込んで，イタリア半島を支配した。
　ウ　イタリア半島の植民市の中には，ローマ市民がローマ市民権を保持して入植す
　　るものがあった。
　エ　イタリア半島統一の過程で建設されたアッピア街道は，商品の流通を目的とし
　　て設けられた。

問5　下線部⑤について，明白な誤りを含む文章を以下のア〜エから一つ選びなさい。
　ア　アレクサンドロスの父，フィリッポス2世は，カイロネイアの戦いでアテネ・
　　テーベ連合軍を撃破した。
　イ　アレクサンドロスの父，フィリッポス2世は，スパルタを除くギリシア諸ポリ
　　スの同盟であるコリントス同盟（ヘラス同盟）の盟主となった。
　ウ　アレクサンドロスは，イッソスの戦いでダレイオス3世を敗死させ，アケメネ
　　ス朝を滅ぼした。
　エ　アレクサンドロスの死後，その遺領を巡って争ったアレクサンドロスの有力な
　　部下たちを，ディアドコイと呼ぶ。

問6　下線部⑥に関し，ヘレニズムの文化について明白な誤りを含む文章を以下のア〜エから一つ選びなさい。

　ア　サモス島出身のエピクロスが創始したエピクロス派は，精神的快楽を求めた。

　イ　キプロス出身のゼノンが創始したストア派は，禁欲を重視した。

　ウ　アリスタルコスは，地動説を唱え，地球と太陽の距離を算出した。

　エ　エウクレイデスは平面幾何学を大成し，その著作は『幾何原本』として宋代の中国に紹介された。

問7　（　⑦　）に入る最も適切な語を以下のア〜エから一つ選びなさい。

　ア　『ローマ建国史』　　　　　　イ　『歴史』

　ウ　『年代記』　　　　　　　　　エ　『対比列伝』

問8　（　⑧　）に入る最も適切な語を以下のア〜エから一つ選びなさい。

　ア　クラッスス　　　　　　　　　イ　マリウス

　ウ　ポンペイウス　　　　　　　　エ　キケロ

問9　下線部⑨について，明白な誤りを含む文章を以下のア〜エから一つ選びなさい。

　ア　アントニウス，レピドゥスと共に第2回三頭政治をおこなった。

　イ　アクティウムの海戦でアントニウス・クレオパトラの連合軍を撃破し，内乱の一世紀と呼ばれる内戦状態を終了させた。

　ウ　市民の中の第一人者を意味するインペラトルと自称し，ローマ帝政を開始した。

　エ　前27年に元老院からアウグストゥスの称号を贈られ，後にはコンスルの権限や護民官の権限も獲得した。

> 解説 # 古代ギリシア世界と古代ローマ世界の関係
>
> 　法学部によく見られる古代ギリシア・ローマからの出題である。古代ギリシアとローマの関係について述べたリード文から，古代ギリシア・ローマ・ヘレニズム期と政治・社会・文化をバランスよく出題している。誤文選択問題が多いが，正文がこの時代・地域を理解するための良い文章となっており，解答後もしっかり読み込みたい。

問1　答：ア

　ア　十二表法は前450年頃に制定された。従来の慣習法を成文化したもので，12枚の板に彫って広場に並べたといわれ，パトリキ（貴族）による法独占を打破したものとして意義がある。

　イ　リキニウス・セクスティウス法は，護民官のリキニウスとセクスティウスによって前367年に制定された。内容としては，従来，コンスル（統領）は2人ともパトリキであったが，うち1人をプレブス（平民）から選ぶことと，公有地の占有を，1人500ユゲラ（≒125ヘクタール）までとしたことの2つをおさえておきたい。

　ウ　ホルテンシウス法はディクタトル（独裁官）のホルテンシウスによって前287年に制定された。従来，平民会の議決は平民のみを拘束するものとされていたが，この法の制定によって平民会の議決は元老院の承認を得ずとも国法となり，貴族を含む全ローマ市民を拘束するものとなった。

　エ　『ローマ法大全』は，6世紀にビザンツ皇帝ユスティニアヌスが法学者トリボニアヌスらに命じて編纂させたローマ法の集大成である。古代ローマ時代の勅法集・学説集・法学提要とユスティニアヌス帝が公布した新勅法集の4部からなる。これらを総称してローマ法大全と呼称するようになったのは，12世紀以降，ボローニャ大学などでローマ法研究が進展した以後のこととされている。

問2　答：エ

　エ─×　アテネ最古の成文法を制定（前621年）したのはソロンではなくドラコン。

●**古代アテネの改革者**　※（　）内は改革断行年。

ドラコン（前621年）	「立法者」 慣習法の成文化
ソロン（前594年）	「調停者」 債務の帳消し　債務奴隷の禁止　財産政治
ペイシストラトス（前561年）	僭主　中小農民の保護　農業・手工業の発展
クレイステネス（前508年）	血縁4部族制から地縁10部族制へ　500人評議会 陶片追放（オストラキスモス）創始
ペリクレス（前443年）	古代民主政の完成

問3　答：ア ━━━━━━━━━━━━━━━━━━━━━━━━━━━━━━━ 標準

ア－×　ギリシアやローマの重装歩兵の武器や防具は国家が支給するのではなく自
　弁であった。したがって，経済力を蓄えてこうした武具を自弁できるようになっ
　た市民たちは戦争に参加できるようになり，その結果，諸権利を獲得できるよう
　になった。当初は貴族が重装騎兵として国防の中核を担っていたが，交易活動が
　盛んになるにしたがって武具の価格が低下し，平民の中にも武具を自弁して従軍
　する者が現れた。これら重装歩兵のファランクス戦法が国防の観点から重視され
　るようになると，平民の中から参政権の要求が出るようになり，やがてゆっくり
　とではあるが，民主政の方向に進みはじめた。

問4　答：エ ━━━━━━━━━━━━━━━━━━━━━━━━━━━━━━━ 標準

エ－×　「商品の流通を目的として」が誤り。アッピア街道は軍道として整備され
　たものである。ローマからカプアへ，さらにイタリア半島南東端にあるブルンデ
　ィシウムに至る全長540 kmにまで延長された。

問5　答：ウ ━━━━━━━━━━━━━━━━━━━━━━━━━━━━━━━ 標準

ウ－×　アレクサンドロスはイッソスの戦い（前333年），続くアルベラの戦い（前
　331年）でダレイオス3世を敗走させたが，敗死させたわけではない。ダレイオ
　ス3世はその後東方で再起を図ったが，配下であるその地の知事（サトラップ）
　に殺されてアケメネス朝は滅亡した（前330年）。

問6　答：エ ━━━━━━━━━━━━━━━━━━━━━━━━━━━━━━━ 標準

エ－×　『幾何原本』は，宋代ではなく明代末の中国を訪れたイエズス会士のマテ
　オ゠リッチが，ヘレニズム時代のエウクレイデスの著作を，徐光啓と協力して翻
　訳したものである。

問7　答：イ ━━━━━━━━━━━━━━━━━━━━━━━━━━━━━━━ 標準

イ　第3回ポエニ戦争に従軍し，カルタゴの滅亡を目撃したことでも知られるポリ
　ビオスは，その著書『歴史』の中で，ギリシアは王政→貴族政→僭主政→民主政
　→衆愚政→王政と変遷した（政体循環論）が，ローマはコンスル・元老院・平民
　会などによる混合政体であったため安定し，それが発展のもとになったと論じた。

ア　『ローマ建国史』は，アウグストゥスの庇護を受けたことでも知られるリウィ
　ウスの著作である。

ウ　『年代記』は，『ゲルマニア』で大移動以前のゲルマン人について記したタキト
　ゥスが，帝政の暗い面を共和政への思いとともに記した歴史書である。

エ　『対比列伝』は，プルタルコスがギリシアとローマの類似する業績を持つ人物
　について対比的に記した伝記である。

問8　答：ウ ━━━━━━━━━━━━━━━━━━━━━━━━━━━━━━ やや易

ウ　閥族派出身のポンペイウスは，平民派のカエサルや騎士階級のクラッススとと
　もに第1回三頭政治を行ったが，クラッススの死後カエサルと対立して敗れた。

ア　クラッススは第1回三頭政治に参加した後，パルティアに遠征し敗死した。

イ　平民派のリーダーであったマリウスは，市民による重装歩兵中心の兵制を，職業軍人制（傭兵制）に改める改革を行った。のち閥族派のスラと激しく争い，閥族派に対する弾圧を行ったが，直後に病死した。

エ　キケロは，共和政ローマ末期の政治家・散文家である。共和政擁護の観点からカエサルとしばしば対立し，カエサルが暗殺された後はオクタウィアヌスと結んだが，アントニウスによって暗殺された。

問9　答：ウ　ーーーーーーーーーーーーーーーーーーーーーーーーーーーー　標準

ウ－×　「市民の中の第一人者」を意味するのはプリンケプス。オクタウィアヌスが始めた政治は，プリンケプスによる政治という意味でプリンキパトゥス（元首政）と呼ばれ，共和政の形式を残していたが，事実上の皇帝独裁であった。インペラトルは，もとは古代ローマにおいて戦いに勝利し凱旋してきた将軍に対して贈られた称号であった。この称号をカエサルが元老院から受け，オクタウィアヌス以降は皇帝の称号に含まれるようになり，英語の「emperor」の語源となった。

解　答

問1　ア	問2　エ	問3　ア	問4　エ	問5　ウ	問6　エ
問7　イ	問8　ウ	問9　ウ			

12

◇次の文章を読み，以下の問いに答えなさい。解答はマーク解答用紙の所定欄にマークしなさい。

　11世紀における封建社会の安定は，西ヨーロッパに農業生産の増大をもたらし，その結果，余剰生産物の取引が活発となり，古代世界の崩壊以来衰退していた商業が復活した。この経済的復興は，封建領主や教会に対する新たな勢力としての都市の発展を促した。紀元前1世紀頃からローマと接触していた<u>ゲルマン人</u>が，西ローマ帝国の滅亡前後に繰り返した大移動の影響もあって，古来栄えたイタリアの諸都市もいったんは荒廃したが，中世中期には経済発展とともに復興の時代を迎えた。

　北イタリアでは海港都市が地中海商業圏での遠隔地貿易を通じて他にさきがけて繁栄した。<u>ヴェネツィアは将来の隆盛の礎となる東地中海の商業特権をビザンツ帝国（東ローマ帝国）</u>から10世紀末頃に獲得している。かつてローマの植民市でその海軍の拠点であったピサが，西ローマ帝国の滅亡後も海運に従事して海軍力を蓄え，<u>11世紀半ばにはイスラーム勢力が支配するシチリアのパレルモを攻撃し，第1回十字軍に際しては東地中海におびただしい数の艦船を派遣して周辺各地に貿易拠点を確保した。</u>ジェノヴァは，これらの都市と同じく東地中海で交易を展開するとともに，西地中海の開拓にも乗り出して12世紀にはフランスのプロヴァンスやラングドックに商館を置き，さらには定期市で有名な（　⑤　）にも進出して13世紀まで続くこの地方の繁栄に寄与した。当時のフランスにおけるイタリア商人の活動の足跡は，今でもいくつかの都市の街路の名称として残っている。

　12世紀になると，北イタリアでは都市国家の制度が開花する。諸都市は封建領主である司教の支配を排除して自治都市（コムーネ）となっていった。<u>北イタリアの中世都市</u>は，複数の執政官や1名の長官をトップとする固有の行政機構を備え，さらには周辺の農村地域（コンタード）にも勢力を拡大してひとつの独立国家の様相を呈した。都市国家の間では抗争が頻発し，こうした状況は，都市に対して徴税などを通じた中央集権的支配を及ぼそうとする神聖ローマ皇帝の介入を招いたが，特に，フリードリヒ1世のイタリア政策に対しては，1165年のヴェローナ都市同盟のようにいくつかの都市が連合して自治権を防衛する動きが各地で生じ，これはやがて北イタリアの多数の都市を結集する（　⑦　）同盟の成立につながった。一方で，<u>自己の権威の強化を図るローマ教皇は皇帝のイタリア支配に抵抗するために諸都市との連携を模索した。</u>

　また，<u>都市の復興を背景に始められたイタリアにおける教会建設運動は12世紀に本格化し，小アーケード列と小柱からなる装飾は他の地域の教会建築にも影響を与えた。</u>

自治都市の内部でその市政を掌握する有力家系が形成されると，それらは都市の教養
人の学問・芸術活動を保護するようになり，イタリア＝ルネサンスの発展を支えるこ
ととなった。

設問1　下線部①に関連して，ゲルマン人について正しい内容の文章を以下のア～エ
　から一つ選びなさい。
　ア　ゲルマン人の慣習である恩貸地制度は封建的主従関係の起源の一つとなった。
　イ　カロリング家のシャルル2世の死後，フランク王国は三つに分割された。
　ウ　トイトブルク森でアルミニウス率いるゲルマン人がローマ軍を壊滅させた後，
　　アウグストゥスはライン川以東の征服を断念した。
　エ　西ローマ帝国を滅ぼしたゲルマン人傭兵隊長オドアケルは，その後ランゴバル
　　ド人によって倒された。

設問2　下線部②に関連して，東地中海地域について明白な誤りを含む文章を以下の
　ア～エから一つ選びなさい。
　ア　7世紀以降，ビザンツ帝国ではラテン語に代わりギリシア語が公用語として用
　　いられるようになった。
　イ　10世紀初めに北アフリカにおこったファーティマ朝は，アッバース朝に対抗し
　　てスルタンの称号を用いた。
　ウ　11世紀前半におこったセルジューク朝は，アナトリアやシリアの沿岸地帯にも
　　進出した。
　エ　11世紀末以降，ビザンツ帝国ではプロノイア制がしかれ，軍役の見返りとして
　　貴族に領地が与えられるようになった。

設問3　下線部③に関連して，シチリア島の歴史について明白な誤りを含む文章を以
　下のア～エから一つ選びなさい。
　ア　前8世紀にはギリシアのコリントス（コリント）の植民市としてシラクサが建
　　設された。
　イ　前3世紀には第1回ポエニ戦争の後にローマの最初の属州とされた。
　ウ　6世紀にビザンツ帝国の領土となる以前は，西ゴート王国の支配下にあった。
　エ　12世紀にはノルマン系のルッジェーロ2世により両シチリア王国が建てられた。

設問4　下線部④に関連して，十字軍について正しい内容の文章を以下のア～エから
　一つ選びなさい。
　ア　第1回十字軍は1099年にイェルサレムを占領してイスラエル王国を建てた。
　イ　第2回十字軍はフランス国王フィリップ2世と神聖ローマ皇帝コンラート3世

によって率いられたが，大きな成果を挙げることはできなかった。

ウ 第3回十字軍はアイユーブ朝のサラディンから聖地を奪回することに成功した。

エ 第4回十字軍はコンスタンティノープルを占領し，ラテン帝国を建てた。

設問5 （ ⑤ ）に入る最も適切な語を以下のア～エから一つ選びなさい。

ア アルザス   イ フランドル

ウ シャンパーニュ   エ ブルターニュ

設問6 下線部⑥に関連して，中世都市に関して生じた事象について明白な誤りを含む文章を以下のア～エから一つ選びなさい。

ア 皇帝から特許状を得て成立したドイツの自由都市（帝国都市）も，諸侯との関係ではその封建的支配に服した。

イ 北ドイツ諸都市によるハンザ同盟は共同で武力を用いるほど強力になり，17世紀まで存続した。

ウ ミラノ，フィレンツェなどイタリアの内陸都市は毛織物産業や金融業で栄えた。

エ 自治都市の市政を独占していた商人ギルドに対抗して，手工業者は職種別の同職ギルド（ツンフト）を形成し市政への参加を図った。

設問7 （ ⑦ ）に入る最も適切な語を以下のア～エから一つ選びなさい。

ア カルマル   イ ロンバルディア

ウ ヘラス   エ シュマルカルデン

設問8 下線部⑧に関連して，教皇について明白な誤りを含む文章を以下のア～エから一つ選びなさい。

ア ボニファティウス8世は教皇権の絶対性を主張したが，フィリップ4世にとらえられた。

イ レオ10世は喜捨などの善行を積めば罪が赦されると説明して，教会の建築資金を調達するために贖宥状（免罪符）を売り出した。

ウ インノケンティウス3世はイギリスのジョン王と争った後，これを破門した。

エ 北イタリア諸都市の内部では教皇党（ギベリン）が形成され，皇帝党（ゲルフ）と対立することとなった。

設問9 下線部⑨に関連して，ヨーロッパの教会建築について明白な誤りを含む文章を以下のア～エから一つ選びなさい。

ア フランス南部モワサックのサン＝ピエール修道院付属教会は，厚い石壁と小さな窓を特徴とするロマネスク様式で建築された。

イ　ピサ大聖堂は，ドームとモザイク壁画を特色とするビザンツ様式で建立された
　　教会として有名である。

ウ　シャルトル大聖堂は，高くそびえる尖塔，ステンドグラスで飾られた大きな窓
　　を特徴とするゴシック様式の典型である。

エ　ローマのサン＝ピエトロ大聖堂は，古代ローマ時代に建立され，その後，大ド
　　ームを有するルネサンス様式で再建された。

解説　中世の北イタリア諸都市

　中世の北イタリア諸都市をフィーチャーしたリード文から，中世ヨーロッパに関して政治・経済・文化から広く問うた大問である。リード文も長く，設問も正文・誤文選択問題が多いため，多少解答時間がかかるかもしれないが，難問はなく，早稲田大学の世界史としては一般的なレベルであるため，ポイントをおさえながらスムーズに判定していきたい。

設問1　答：ウ　　　　　　　　　　　　　　　　　　　　　　　　　　　　　　やや難

- **ウ―○**　アウグストゥスは，ライン川からエルベ川にかけての地域の支配をもくろみ，軍団を派遣したが，アルミニウスに率いられたゲルマン人たちが紀元後9年にトイトブルク森の戦いでこれを破り，支配を断念させた。
- **ア―×**　恩貸地制度はローマ帝国末期に起源があり，有力者に対する奉仕や勤務と引き換えに土地を貸与される制度である。ゲルマン人の慣習として封建的主従関係の起源の一つとなったのは，有力者に忠誠を誓ってその従士となり，有力者側は従士を保護する義務，従士側は有力者を支援する義務が生じるとする従士制である。
- **イ―×**　フランク王国はカール大帝の息子ルートヴィヒ1世が没した後，843年のヴェルダン条約で3分割された。シャルル2世は，ルートヴィヒ1世の末子にあたり，ヴェルダン条約の際に西フランク王国を相続した人物である。
- **エ―×**　オドアケルは，476年に西ローマ帝国を滅ぼしイタリア半島に王国を形成したが，5世紀末にビザンツ皇帝の命を受けイタリアに侵入し，そのオドアケルを倒したのは東ゴート人の王，テオドリック大王である。東ゴート人は6世紀にユスティニアヌス帝のビザンツ軍によって滅ぼされ，その後アルボインに率いられてイタリア半島に進出したのがランゴバルド人である。

設問2　答：イ　　　　　　　　　　　　　　　　　　　　　　　　　　　　　　標準

- **イ―×**　ファーティマ朝の君主が用いたのは，カリフの称号である。従来から存在したアッバース朝のカリフに対して，ファーティマ朝が10世紀初め頃の建国当初よりカリフを称し，続いて後ウマイヤ朝の最盛期を現出させたアブド＝アッラフマーン3世の治世より後ウマイヤ朝の君主もカリフを称するようになった。ここにイスラーム世界では3カリフが鼎立するようになった。スルタンは，ブワイフ朝を滅ぼしたセルジューク朝のトゥグリル＝ベクに対して，アッバース朝のカリフが与えたスンナ派の政治権力者の称号である。
- **エ―○**　プロノイア制は，本来軍役奉仕の代償として国有地の管理権と国税収入を与えるものであったため，「領地が与えられる」という表現は厳密には正確性を欠くが，12世紀には受給地が売却可能になり，13世紀には受給地の世襲が認めら

れるようになったこともあり，正文と判断できる。

設問3 答：ウ ──────────────────── 標準

ウ－×　シチリア島は，6世紀にユスティニアヌス帝の派遣した軍勢によってビザンツ帝国の領土になる以前は，ヴァンダル王国，続いて東ゴート王国による支配を受けた。

設問4 答：エ ──────────────────── 標準

エ－○　インノケンティウス3世によって提唱された第4回十字軍は，ヴェネツィア商人の主導でコンスタンティノープルを占領し，ビザンツ帝国を一時中断させ，ラテン帝国（〜1261年）を建てた。

ア－×　第1回十字軍が建設したのは，イェルサレム王国である。イスラエル王国はヘブライ王国とも言われ，前11世紀にパレスチナの地にヘブライ人が建てた国家である。前10世紀後半のソロモン王の死によって南北に分裂し，南部がユダ王国となったが，北部のイスラエル王国は前722年にアッシリアによって滅ぼされ，南部のユダ王国は前586年に新バビロニアのネブカドネザル2世によって滅ぼされた。

イ－×　フランス国王フィリップ2世は，神聖ローマ皇帝フリードリヒ1世，イングランド王リチャード1世とともに第3回十字軍に参加した。第2回十字軍を率いたフランス国王はルイ7世。

ウ－×　第3回十字軍は，フィリップ2世が途中帰国，フリードリヒ1世が聖地に向かう途中のアナトリアで事故死し，リチャード1世が孤軍奮闘したがサラディンと講和し，聖地奪回には至らなかった。

設問5 答：ウ ──────────────────── 標準

シャンパーニュ地方は，フランス東北部の交通上の要衝に位置している。トロワなどの4都市を周回しつつ年6回定期的に開催される大市では，フランドルの毛織物など北海・バルト海交易圏の物産と，北イタリア都市が仲介する香辛料など地中海交易圏の物産とが取引され，ヨーロッパ各地から商人が集まった。

設問6 答：ア ──────────────────── 標準

ア－×　成立当初，都市は司教や諸侯などの封建的支配を受けていたが，皇帝から特許状を与えられたドイツの自由都市（帝国都市）は，皇帝直属の都市として諸侯など封建領主と同等の地位を獲得した。

設問7 答：イ ──────────────────── 標準

イ　ロンバルディア同盟は，ミラノを中心とする北イタリア諸都市が，フリードリヒ1世およびフリードリヒ2世のイタリア政策に対抗して結成したもので，皇帝軍を2度撃退し，自治権を大幅に認めさせた。

ア　カルマル同盟は，1397年にデンマーク王女マルグレーテの主導で結成されたデンマーク，スウェーデン，ノルウェーの同君連合である。1523年にスウェーデン

が離脱して解消された。

ウ ヘラス同盟は，前337年にマケドニア王フィリッポス2世によって結成された，スパルタを除くギリシア諸ポリスの同盟である。ヘラス連盟，コリントス同盟とも呼ばれる。

エ シュマルカルデン同盟は，1529年のシュパイアー帝国議会でカール5世がプロテスタントへの寛容策を撤回したことから，1530年にプロテスタント諸侯・都市が結成した。

設問8 答：エ ━━━━━━━━━━━━━━━━━━━━━━━━ 標準

エー× 教皇党が「ゲルフ」，皇帝党が「ギベリン」である。

設問9 答：イ ━━━━━━━━━━━━━━━━━━━━━━━━ 標準

イー× ピサ大聖堂は，ローマ風の半円形アーチと厚い壁，小さな窓を特色とするロマネスク様式の代表的建造物である。ビザンツ様式は，コンスタンティノープルのハギア＝ソフィア聖堂や，ラヴェンナのサン＝ヴィターレ聖堂が代表的建築物である。

解 答

| 設問1 ウ | 設問2 イ | 設問3 ウ | 設問4 エ | 設問5 ウ |
| 設問6 ア | 設問7 イ | 設問8 エ | 設問9 イ | |

13

◇フランスの歴史について述べた以下の文章を読み，下線部(1)〜(10)に関する問いについて，a〜dの選択肢の中から答えを1つ選び，マーク解答用紙の所定欄にマークしなさい。また，波線部A〜Cに関する問いの答えを，記述解答用紙の所定欄に記入しなさい。

　日本の高校世界史では，16世紀以降，近代にいたるまで，イギリスが議会制民主主義と産業革命の実現を通じて世界史の展開をリードしたことが中心的なテーマのひとつとなっている。しかし，果たしてそれだけが歴史的な真実なのだろうか。フランスを中心に，それとは少し異なるヨーロッパ史を考えてみよう。

　現在のフランスでは，すでに前2世紀からローマ帝国の属州化が始まり，街道と都市が建設され，ローマ人による統治と経済活動が展開していた。4世紀以降，ゲルマン人の南下が本格化するなかで成立したメロヴィング朝フランク王国を経て，次のカロリング朝フランク王国では，巡察使制度の本格的な導入など，少しずつ非ローマ的要素が増していった。しかし，800年のカール大帝のローマ皇帝戴冠は，依然，ローマ皇帝理念の存在の大きさを物語っている。

　これに対して，10世紀末に始まるカペー朝王権は，成立当初はパリ周辺地域のみにしか実質的支配を及ぼすことが出来なかったが，その後，13世紀初頭には，フランス王国の指導者としての地位を確立した。当時のカペー朝は，自分たちに先立つメロヴィング王家が，かつてギリシア人に滅ぼされたとされるトロイア人の王プリアモスの子孫であると称していたが，それは，同じトロイア人でもアエネアスを祖とする伝説をもっていたローマ人とは異なる出自の支配者であることの間接的な自己表明だったといえる。

　13世紀に本格化するフランス社会の発展は目覚ましい。荘園制の下で農業生産は増大し，各地の都市は商工業で繁栄した。推定人口数でも，黒死病流行以前の段階で，フランス王国は2,000万人を超え，イングランド王国の約5倍に達していた。13世紀のルイ9世は，事実上最後の十字軍を指揮したほか，ヨーロッパ全体の紛争の調停者としての名声を博していた。「教皇のバビロン捕囚」も，そのようなヨーロッパ世界におけるフランスの地位の上昇の反映だった。

　同時代のイングランドでは，マグナ・カルタや議会を通じて国王の専制支配が制限されたのに対して，フランスでも三部会と通称される身分制議会が開催された。しかし，百年戦争の混乱期を抜け出るころから，三部会の開催は減少していく。そこでは，イングランドに比べてはるかに広大なフランス各地から毎年1ヶ所に参加者が集まる

ことの困難に加えて，君臣間にある程度の信頼関係が存在したことが大きく影響していた。

　絶対王政の時代に入ると，ヨーロッパにおけるフランス王国の主導的地位は疑うべ
(7)
くもない。各国の君主が営む宮廷生活のモデルはフランスのそれであり，フランス語
(8)
は多くの宮廷における共通語となった。フランスでは，このような宮廷で用いられる
絹織物やクリスタル・ガラスなどの奢侈品の生産が盛んになった反面，のちの産業革
命期には，安価な大量生産商品の製造に後れを取ることとなる。加えて，植民地争奪
(9)
戦や世界貿易の覇権争いにおいてもイギリスに敗れた。しかし，現在の私たちの生活
(10)
においても，フランスで製造された奢侈品がブランド品としてもてはやされ続けてい
るが，その源は絶対王政期のフランスに遡るのである。

問(1)　古代ローマについて，正しい説明はどれか。
　a　カエサルは，大ブリテン島全域を征服し，属州とした。
　b　全ガリアを征服して，属州としたカエサルの名声は高まり，終身コンスルとし
　　　て絶対的な権限を行使した。
　c　五賢帝の3番目に数えられるトラヤヌス帝の治世に，ローマ帝国の領土は最大
　　　になった。
　d　ローマからイタリア半島南部へ向けて，アッピア街道が建設された。

問(2)　イベリア半島に進出することはなかったゲルマン人部族はどれか。
　a　ヴァンダル　　　　　　　　　b　西ゴート
　c　東ゴート　　　　　　　　　　d　フランク

問(3)　カール大帝の治世中の出来事ではないものはどれか。
　a　アヴァール人の撃退
　b　ザクセン人の征服
　c　ベネディクトゥスによる修道院戒律の制定
　d　ランゴバルド王国の滅亡

問(4)　フランスのみならず，中世ヨーロッパ全体の経済的発展について，誤っている
　　　説明はどれか。
　a　修道院は，開墾運動を推し進めた中心的社会集団のひとつだった。
　b　リューベックを盟主とするハンザ同盟は，ノヴゴロドやスウェーデンのベルゲ
　　　ンにまで在外商館を置いて交易をおこなった。
　c　既存の大商人に対抗して，手工業者はツンフトを結成して，都市自治への参加
　　　を要求した。

d　地中海商業圏と北ヨーロッパ商業圏を結ぶ都市として，アウクスブルクやニュルンベルクが発展した。

問(5)　イングランド王国について述べた次の文①と②の正誤の組合せとして，正しいものはどれか。

①　デーン朝を開いたクヌート（カヌート）は，デンマーク王とスウェーデン王でもあった。

②　百年戦争の戦費調達のための人頭税徴収に反対して，ワット・タイラーの乱が起きた。

a　①－正　　②－正　　　　　　　b　①－正　　②－誤

c　①－誤　　②－正　　　　　　　d　①－誤　　②－誤

問(6)　「教皇のバビロン捕囚」が起こった世紀の出来事として誤っているものはどれか。

a　アルビジョワ十字軍

b　異端審問

c　ウィリアム＝オブ＝オッカムの活動

d　ニコポリスの戦い

問(7)　絶対王政期のヨーロッパについて，誤っている説明はどれか。

a　フランスでは，ユグノー戦争の結果，新教徒にも信教の自由が認められた。

b　オーストリア継承戦争後の「外交革命」の結果，ハプスブルク家はフランスと同盟することとなった。

c　北欧では，三十年戦争の結果，デンマークの優位が確立した。

d　フランスなどで，常備軍の導入が進んだ。

問(8)　世界各国の宮廷で営まれた宮廷文化について述べた次の文①と②の正誤の組合せとして，正しいものはどれか。

①　フランス語の統一と純化を目的としたフランス学士院（アカデミー・フランセーズ）は，ルイ14世治世に創設された。

②　北京郊外の円明園には，バロック様式の建物が建てられていた。

a　①－正　　②－正　　　　　　　b　①－正　　②－誤

c　①－誤　　②－正　　　　　　　d　①－誤　　②－誤

問(9)　フランスが1713年のユトレヒト条約で失った海外領土はどれか。

a　ヴァージニア　　　　　　　　　b　ニューファンドランド

　c　ミノルカ島　　　　　　　　　d　ルイジアナ

問(10)　絶対王政期の世界貿易の覇権争いに関する以下のことがらを古い方から時代順
　　に並べた場合に，3番目に来るものはどれか。
　a　アンボイナ事件
　b　カーナティック戦争
　c　第3次イギリス＝オランダ（英蘭）戦争
　d　財務総監となるコルベールによるフランス東インド会社の再建

問A　この時期に，王領地の大幅な拡大に成功したフランス国王の名前を記せ。

問B　19世紀に，トロイアと推定される都市遺跡を発掘した考古学者の名前を記せ。

問C　百年戦争開始時のフランス王国の王朝名を記せ。

| 解説 | **フランスを中心とした古代〜近世ヨーロッパ** |

　フランスの歴史をテーマとしたリード文をもとに，フランスを中心に地中海世界・イギリス・北ヨーロッパに関する古代から近世までのヨーロッパ史を問うている。ほぼ基本的事項の把握で対応できるが，17〜18世紀の出来事の順序を問う問⑽は細かな年代把握が求められる設問であった。

問(1)　答：d　　　　　　　　　　　　　　　　　　　　　　　　　　標準

　a—×　カエサルはガリア遠征のさなか，大ブリテン島に2度にわたって侵攻しているが，征服できずに撤退している。大ブリテン島がローマの属州となるのは1世紀で，それも南部の領域に限られる。

　b—×　カエサルは，前48年のファルサロスの戦いでポンペイウスを破ったのち，前44年，終身ディクタトル（独裁官）となったが，直後に暗殺された。

　c—×　トラヤヌス帝は五賢帝の2番目にあたる。

●**五賢帝時代（96〜180年）**

ネルウァ（位96〜98）	実子ではないトラヤヌスを養子として後継者に指名
トラヤヌス（位98〜117）	ダキア（現ルーマニア）・メソポタミアを征服し，帝国の領土を最大に
ハドリアヌス（位117〜138）	初の属州出身皇帝　ブリタニアに長城建設
アントニヌス＝ピウス（位138〜161）	帝国の安定期をもたらす
マルクス＝アウレリウス＝アントニヌス（位161〜180）	ストア派の哲学者として『自省録』を著す　後漢に使者を送った「大秦王安敦」に比定

問(2)　答：c　　　　　　　　　　　　　　　　　　　　　　　　　　標準

　イベリア半島を経由して最終的に北アフリカに建国したaのヴァンダル人，ガリア南部からイベリア半島にかけて建国したbの西ゴート人は容易に除外できる。dのフランク人は，カール大帝時代に後ウマイヤ朝を圧迫し，現在のカタルーニャ地方にスペイン辺境伯領を設置しているので，イベリア半島に進出したと判断できる。なお，テオドリック大王によって東ゴート王国が建国されたのは，イタリア半島においてである。

問(3)　答：c　　　　　　　　　　　　　　　　　　　　　　　　　　標準

　カール大帝の治世は8世紀後半〜9世紀前半である。

　c　ベネディクトゥスは，6世紀前半，中部イタリアのモンテ＝カシノに修道院を建て，ベネディクト修道会を創設した修道士である。この修道会の戒律が西ヨーロッパにおける修道院運動の指針となった。

問(4)　答：b ━━━━━━━━━━━━━━━━━━━━━━━━━━━━ 標準

　　b－×　ベルゲンはスカンディナヴィア半島の南西部に位置しており，スウェーデ
　　ンではなくノルウェーの港市。なお，ハンザ同盟の在外四大商館所在地は，ノル
　　ウェーのベルゲン・ロシアのノヴゴロド・イングランドのロンドン・フランドル
　　のブリュージュである。

問(5)　答：c ━━━━━━━━━━━━━━━━━━━━━━━━━━━━ 標準

　　①誤文。「スウェーデン」が誤り。1016年にイングランドでデーン朝を開いたク
　　ヌート（カヌート）は，デンマークとノルウェーの王を兼ねた存在であった。

問(6)　答：a ━━━━━━━━━━━━━━━━━━━━━━━━━━━━ やや難

　　「教皇のバビロン捕囚」は，1309年にフランス王フィリップ4世（位1285～1314
　　年）が教皇クレメンス5世を頂点とする教皇庁を南フランスのアヴィニョンに移し，
　　約70年間，ローマに教皇が不在となった事件である。これは14世紀の出来事。
　　a　教皇インノケンティウス3世がフランス王フィリップ2世に南フランスの異端
　　　討伐を命じたアルビジョワ十字軍は1209～29年なので，13世紀前半の出来事。
　　b　異端審問は中世ヨーロッパ各所で継続的に起こっているので，14世紀にも起こ
　　　った出来事と判断したい。
　　c　ウィリアム＝オブ＝オッカムは14世紀前半に活躍したスコラ学者である。
　　d　バヤジット1世率いるオスマン軍が，ハンガリー王ジギスムント率いるヨーロ
　　　ッパの連合十字軍を破ったニコポリスの戦いも14世紀末（1396年）。

問(7)　答：c ━━━━━━━━━━━━━━━━━━━━━━━━━━━━ 標準

　　c－×　「デンマーク」が誤り。戦死はしたが，グスタフ＝アドルフ（位1611～32
　　年）の活躍もあり，三十年戦争（1618～48年）の結果結ばれたウェストファリア
　　条約において，スウェーデンが西ポンメルンやブレーメン大司教領を獲得し，
　　「バルト帝国」と呼ばれるほどの優位を確立した。

問(8)　答：c ━━━━━━━━━━━━━━━━━━━━━━━━━━━━ 標準

　　①誤文。フランス学士院（アカデミー・フランセーズ）を創設した（1635年）の
　　は，ルイ13世（位1610～43年）の宰相を務めたリシュリューである。

問(9)　答：b ━━━━━━━━━━━━━━━━━━━━━━━━━━━━ 標準

　　1713年のユトレヒト条約とは，ヨーロッパにおけるスペイン継承戦争，新大陸に
　　おけるアン女王戦争の講和条約のことである。フランスはこのユトレヒト条約によ
　　って，北米ではニューファンドランド以外にハドソン湾地方やアカディアもイギリ
　　スに割譲している。
　　a　ヴァージニアは，北米最初のイギリス植民地である。
　　c　イベリア半島南東の地中海に浮かぶミノルカ島は，ユトレヒト条約でその所有
　　　権が移ったが，それはスペインからイギリスへというものであった。
　　d　ルイジアナは，17世紀後半にフランス人ラ＝サールが探検し領有を宣言したミ

シシッピ川流域の地方である。ヨーロッパでの七年戦争，新大陸でのフレンチ＝インディアン戦争の講和条約である1763年のパリ条約によって，フランスはミシシッピ川以東をイギリスに，ミシシッピ川以西をスペインに割譲した。

●絶対王政時代のヨーロッパと新大陸──アメリカ大陸の覇権争い

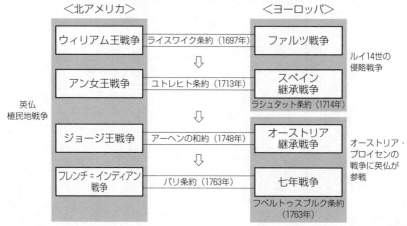

問(10)　答：c　　　　　　　　　　　　　　　　　　　　　　　　　　　やや難

　オーソドックスに年代で解いていくと，イギリスの東南アジアからの撤退の契機となったaのアンボイナ事件は1623年なので，17世紀前半の出来事だが，南インドにおけるbのカーナティック戦争（1744～61年）は，プラッシーの戦い（1757年）と同時期の出来事であり，選択肢中唯一18世紀の出来事である。一方，ルイ14世（位1643～1715年）に仕えたdの財務総監コルベールがフランス東インド会社を再建したのは1664年である。これを機にフランスはインド進出を本格化する。イギリスにおける航海法制定（1651年）を契機に勃発した英蘭戦争の3回目となるcの第3次イギリス＝オランダ（英蘭）戦争は，ルイ14世のオランダ戦争に合わせてイギリスがオランダに仕掛けた戦争で，1672～74年（第1次：1652～54年，第2次：1665～67年）のこと。ルイ14世にからむcとdの判断がやや難しい。年代順に並べると，a→d→c→bとなるので，3番目はcである。

問A　答：フィリップ2世　　　　　　　　　　　　　　　　　　　　　　　　やや易

　波線部の「13世紀初頭」および設問文の「王領地の大幅な拡大に成功」から，イギリスのジョン王に勝利して大陸内のイギリス領の大半を奪ったカペー朝のフィリップ2世（位1180～1223年）を導ける。

問B　答：シュリーマン　　　　　　　　　　　　　　　　　　　　　　　　標準

　シュリーマンはドイツの考古学者で，ミケーネも発掘している。なお，クノッソスを発掘してクレタ文明（ミノア文明）の存在を証明したのはイギリスのエヴァンズ。

問C　答：ヴァロワ朝 ——————————————————————————— やや易

　　ヴァロワ朝（1328〜1589年）はカペー朝断絶後のフランス王朝であり，百年戦争
（1339〜1453年）勃発時のフランス王はその創始者であるフィリップ6世。

解　答

問(1)	d	問(2)	c	問(3)	c	問(4)	b	問(5)	c
問(6)	a	問(7)	c	問(8)	c	問(9)	b	問(10)	c

問A　フィリップ2世　　問B　シュリーマン　　問C　ヴァロワ朝

14

◇キリスト教史に関する次の文章を読み，設問に答えなさい。解答はマーク解答用紙の所定欄にマークしなさい。

　ナザレ出身のイエスは，バプテスマのヨハネから洗礼を受け，その後「神の国は近づいた。悔い改めて福音を信ぜよ」という教えを広め始めた。彼はモーセの律法を尊重しつつも，安息日に病人を癒し，取税人など下層と見なされている人々を招くなどして，祭司階級や　①　と対立した。彼はペテロらを弟子に選んで活動したが，その一人であるユダの裏切りによって捕えられ，反乱を企てる者としてローマのユダヤ総督ピラトに訴えられ，十字架の刑に処せられた。しかし弟子たちは彼が復活したと考え，彼をメシアと見なす信仰が生まれた。

　イエスの死後，その言行が弟子たちによって伝えられ，信者たちの共同体として教会が形成された。活動はユダヤの地域を越えてギリシアおよびローマ世界に，またユダヤ人から異邦人へと広まり，各地に教会が建てられ，新約聖書が編纂され，キリスト教が成立した。

　キリスト教は，皇帝崇拝を旨とするローマでは，まず　A　帝による迫害にあった。そののち　B　帝の大規模な迫害が失敗に終わると，　C　帝は，313年，キリスト教を公認した。380年には，　D　帝によりローマ帝国の国教となった。教会内部では，325年のニケーア公会議で，アリウス派が異端とされ，アタナシウス派が正統の地位を占めた。431年のエフェソス公会議ではネストリウス派が，また451年のカルケドン公会議では単性論が，異端とされた。ローマ教会はやがてカトリック（普遍的）と称し，その首長は教皇としての権威を持つようになった。

　ローマ帝国は395年に東西に分裂する。西ローマ帝国が滅亡すると，カトリック教会はフランク族との結びつきを強め，496年にはその王クローヴィスを改宗させた。レオ3世は800年にフランク王カールに帝冠を授け，西ヨーロッパ中世世界が成立した。他方，東ローマ帝国では，ギリシア正教会が皇帝に支持され，東欧からロシアまで拡がった。両教会は1054年に分裂した。

　西ヨーロッパ世界で，教皇権は13世紀初めのインノケンティウス3世のときに絶頂に達した。しかし，このころから教会の世俗化が目立ち始め，それを批判してフランチェスコ修道会など，修道院の外に出て民衆を教化しようとする托鉢修道会の運動が始まった。他方で，11世紀末，進出してきたイスラーム勢力に対して聖地を奪回するという名目で教皇ウルバヌス2世が呼びかけて始まった十字軍は，数度に及んだが失敗し，教皇権は衰退に向かった。

　教会と世俗の乖離はいっそう拡大した。そのような動きの中で，ルターは1517年，免罪符の発行を機会に九十五カ条の論題を出してカトリック教会を批判し，「人が救われるのはただ信仰による」という福音主義を主張した。この主張に拠る人々はプロテスタントと，また運動は<u>宗教改革</u>と呼ばれた。この考えはヨーロッパの主に西方および北方に広まり，イングランドでは，ヘンリ8世の時にイギリス国教会を成立させた。そののち，大陸では新旧両派の宗教戦争が繰り返された。<u>カトリック教会は，宗教改革に対抗する体制を整え，あらたな布教に乗りだした。</u>

問1　空欄①に入るもっとも適切な語句を，次の中から一つ選びなさい。
　イ　カタリ派　　　　　　　　　ロ　パリサイ派
　ハ　再洗礼派　　　　　　　　　ニ　ストア派

問2　下線部②について，次の中から古代の主要な五つの教会（五本山）に該当しないものを一つ選びなさい。
　イ　ローマ　　　　　　　　　　ロ　コンスタンティノープル
　ハ　アテネ　　　　　　　　　　ニ　イェルサレム

問3　空欄A〜Dにはローマ皇帝の名前が入る。その組み合わせとして正しいものを一つ選びなさい。
　イ　A：ネ　ロ　　　　　　　　　B：ディオクレティアヌス
　　　C：コンスタンティヌス　　　D：テオドシウス
　ロ　A：コンスタンティヌス　　　B：ディオクレティアヌス
　　　C：ネ　ロ　　　　　　　　　D：テオドシウス
　ハ　A：テオドシウス　　　　　　B：コンスタンティヌス
　　　C：ネ　ロ　　　　　　　　　D：ディオクレティアヌス
　ニ　A：ネ　ロ　　　　　　　　　B：テオドシウス
　　　C：コンスタンティヌス　　　D：ディオクレティアヌス

問4　下線部③のキリスト教にあった複数の考えについての記述のうち，明白な誤りを含むものを一つ選びなさい。
　イ　アタナシウス派は父なる神と子なるイエスは同質だとし，この考えはのちに三位一体説として確立された。
　ロ　アリウス派はイエスを神によって創られた人間と見なし，異端とされた後もスラヴ民族に拡がった。
　ハ　ネストリウス派はイエスの神性と人性を分離して考え，中国まで伝播して景教と呼ばれた。

ニ　単性論はイエスに神性のみを認め，エジプトのコプト教会などに受け継がれた。

問5　下線部④の東西の両教会についての記述のうち，明白な誤りを含むものを一つ
選びなさい。
イ　キリスト教は元来偶像崇拝を禁止するが，コンスタンティノープル教会では，
異教徒への布教の必要から聖像の使用を容認した。これに対してローマ教会では，
イスラームに対抗するために，聖像が禁止されていた。
ロ　西ヨーロッパ世界では皇帝と教皇の二つの権力が並立していたが，ビザンツ帝
国では皇帝がキリストの代理人として教会を支配し，最高の権力者であった。
ハ　第四回十字軍は，コンスタンティノープルを占拠してラテン帝国をたてたため，
ギリシア正教会とローマ＝カトリック教会は不仲となった。
ニ　ビザンツ帝国の文化と宗教は，帝国の滅亡後，ロシアに受け継がれ，モスクワ
の教会は，ギリシア正教の中心であると主張し，ロシア正教が発展した。

問6　下線部⑤の教皇権に関わる出来事についての記述のうち，明白な誤りを含むも
のを一つ選びなさい。
イ　神聖ローマ帝国皇帝ハインリヒ4世は，聖職叙任権を争って教皇グレゴリウス
7世から破門され，それを取り消してもらうため，カノッサで許しを請わねばな
らなかった。
ロ　十字軍に参加した諸侯や騎士の家系が断絶することも多く，その所領を没収し
た国王が権力を伸ばした。
ハ　教会の堕落に対する批判は，アルビジョワ派など内部での異端信仰となって現
れた。討伐のためにしばしば十字軍と呼ばれる軍隊が派遣されて，鎮圧を行った。
ニ　イタリアの政情不安により，教皇クレメンス5世はアヴィニョンに教皇庁を移
したが，逆に70年の間フランス王の監視下に置かれることになった。これは「大
シスマ」と呼ばれる。

問7　下線部⑥の運動についての記述のうち，明白な誤りを含むものを一つ選びなさ
い。
イ　ラテン語の聖書を，イギリスではウィクリフが英語に，ベーメンではフスがチ
ェコ語に訳した。
ロ　ルターの教えに従ったドイツの諸侯は，カトリック教会の権威から離れ，領内
の教会の首長となり，修道院の接収などを行った。
ハ　カルヴァンはフランスから亡命してジュネーヴで活動し，救いは意志や善行と
無関係で神によって決められているという「予定説」を唱えた。
ニ　カルヴァン派は，スコットランドではプレスビテリアン，フランスではゴイセ

ン，オランダではユグノーと呼ばれた。

問8　下線部⑦の時期の宗教上の動きについての記述のうち，明白な誤りを含むもの
を一つ選びなさい。

イ　神聖ローマ帝国内にあったベーメンでは，ハプスブルク家がカトリック信仰を
強制したのに反抗して貴族や民衆が反乱を起こし，三十年戦争と呼ばれる長期の
戦乱が始まった。

ロ　フランスでは，新教徒であったブルボン家のアンリは，王位に就くとアンリ4
世となってカトリックに改宗したが，ナント勅令を発して，新教徒にも信教の自
由を与えた。

ハ　新旧両派の調停をはかって，フランスのクレルモンで公会議が開かれたが，新
教側がほとんど出席せず，旧教側が教皇の至上権を確認するに終わった。

ニ　スペイン貴族であったロヨラはイエズス会を結成して海外布教に乗りだし，同
会のザビエルはインドから東南アジアへと布教したのち日本へはじめてキリスト
教を伝えた。

解説　16世紀までのキリスト教史

　キリスト教の成立とローマ帝国における発展，中世のローマ教皇権の盛衰，そして16世紀の宗教改革までを扱ったオーソドックスなキリスト教史。各設問も非常に基本的なものばかりなので，確実に得点したい問題である。問2の五本山はやや細かいが，早稲田大学の受験生ならば知っておきたい事項である。

問1　答：ロ ────────────────────────────────── やや易

　ロ　パリサイ派はモーセの律法などの成文律法だけでなく，伝説に基づいた口伝律法も重視して，これを日常生活の細部にいたるまで実行することを主張したユダヤ教の一派で，イエスからその律法偏重を批判された。

　イ　カタリ派は，中世の南ヨーロッパに広がったキリスト教の異端である。マニ教の影響を受けているとされ，南フランスではアルビジョワ派と呼ばれた。

　ハ　再洗礼派は，宗教改革期，まだ物心もつかない幼児期における洗礼は無効であるとしたキリスト教の一派である。ドイツ農民戦争の指導者の一人であるミュンツァーもこの影響下にあるとされる。

　ニ　ストア派は，ゼノンによって創始されたヘレニズム期の哲学の一派。その代表的な人物に『自省録』を著したマルクス＝アウレリウス＝アントニヌスがいる。

問2　答：ハ ────────────────────────────────── 標準

　古代のキリスト教五本山とはローマ・コンスタンティノープル・アンティオキア・イェルサレム・アレクサンドリア。歴史地図などで位置を確認しておこう。

問3　答：イ ────────────────────────────────── 標準

　ネロが最初のキリスト教徒の迫害を行い（64年），ディオクレティアヌスが最後の迫害を開始（303〜313年），コンスタンティヌス（位306〜337年）がミラノ勅令でキリスト教を公認し（313年），テオドシウス（位379〜395年）がキリスト教を国教とする勅令を出し（380年），その後他の宗教を禁止した（392年）。

問4　答：ロ ────────────────────────────────── 標準

　ロ─×　325年のニケーア公会議で異端とされたアリウス派は，以降ゲルマン人の間に広まっていった。スラヴ民族もキリスト教を受容したが，ロシア人などの東スラヴ人やセルビア人などの南スラヴ人には主にギリシア正教，ポーランド人・チェック人などの西スラヴ人にはローマ＝カトリックが普及していった。

●キリスト教初期の公会議

ニケーア公会議（325年）	アリウス派を異端に
エフェソス公会議（431年）	ネストリウス派を異端に
カルケドン公会議（451年）	単性論・ネストリウス派を異端に

→アタナシウス派が正統教義に

問5 答：イ ──────────────────────────────────── 標準

イ－✕ ローマ＝カトリック教会は異教徒であるゲルマン人などへの布教のため聖像の使用を容認し，コンスタンティノープル教会ではイスラームに対抗するため聖像を禁止した。この聖像に対する見解の相違に端を発する聖像崇拝論争は，ローマ＝カトリック教会とコンスタンティノープル教会との対立を激化させた。

問6 答：ニ ──────────────────────────────────── 標準

ニ－✕ 教皇クレメンス5世（位1305～14年）がアヴィニョンに教皇庁を移し（1309年），1377年までフランス王の監視下に置かれたことは「教皇のバビロン捕囚」と呼ばれる。「大シスマ」は"教会大分裂"のことで，1378年に教皇庁がローマに戻ったものの，再びフランス王によってアヴィニョンに教皇がたてられ，のちにはイギリスや神聖ローマ帝国も干渉し，ピサの教皇も含めて3人の教皇が並び立つような混乱が続いたことをいう。「大シスマ」は，神聖ローマ皇帝ジギスムントの提唱したコンスタンツ公会議（1414～18年）の際に，3教皇をすべて廃し，新たにローマに教皇をたてる形でようやく収拾された。

問7 答：ニ ──────────────────────────────────── 標準

ニ－✕ カルヴァン派はフランスではユグノー，オランダではゴイセンと呼ばれた。

●カルヴァン派の各地での呼称

イングランド	ピューリタン（清教徒）
スコットランド	プレスビテリアン（長老派）
フランス	ユグノー
オランダ	ゴイセン

問8 答：ハ ──────────────────────────────────── 標準

ハ－✕ 教皇パウルス3世が提唱し，現在のイタリア北部で開かれたトリエント公会議（1545～63年）は，本来は新旧両派の調停のために開かれたものであった。しかし，新教側が出席を拒否したため，結局は旧教側の「対抗宗教改革」のための会議となり，会議ではカトリックの教義や教皇至上権が再確認され，禁書目録も定められた。なお，クレルモン公会議は1095年，教皇ウルバヌス2世が開催し，十字軍の派遣を決めた公会議。

解 答

問1 ロ 問2 ハ 問3 イ 問4 ロ 問5 イ 問6 ニ
問7 ニ 問8 ハ

15

◇次の文章を読み，以下の問いに答えなさい。解答はマーク解答用紙の所定欄にマークしなさい。

　北ヨーロッパのスカンディナヴィア半島やユトランド半島には，古来，ゲルマン人の一派に属するノルマン人が広く住みついていた。このノルマン人は8世紀後半ごろ①から商業活動や海賊行為を目的として，ヨーロッパ各地の沿岸に進出しはじめ，ヴァイキングと総称されて恐れられた。一般的に，4世紀後半に起きたゲルマン人のゴート族・ヴァンダル族など東ゲルマン諸族の大移動や，これに続くフランク族・アングル族・サクソン族など西ゲルマン民族の移動をゲルマン人の第1次民族大移動とすれ③ば，このノルマン人の進出は第2次民族大移動とみなすことができる。ノルマン人は，ヨーロッパの沿岸部から河川を経由して内陸部に進出しさまざまな地域に拠点を形成したが，ノルマン人の支配地は公国や王国などに発展して，古代・中世ヨーロッパ世界に大きな影響を及ぼした。

　その後ノルマン人の原住地にもデンマーク・スウェーデン・ノルウェーの諸王国がたてられ，これらの諸国はキリスト教化されることでヨーロッパ世界に組み込まれた。この中で最初に台頭したのは，デンマークである。　A　王の時代に，イングランドを征服し，さらにノルウェーを併合した。14世紀後半にはデンマークはバルト海に進出してハンザ同盟諸都市と争い，14世紀末にはカルマル同盟のもとで，北欧諸国が④一大勢力となった。しかし，16世紀前半にはスウェーデンが独立して，17世紀のグスタフ＝アドルフのときに，三十年戦争に参加して，バルト海の制海権の確保を図った。スウェーデンはその後も発展し，　B　のときに北方戦争を展開したが，これら北欧諸国にかわって，次のバルト海の覇者となったのは，ロシアであった。ロシアでは，⑤スラブ人を中心に国家形成がすすめられ，17世紀末に帝位についたピョートル1世は軍備の拡大と近代化の政策を推進し，東のシベリア経営に乗り出したほか，南方ではオスマン帝国に圧力をかけ，アゾフ海にも進出した。さらに18世紀後半には，女帝エカチェリーナ2世が啓蒙専制政治を実施して中央集権的体制を強化した。このような⑥ロシアの勢力や領土拡大にともなって，その後の北欧諸国はつねにロシアの脅威のもとにおかれることになった。

問1　　A　に入る最も適切な語を次の1〜4の中から一つ選びなさい。
　　1　エグバート　　　　　　　　　2　エドワード
　　3　ユード　　　　　　　　　　　4　カヌート（クヌート）

問2　　B　　に入る最も適切な語を次の1〜4の中から一つ選びなさい。
　　1　カール4世　　　　　　　　　　2　カール12世
　　3　ヨーゼフ2世　　　　　　　　　4　クリスチャン4世

問3　下線部①に関連して，次の1〜4の中から，8世紀後半におきた事件や出来事に関する説明を一つ選びなさい。
　　1　フランス中東部に，ベネディクト派のクリュニー修道院が設立された。
　　2　レヒフェルトの戦いで，オットー1世がマジャール人を撃退した。
　　3　ピピンが，獲得したラヴェンナなどを教皇に寄進した。
　　4　ヴェルダン条約が結ばれて，フランク王国が3分割された。

問4　下線部②に関連して，ゴート族のうち，東ゴート人によってイタリアに建国された東ゴート王国を滅亡させたのは次の1〜4の誰か。一人を選びなさい。
　　1　オドアケル　　　　　　　　　　2　ユスティニアヌス帝
　　3　アラリック　　　　　　　　　　4　カール＝マルテル

問5　下線部③に関連して，フランク族・アングル族・サクソン族に関して述べた文の中で誤っているものを次の1〜4の説明の中から，一つ選びなさい。
　　1　メロヴィング家のクローヴィスはフランク族を統一して，フランク王国を建国した。
　　2　アングル族・サクソン族はブリタニア南部に，七王国を建設した。
　　3　フランク王国カロリング朝のカール大帝は，ローマ教皇レオ3世から，西ローマ皇帝の帝冠を受けた。
　　4　アーサー王は，アングル族・サクソン族を代表する伝説的英雄である。

問6　下線部④に関連して，ハンザ同盟の盟主として中心的な役割を果たした都市は次の1〜4のどれか。一つ選びなさい。
　　1　アウクスブルク　　　　　　　　2　ヴュルツブルク
　　3　リューベック　　　　　　　　　4　アントウェルペン

問7　下線部⑤に関連して，キエフ公国を初めとするロシアの公国や王朝の支配者が，古いものから時代順に並んでいるものを次の1〜4の中から一つ選びなさい。
　　1　イヴァン3世→イヴァン4世→ウラディミル1世→ミハイル＝ロマーノフ
　　2　ウラディミル1世→イヴァン3世→ミハイル＝ロマーノフ→イヴァン4世
　　3　イヴァン3世→ミハイル＝ロマーノフ→ウラディミル1世→イヴァン4世
　　4　ウラディミル1世→イヴァン3世→イヴァン4世→ミハイル＝ロマーノフ

問8 下線部⑥に関連して，エカチェリーナ2世時代の政治や事件に関する次の1〜
4の説明の中から，誤っているものを一つ選びなさい。

1 エカチェリーナ2世の時代に，ステンカ＝ラージンを中心にしたコサックの反
乱が起きた。

2 エカチェリーナ2世は，ヴォルテールらとの文通を通じて教養を高め，学芸の
保護や教育改革を行った。

3 エカチェリーナ2世の時代に，ラクスマンが通商を求めて，根室や函館に来航
した。

4 エカチェリーナ2世は，本来ドイツ生まれでロシア皇帝妃であったが，クーデ
タによって皇帝となった。

解説　中世・近世の北欧史

　ノルマン人の移動から18世紀までの北欧の通史をリード文とし，北欧3国の歴史やドイ
ツ，ロシアなどを問う大問となっている。北欧は多くの受験生にとって学習がおろそかに
なりがちな地域と思われるが，隣接する地域に関する設問も多く，内容は基本的である。
問3や問7の年代や配列を問う問題がポイントだが，これらも標準的。

問1　答：4　　　　　　　　　　　　　　　　　　　　　　　　　　　　　　　　やや易

4　カヌート（クヌート）は，1016年にイングランドを征服してデーン朝を開いた。
　1018年に兄王が死去したことでデンマーク王位を継承し，さらに1028年にノルウ
　ェーを征服して，いわゆる「北海帝国」を建設している。

1　エグバートは，829年にイングランドの七王国（ヘプターキー）を統一したウ
　ェセックス王である。

2・3　エドワード，ユードともに誰を示しているのかはっきりとはしないが，エ
　ドワード1世であれば，ウェールズを征服したプランタジネット朝のイングラン
　ド王であろう。これらの時期に関連するユードといえば，9世紀末に西フランク
　王となった人物であろう。彼の弟の孫が，のちパリ伯からカペー朝の初代王とな
　ったユーグ＝カペーである。ユードは受験レベルを超えた選択肢である。

問2　答：2　　　　　　　　　　　　　　　　　　　　　　　　　　　　　　　　標準

2　北方戦争（1700〜21年）はカール12世（位1697〜1718年）のスウェーデンと，
　バルト海の覇権を狙ったピョートル1世（位1682〜1725年）のロシア・ロマノフ
　朝との戦争である。カール12世は善戦したが，1709年のポルタヴァの戦いに敗れ，
　その後も抵抗を続けたが，1718年ノルウェーとの戦いで戦死した。この戦争は
　1721年のニスタットの和約で講和が結ばれ，ロシアはバルト海沿いの地域を獲得
　した。

1　カール4世（位1347〜78年）は，1356年に聖俗七選帝侯に皇帝選挙権を認める
　金印勅書を発布した神聖ローマ皇帝である。

3　ヨーゼフ2世（位1765〜90年）は，18世紀後半のハプスブルク家の皇帝である。
　マリア＝テレジアの子としてしばらくの間母と共同統治した彼は，1781年に宗教
　寛容令を発布するなど，啓蒙専制君主としても知られる存在であった。

4　クリスチャン4世（位1588〜1648年）は，三十年戦争において新教徒を支援す
　るために参戦したデンマーク王である。

問3　答：3　　　　　　　　　　　　　　　　　　　　　　　　　　　　　　　　標準

3　ピピンがランゴバルド王国から奪ったラヴェンナなどを教皇に寄進したのは
　756年なので，8世紀後半にあたる。

1　クリュニー修道院が設立されたのは10世紀初頭（910年）。

2　レヒフェルトの戦いは10世紀半ば（955年）。この戦いの年代はやや細かいが，オットー1世が教皇ヨハネス12世から帝冠を受けた962年から推測できる。なお，レヒフェルトでの敗北後の1000年，マジャール人のイシュトバーン1世がパンノニアにハンガリー王国を建てた。

4　カール大帝の孫の代でフランク王国が3分割されたヴェルダン条約は，9世紀半ば（843年）。

問4　答：2　━━━━━━━━━━━━━━━━━━━━━━━━━━━━ 標準

2　ユスティニアヌス帝（位527～565年）は地中海再統一をはかって，534年にはアフリカ北部にあったヴァンダル王国を，555年にはイタリア半島の東ゴート王国を滅ぼし，西ゴート王国からもイベリア半島南岸を奪ったが，彼の死後イタリアにはランゴバルド人が侵入するなどして統一はすぐに崩壊した。

1　オドアケルは，476年に西ローマ帝国を滅ぼしたゲルマン人傭兵隊長である。

3　アラリックは，410年にローマを掠奪した際の西ゴート王である。

4　カール＝マルテルは，732年のトゥール・ポワティエ間の戦いで侵入してきたイスラーム勢力（ウマイヤ朝）軍を破ったメロヴィング朝の宮宰（マヨル＝ドムス）である。

問5　答：4　━━━━━━━━━━━━━━━━━━━━━━━━━━━━ 標準

4—×　アーサー王はアングル族・サクソン族の英雄ではなく，ブリテン島の先住民でアングル族・サクソン族の侵入に抵抗したケルト系ブリトン人の伝説的な英雄。1も判断に迷うが，4が明らかな誤文であるので，こちらを正解とする。

問6　答：3　━━━━━━━━━━━━━━━━━━━━━━━━━━━━ やや易

3　リューベックはドイツ北方のユトランド半島の付け根付近にある，バルト海に臨む都市で，北欧・ロシアとの毛皮・海産物取引などで繁栄した。

1　アウクスブルクは，ドイツとイタリアを結ぶルート上にあることでローマ時代から名の残る南ドイツの都市の一つであったが，15～16世紀にかけて，大商人フッガー家が根拠地としたことでも知られている。

2　ヴュルツブルクは，ドイツ南東部の都市であるが，受験レベルを超えた選択肢である。

4　アントウェルペンは，ベルギー北部の都市である。16世紀にはヨーロッパ最大の商業・金融都市として栄えたが，オランダ独立戦争の際スペイン軍に占領されてのち，次第に衰退した。

問7　答：4　━━━━━━━━━━━━━━━━━━━━━━━━━━━━ 標準

ウラディミル1世は，10世紀末にビザンツ皇帝バシレイオス2世の妹と結婚してギリシア正教に改宗したキエフ大公（位980年頃～1015年）。イヴァン3世は，1480年にキプチャク＝ハン国の支配から独立したモスクワ大公（位1462～1505年）。イ

ヴァン4世は16世紀, 正式にツァーリの称号を用い, イェルマークに命じてシベリ
ア進出を開始した皇帝 (大公位1533〜84年, 皇帝位1547〜84年)。ミハイル＝ロマ
ーノフは1613年ロマノフ朝を創始した初代皇帝 (位1613〜45年)。よって, 正解は
4。

問8　答：1 ──────────────────────────────── 標準

1−×　エカチェリーナ2世 (位1762〜96年) の時代に起きた農民反乱はプガチョ
フの農民反乱 (1773〜75年)。ステンカ＝ラージンの乱は1667〜71年の間にロシ
ア南部に拡大した反乱。

なお, 3については函館はこの当時箱館と表記されていたが, 1が明らかな誤文
であるため, 正文と考えた。

解　答

問1	4	問2	2	問3	3	問4	2	問5	4	問6	3
問7	4	問8	1										

16

◇以下の文章を読み，設問に答えなさい。設問１〜３はマーク解答用紙の所定欄に一つだけマークし，設問４，５は記述解答用紙の所定欄に記しなさい。

　東地中海世界では中近世の時代，キリスト教勢力とイスラーム勢力とが互いに対抗し領土を奪い合った。ビザンツ帝国は，ユスティニアヌス帝の時代に最大の版図になったが，イスラーム勢力が伸長すると，7世紀にエジプトや中東地域のビザンツ領はイスラーム支配下に入った。その後ビザンツ帝国はセルジューク朝の圧迫で小アジアの領土を失うが，西欧から十字軍の遠征がなされ，中東地域でのキリスト教勢力は再び拡大した。だが，オスマン帝国が勢力を伸ばすと，スルタン　　d　　は1453年にビザンツ帝国を滅ぼし，東地中海世界はオスマン帝国の支配下に入る。その後オスマン帝国はバルカン半島とハンガリーを占領しウィーンに迫ったが，第２次ウィーン包囲が失敗すると　　e　　条約でハンガリー主要地域などをオーストリアに割譲し，オスマン帝国は衰退に向かった。

問１　下線部ａに関して，誤りを含むものを選びなさい。
　イ　ユスティニアヌス帝は，コンスタンティノープルにハギア゠ソフィア聖堂を建造した。
　ロ　ユスティニアヌス帝の命を受け，トリボニアヌスらが『ローマ法大全』を編纂した。
　ハ　ユスティニアヌス帝のビザンツ軍は，イタリアでランゴバルド王国を滅ぼした。
　ニ　ユスティニアヌス帝のビザンツ軍は，イベリア半島の一部も征服した。

問２　下線部ｂに関して，誤りを含むものを選びなさい。
　イ　エジプトではイスラーム支配下に入った後も，キリスト教のコプト教会が存続した。
　ロ　ヘラクレイオス１世はササン朝と戦い，シリア・エジプトを一時奪回した。
　ハ　イスラーム勢力は，コンスタンティノープルをたびたび攻撃した。
　ニ　レオン３世が，イスラーム勢力との融和を図るために聖像禁止令を出した。

問３　下線部ｃに関して，正しいものを選びなさい。
　イ　オスマン帝国はハンガリー王ジギスムントが率いる連合軍をニコポリスの戦いで破り，ブルガリアを併合した。

ロ　オスマン帝国はコソヴォの戦いでロシアを破り，領土を拡大した。

ハ　オスマン帝国はビザンツ帝国からニケーアを奪い，一時首都とした。

ニ　オスマン帝国はシーア派のイスラーム教徒が政権を握る国家であった。

問4　空欄dに入る人名を書きなさい。

問5　空欄eに入る地名を書きなさい。

解説 中世・近世の東地中海世界

　6世紀のユスティニアヌス帝から17世紀末にいたる東地中海世界での諸勢力の盛衰を問う問題。東地中海世界はヨーロッパ勢力とアジア勢力の接点となる地域なので，こうした問題は頻出である。正文・誤文選択の問1〜問3は早稲田大学の問題としては対処しやすい問題といえよう。記述式の問4・問5も基本的な問題となっている。

問1　答：ハ　　　　　　　　　　　　　　　　　　　　　　　　　　　　　標準

　ハ—×　ユスティニアヌス帝が滅ぼしたのは，北アフリカのヴァンダル王国（534年）とイタリアの東ゴート王国（555年）。ランゴバルド王国は，ユスティニアヌス帝死後の568年，アルボインに率いられた人々がイタリアに侵入して建てたゲルマン人の国だが，774年フランク王国のカール大帝に滅ぼされた。

問2　答：ニ　　　　　　　　　　　　　　　　　　　　　　　　　　　　　標準

　ニ—×　ビザンツ皇帝レオン3世（位717〜741年）が726年に聖像禁止令を出したのは，シリアやアナトリアをめぐって激しく戦っていたイスラーム勢力（ウマイヤ朝カリフ）からキリスト教の偶像崇拝を非難され，それに対抗するためであった。キリスト教は偶像を厳禁するユダヤ教から生まれた宗教で，基本的に聖像は使用していなかったが，当時ローマ教皇がゲルマン人への布教のため聖像を使用しはじめ，ビザンツ帝国にもそれが波及しつつあった。

問3　答：イ　　　　　　　　　　　　　　　　　　　　　　　　　　　　　標準

　ロ—×　「ロシア」が誤り。コソヴォの戦い（1389年）はオスマン帝国がバルカン諸国軍を破った戦いである。この勝利の直後にムラト1世が暗殺され，バヤジット1世が後継者となった。

　ハ—×　オスマン帝国はニケーアを首都としたことはない。オスマン帝国の首都は，ブルサ→アドリアノープル（エディルネ）→イスタンブルと変遷した。

　ニ—×　「シーア派」が誤り。オスマン帝国はスンナ派イスラーム教の国家である。

問4　答：メフメト2世　　　　　　　　　　　　　　　　　　　　　　　　易

　メフメト2世はオスマン帝国第7代スルタン。1453年にコンスタンティノープルを攻略してビザンツ帝国を滅ぼしただけではなく，黒海に進出してクリミア半島にあったキプチャク＝ハン国から自立した国家であるクリム＝ハン国を服属させている。

問5 答：カルロヴィッツ ━━━━━━━━━━━━━━━━ 標準

　カルロヴィッツ条約（1699年）は，オスマン帝国とオーストリア・ポーランド・ヴェネツィアとの間に結ばれた条約で，オスマン帝国はオーストリアにハンガリーの大半・トランシルヴァニアなどを割譲した。この結果，オーストリアが東欧・中欧に覇権を確立し，オスマン帝国の領土的衰退が始まった。

解 答

問1　ハ　問2　ニ　　問3　イ
問4　メフメト2世　　問5　カルロヴィッツ

17

◇次の問題を読み，問A〜Lに答えよ。解答はマーク解答用紙の所定欄に一つだけマークせよ。

　中世イギリスにおいて，プランタジネット朝のジョン王はフランス国王　B　と戦い，フランスにあった領土の大半を失ってしまった。さらにジョンはローマ教皇　C　と争い破門された。この結果，財政窮乏に陥り重税を課したので貴族勢力は団結して王権に「大憲章」（マグナ＝カルタ）を認めさせ，国王といえども高位聖職者，大貴族からなる会議の承認なくして新しい税を課すことができなくなった。「大憲章」制定以後のイギリスは次第に立憲政治の道を進むこととなる。

　16世紀に入るとイギリスはテューダー朝のもと，宗教改革が推進された。この宗教政策も議会の立法に基づいていたことが特徴であった。しかし，1603年スコットランド王家であったステュアート家が，イングランド国王も兼ね（同君連合）ステュアート朝を立てると状勢は変化した。ジェームズ1世，ついでジェームズの子チャールズ1世の治世に入ると議会との関係は悪化し，ついにイギリス革命（ピューリタン革命，1640年〜1660年）が勃発した。革命の雄クロムウェルは共和政を樹立したが，1658年彼が亡くなると王政による国内秩序の安定を求める声が強まり，1660年チャールズ2世による王政復古体制が復活した。しかし，チャールズの王弟ジェームズが1685年に即位すると，カトリック擁護を進めたため，名誉革命が勃発した。名誉革命と前後してイギリスでは銀行，金融業が勃興し，またこの時期は「英仏第二次百年戦争」と呼ばれる長い戦争の時代の始まりでもあった。したがって，この名誉革命後のイギリスを「財政軍事国家」と呼ぶ歴史家も多い。

問A　下線部Aに関連して，プランタジネット朝時代に起こったことはどれか。
1　国王直属の裁判所として星室庁裁判所が整備された。
2　ドゥームズデー＝ブックの編纂が始まった。
3　バラ戦争が始まった。
4　ワット＝タイラーの乱が起こった。

問B　B　に当てはまる人名はどれか。
1　フィリップ2世　　　　2　フィリップ4世
3　シャルル4世　　　　　4　ルイ9世

問C　　C　に当てはまる人名はどれか。

1　ボニファティウス8世　　　　　　2　インノケンティウス3世

3　グレゴリウス7世　　　　　　　　4　グレゴリウス9世

問D　下線部Dに関連して，「大憲章」制定以降起こった歴史的事件で，古い順から3番目に当たるものはどれか。

1　シモン＝ド＝モンフォールが，貴族を率いて反乱を起こした。

2　エドワード1世が，模範議会を招集した。

3　エドワード3世が，フランス王位継承権を要求した。

4　ランカスター派のヘンリが，ヘンリ7世として即位した。

問E　下線部Eに関連して，テューダー朝時代に起こった出来事はどれか。

1　チョーサーが，イギリス＝ルネサンスの先駆的詩人として活躍した。

2　ウィクリフが，聖書の英訳を行った。

3　デフォーが，新聞，小説の執筆で活躍した。

4　エラスムスが，イギリスに渡り人文主義者との交流を深めた。

問F　下線部Fに関連して，イギリス宗教改革について正しい説明はどれか。

1　エドワード6世は，1549年に一般祈禱書を制定した。

2　モアは，エリザベス1世の宗教政策を批判し，死刑に処された。

3　ヘンリ8世は，統一法によってイギリス国教会の確立を図った。

4　メアリ1世は，カトリックであったがプロテスタントとの平和共存を進めた。

問G　下線部Gに関連して，ステュアート朝時代に起こった事柄で誤った説明はどれか。

1　フランシス＝ベーコンは，主著『新オルガヌム』（1620年）において経験的方法を重視し，演繹法に対し帰納法を提唱した。

2　バンヤンの著した代表作『天路歴程』（1678年，1684年）は，ピューリタン的信仰を表した寓意物語である。

3　ハーヴェーは，主著『海洋自由論』（1609年）の中で国際法理論を発展させた。

4　ニュートンは，主著『プリンキピア』（1687年）の中で万有引力の法則など古典的物理学を体系化した。

問H　下線部Hに関連して，ジェームズ1世の治世について誤った説明はどれか。

1　ジェームズ1世の支援によって出版された『欽定英訳聖書』は，英語訳聖書の規範とされた。

2　ジェームズ1世の発行した特許状によって，北米植民地ジェームズタウンが作られた。

3　ジェームズ1世は，アジアに関心を持ち徳川家康に書簡と贈り物を贈った。

4　ジェームズ1世は，特権商人の独占を批判し中小商人の自由な経済活動を保護した。

問I　下線部Iに関連して，チャールズ1世について誤った説明はどれか。

1　チャールズ1世は，権利の請願の審議に介入しその成立を阻止した。

2　チャールズ1世は，1640年短期議会を開会したが，議会側の強い反発に遭いすぐ解散した。

3　ピューリタン革命においてチャールズ1世を支持した王党派は，イングランド西部，北部を中心に活動していた。

4　チャールズ1世は，1649年議会派によって有罪とされ処刑された。

問J　下線部Jに関連して，イギリス革命（ピューリタン革命）の時代に起こった出来事で，年代順で古いものから3番目はどれか。

1　第一次イギリス＝オランダ（英蘭）戦争が勃発した。

2　長期議会が招集された。

3　議会派の軍隊「ニューモデル軍」が結成された。

4　王党派と議会派の間で内戦が勃発した。

問K　下線部Kに関連して，チャールズ2世の治世での出来事について，正しい説明はどれか。

1　トーリ党は，議会の権利を支持し，商工業者，非国教徒などを主な支持母体とした。

2　チャールズ2世と議会は協力して，反カトリック立法である審査法を制定した。

3　イギリスは，オランダの北米植民地であったニューアムステルダムを奪い，ニューヨークと改名した。

4　市民の公共的活動の場であったコーヒーハウスは，チャールズ2世の弾圧政策により17世紀末以降急速に衰退した。

問L　下線部Lに関連して，名誉革命に始まり「財政軍事国家」の出現にいたる17世紀後半～18世紀初めの出来事で，年代順で古い順から3番目はどれか。

1　イギリス議会が，寛容法を制定した。

2　イギリス議会が，権利の宣言を議決した。

3　イギリスが，スペイン継承戦争に参戦した。

4　イングランド銀行が，創設された。

> **解説** # 13〜17世紀のイギリス史

　中世のジョン王から名誉革命に至るイギリスの歴史をテーマにしたリード文から，ほぼイギリス史について問うた大問である。設問のほとんどを占める正文・誤文選択問題は，容易に判別できるものもあるが，常に目を凝らして読み込むことが必要であろう。

問A　答：4　　　　　　　　　　　　　　　　　　　　　　　　　　　　　やや難

　プランタジネット朝（1154〜1399年）は，ヘンリ2世からリチャード2世まで。

4　ワット＝タイラーの乱は，プランタジネット朝最後の王リチャード2世（位1377〜99年）による百年戦争の戦費をまかなう目的での課税に対して起こった反乱である。

1　貴族などを裁き，王権強化につながったとされる星室庁裁判所を整備したのはテューダー朝のヘンリ8世（位1509〜47年）である。

2　イングランド全土の検地帳であるドゥームズデー＝ブックを編纂したのは，ノルマン＝コンクェストを経てノルマン朝を建てたウィリアム1世（位1066〜87年）。

3　百年戦争終了直後の1455年にバラ戦争が始まった。このときの国王は，プランタジネット家の支流にあたるランカスター朝のヘンリ6世（位1422〜61年，70〜71年）である。

問B　答：1　　　　　　　　　　　　　　　　　　　　　　　　　　　　　　標準

1　フィリップ2世（位1180〜1223年）はカペー朝の国王。イギリスのリチャード1世，ドイツのフリードリヒ1世らと第3回十字軍に参加した。ジョン王はリチャード1世の弟にあたる。

2　フィリップ4世（位1285〜1314年）は，聖職者課税問題で教皇ボニファティウス8世と対立し，国内をまとめるため，1302年に身分制議会である三部会を初めて招集したカペー朝末期のフランス王である。

3　シャルル4世（位1322〜28年）はフィリップ4世の子で，カペー朝最後の王。

4　ルイ9世（位1226〜70年）は，アルビジョワ十字軍によって南仏までフランス王権を拡大し，第6回・第7回の十字軍を行ったカペー朝の王である。

問C　答：2　　　　　　　　　　　　　　　　　　　　　　　　　　　　　やや易

2　インノケンティウス3世（位1198〜1216年）は教皇権全盛期の教皇で，1215年のラテラノ教会会議において，「教皇は太陽，皇帝は月」と豪語したことで知られる。カンタベリ大司教任命問題では，ジョン王を破門している。

1　ボニファティウス8世（位1294〜1303年）は，フランス王フィリップ4世と聖職者課税問題で争い，1303年のアナーニ事件ではフランス王の配下に一時監禁さ

れ，その後急死した教皇である。

3　グレゴリウス7世（位1073〜85年）は，神聖ローマ皇帝ハインリヒ4世と聖職
叙任権問題で争い，1077年にはカノッサの屈辱で皇帝を屈服させた教皇である。

4　グレゴリウス9世（位1227〜41年）は，神聖ローマ皇帝フリードリヒ2世と争
った教皇であるが，受験レベルを超えている。

問D　答：3 ──────────────────────────────── やや難

　4のヘンリ7世はテューダー朝の国王，残りの3人はプランタジネット朝の国王
なので，この3人の配列を考えればよい。1のシモン＝ド＝モンフォールが反乱
（1265年）を起こしたときの国王は，ジョン王の息子のヘンリ3世（位1216〜72年）。
よって，1のヘンリ3世→2のエドワード1世の模範議会招集（1295年）→3のエ
ドワード3世のフランス王位継承権要求（フランスのカペー朝断絶：1328年）→4
のヘンリ7世の順となり，3が正解となる。

問E　答：4 ──────────────────────────────── 標準

　テューダー朝（1485〜1603年）は，ヘンリ7世からエリザベス1世まで。エラス
ムスと交流のあったトマス＝モアはヘンリ8世の離婚に反対して処刑されているか
ら，4が正解。

1　『カンタベリ物語』を著したチョーサーが活躍したのは14世紀後半で，プラン
　タジネット朝の時代である。

2　オクスフォード大学の神学教授であったウィクリフが聖書の英訳を行ったのは
　14世紀後半で，プランタジネット朝の時代である。

3　『ロビンソン゠クルーソー』を著したデフォーが活躍したのは18世紀前半で，
　ステュアート朝からハノーヴァー朝にかけての時代である。

●テューダー朝の王と宗教

ヘンリ7世	ランカスター家系　バラ戦争を終わらせ即位
ヘンリ8世	国王至上法（1534年）　イギリス国教会創設
エドワード6世	一般祈禱書（1549年）　国教会の教義にカルヴァン派導入
メアリ1世	カトリック復活　スペイン皇太子（のちのフェリペ2世）と結婚
エリザベス1世	統一法（1559年）　イギリス国教会確立

問F　答：1 ──────────────────────────────── 標準

2─×　モアはヘンリ8世の宗教政策を批判した。大法官を辞任した後，死刑とな
　った。

3─×　1559年の統一法でイギリス国教会の確立を図ったのはエリザベス1世。

4─×　メアリ1世はスペイン皇太子時代のフェリペ2世と結婚するなど，イギリ
　スにカトリックを復活させ，プロテスタントを弾圧したため，「流血のメアリ」
　と呼ばれた。

問G　答：3　────────────────────　標準

　3－×　『海洋自由論』を著したのはグロティウス。グロティウスに関しては，三十年戦争の惨禍の中で著した『戦争と平和の法』もおさえておくべきだろう。なお，ハーヴェーはステュアート朝で国王の侍医をつとめ，血液循環説を唱えたイギリスの医師である。

問H　答：4　────────────────────　やや難

　4－×　ジェームズ1世（位1603〜25年）は王権神授説を唱えた典型的な絶対王政期の王である。少数の大商人に独占権を与えて財源を確保した。

問I　答：1　────────────────────　やや難

　1－×　議会で採決された「権利の請願」は1628年にチャールズ1世（位1625〜49年）に提出され，チャールズ1世は一度これを承認した後，議会を解散している。

問J　答：3　────────────────────　やや難

　2の長期議会招集（1640年）後に，4の内戦が勃発（1642年）しているので，2→4の順になる。3のクロムウェルによって組織された「ニューモデル軍」の活躍によってネーズビーの戦い（1645年）などで議会派が勝利，その後1649年にチャールズ1世が処刑されて共和政に移行した。この共和政政府が1651年に制定した航海法が原因となって1の第1次イギリス＝オランダ（英蘭）戦争が勃発（1652年）するので，2→4→3→1の順となり，3が正解となる。

問K　答：3　────────────────────　標準

　1－×　この文章はトーリ党ではなくホイッグ党の説明。
　2－×　審査法は，チャールズ2世（位1660〜85年）によるカトリック政策に対抗して議会が制定（1673年）したものである。
　4－×　コーヒーハウスはチャールズ2世により弾圧されたが存続し，アン女王（位1702〜14年）の治世で最盛を迎えた。

問L　答：4　────────────────────　難

　1の寛容法がかなり細かい知識のため，配列が難しい。寛容法はカトリック以外の非国教徒に対し信仰の自由を与えたもので，名誉革命後の1689年に制定された。2の「権利の宣言」を議決したのも1689年だが，こちらの方が寛容法より早い。4のイングランド銀行はウィリアム3世の対フランス戦争の巨額の戦費をまかなうため1694年に設立されたので，この3つのうち最後になるのは4である。3のスペイン継承戦争は1701年に始まるので，2→1→4→3の順となり，4が正解となる。

解　答

問A	4	問B	1	問C	2	問D	3	問E	4	問F	1
問G	3	問H	4	問I	1	問J	3	問K	3	問L	4

第４章　近現代史

18

◇次の文章を読み，問A〜Lに答えよ。解答はマーク解答用紙の所定欄に一つだけマークせよ。

　18世紀後半，北米大陸では，イギリス本国と13の植民地との間で徐々に緊張が高まっていった。1774年9月には，12の植民地の代表が集まって第1回大陸会議を開催し，イギリス本国からの常備軍の駐屯や，植民地の立法への干渉に対する抗議などを行った。翌1775年には，　C　において武力衝突が起こり，それらが独立戦争の発端となった。その後，植民地側は，1776年7月に第2回大陸会議において独立宣言を採択した。ただ，植民地側も，必ずしもイギリス本国との戦いに肯定的だった愛国派たちばかりであったわけではなく，イギリス国王への忠誠を維持する国王派や中立派の者たちもいた。そうした立場の違う者らの間における対立は，その後のアメリカ連合規約によるアメリカ合衆国の発足やアメリカ合衆国憲法の制定などを経たのちも，引き続き残存していくこととなった。

　ラテンアメリカにおいても，19世紀初頭から各地で独立の気運が高まっていった。まず，ハイチが1804年に　H　から独立を果たしたのを皮切りに，南米北部ではシモン＝ボリバル，同南部ではサン＝マルティンらの指導により，1811年にベネズエラ，1819年に大コロンビア共和国などの国々が独立を宣言した。また，　J　もナポレオン戦争のために同地に避難してきていたポルトガル王室のペドロ王子がナポレオン失脚後も残り，1822年に同王子が皇帝となって独立を宣言した。こうした各国の独立の動きに対しては，ヨーロッパ諸国からの抵抗もあったが，アメリカ合衆国がそうしたヨーロッパ諸国の干渉に反対し，また，イギリスもラテンアメリカ諸国の動きを支持するとともに，その後，輸出用作物や製品の生産に必要な資本拠出をはじめとして，同地域に大きな影響力をもつに至った。

問A　下線部Aの説明として誤っているものはどれか。
1　ニューヨークは，当初，オランダが領有していた。
2　ピューリタンらの一団が，メイフラワー号でプリマスに渡り植民地を設けた。
3　ペンシルヴェニアは，当初，クエーカー教徒らを中心に入植が行われた。
4　ジョージアを最初に，各地に植民地議会が設けられ，植民地ごとの自治を拡大させていった。

問B　下線部Bに関して，その背景には，イギリス本国が植民地による貿易その他の

活動を制限したり，または高関税を課すことを目的とした制定法を定めたことがあったが，次の中でそうした制定法に当てはまらないものはどれか。

1　印紙法（Stamp Act）　　　　　2　審査法（Test Act）
3　砂糖法（Sugar Act）　　　　　4　茶法（Tea Act）

問C　　C　に当てはまる語はどれか。
1　レキシントンとコンコード
2　サラトガとヨークタウン
3　サラトガとコンコード
4　レキシントンとヨークタウン

問D　下線部Dに関して，独立軍に国外から義勇兵として参加した人物ではないのはどれか。
1　コシューシコ　　　　　　　　2　ラ＝ファイエット
3　ミラボー　　　　　　　　　　4　サン＝シモン

問E　下線部Eに関する説明として誤っているものはどれか。
1　後に第3代大統領となるジェファソンを中心として起草された。
2　公共の福祉に適う場合，政府が生来的に人民の財産権や自由を制限する権利を有している旨を定めた。
3　日本には，その内容が福沢諭吉によって翻訳され，「西洋事情」の中で紹介された。
4　英国王による悪政を列挙し，それらによって植民地が独立せざるを得ない旨を主張していた。

問F　下線部Fに関する説明として誤っているものはどれか。
1　国名をアメリカ合衆国（United States of America）と定めた。
2　各州からの代表からなる連合議会（Congress）について定めたが，その権限は弱く，各州には主権その他の大きな権限が認められたままであった。
3　常設の連合裁判所を設ける旨を定めた。
4　1777年の大陸会議における承認後，各州での批准が遅れ，発効するまでに3年以上を要した。

問G　下線部Gに関する説明として誤っているものはどれか。
1　フィラデルフィアで開かれた憲法制定会議において制定された。
2　連邦の権限強化を強く主張したワシントンの提案を基礎として起草および制定

された。

3　連邦議会について，各州議会が2名ずつ選出する議員からなる上院と，人口に比例して選出される議員からなる下院の二院制をとる旨を定めた。

4　連邦の行政を担う大統領の任期は4年とする旨を定めた。

問H　　H　に当てはまる語はどれか。

1　フランス　　　　　　　　　　2　イギリス

3　オーストリア　　　　　　　　4　スペイン

問I　下線部Iの人物に関して，正しい説明はどれか。

1　メキシコにおいて，イダルゴによる独立運動の失敗後，独立運動を指導した。

2　パナマ会議において，ヨーロッパ諸国に対するラテンアメリカ諸国による共同防御と将来の統一国家の建設に関する提案を行い，各国から支持された。

3　ベネズエラ出身であり，同国の解放や独立にも大きく寄与した。

4　ペルーの独立を支援し，同国でポルトガル軍を撃退した。

問J　　J　に当てはまる語はどれか。

1　アルゼンチン　　　　　　　　2　チ　リ

3　パラグアイ　　　　　　　　　4　ブラジル

問K　下線部Kに関して，19世紀前半のアメリカに関連する出来事のうち，内容が誤っているのはどれか。

1　ジャクソンの支持者たちによって民主党（Democratic Party）が形成された。

2　反ジャクソン派が合体してホイッグ党（Whig Party）が形成された。

3　ジャクソン政権の下で，大統領選挙で勝った党派の者を新たに連邦政府の官吏とし，連邦政府の官吏の入れ替えを行う猟官制（スポイルズ＝システム）が確立されることとなった。

4　ジャクソン政権の下で，奴隷とインディアンは除かれたものの，女性も含めた普通選挙制度が整備された。

問L　下線部Lに関して，19世紀後半から20世紀初頭に起こった出来事のうち，内容が誤っているのはどれか。

1　ディアスがメキシコ大統領に就任し，現行のメキシコ憲法を制定して，自らの権限を強大なものとした。

2　ペルーにおいてインディオの文化の擁護と社会的復権を求める社会運動「インディヘニスモ」が起こった。

3　コロンビアからパナマが分離・独立し，同国にパナマ運河が開通した。

4　プエルトリコは，アメリカ＝スペイン戦争によってアメリカ合衆国に占領され，後に同国の領土となった。

解説　アメリカ独立革命とラテンアメリカ諸国の独立

　アメリカ合衆国とラテンアメリカ諸国の独立に関する知識を問う大問。語句選択は易しい。正文・誤文選択問題では，問E・問F・問I・問Lがかなり詳細な知識を要し，難度が高くなっている。問Gは正解となる選択肢2の内容が教科書・用語集レベルを超えているが，消去法で対応できる。

問A　答：4 ───────────────── 標準

　4－×　最初に植民地議会を設けたのはヴァージニアで，1619年のこと。ジョージアは，1732年，13植民地に最後に加わっている。

問B　答：2 ───────────────── やや易

　審査法は王政復古後の1673年，チャールズ2世のカトリック政策に対抗するためイギリスの議会が制定した法で，公職就任者をイギリス国教徒に限定するもの。

問C　答：1 ───────────────── 標準

　レキシントンとコンコードはボストン郊外の町。1775年4月イギリス本国軍とアメリカの民兵（ミニットマン）が武力衝突し，独立戦争が始まった。サラトガの戦い（1777年）は戦局の転機となった戦いで，イギリスの苦境をみたフランスが公然とアメリカ側を支援するようになった。ヨークタウンの戦い（1781年）は独立戦争の勝利を事実上確定した戦いである。

問D　答：3 ───────────────── 標準

　3のミラボーは貴族出身だが，三部会には第三身分代表として選出され，立憲君主主義の立場で国民議会を指導した。国王と議会の調停役となっていたが，1791年4月に急死。革命の急進化に不安をもったルイ16世が6月にヴァレンヌ逃亡事件を起こすことになる。

　なお，4のサン゠シモンはフランスの空想的社会主義者であるが，義勇兵としてアメリカ独立戦争に参加している。

問E　答：2 ───────────────── やや難

　2－×　これはフランス人権宣言の第1条と第17条を説明した文章。アメリカ独立宣言では基本的人権に所有権（財産権）は言及されておらず，かわりに「幸福の追求」をうたっている。

　3－○　正文であるが，日本史の内容であり，正誤を判断するのは世界史選択者にとっては難しい。

問F　答：3 ───────────────── 難

　3－×　アメリカ連合規約では常設の司法機関を設けていない。また，中央政府である連合会議は，国防・外交・貨幣鋳造などの権限は有していたが，徴税権・常

備軍の保持は認められていなかった。

問G　答：2 ─────────────────────────────────── やや難

　2－×　「ワシントン」が誤り。アメリカ合衆国憲法制定の際，連邦の権限強化を
　　強く主張したのはマディソン。マディソンは「憲法の父」と呼ばれ，のちにアメ
　　リカ合衆国第4代大統領（任1809～17年）に就任している。

問H　答：1 ─────────────────────────────────── やや易

　ハイチはイスパニョーラ島の西部で，1697年にスペイン領からフランス領となり，
サン＝ドマングと呼ばれていた。「黒いジャコバン」と呼ばれたトゥサン＝ルベル
チュールが独立運動を指導したが，彼の獄死後，彼の部下であったデサリーヌのも
とで1804年にフランスから独立した。

問I　答：3 ─────────────────────────────────── やや難

　1－×　メキシコではイダルゴが処刑（1811年）された後，モレロスが1813年に独
　　立宣言を発布，1821年に王党派から寝返った軍人イトゥルビデによって独立が実
　　現した。

　2－×　シモン＝ボリバルが中心となって開催した1826年のパナマ会議に参加した
　　国は少なく，共同防御と将来の統一国家建設の合意はなされず，失敗に終わった。

　4－×　「ポルトガル軍」が誤り。ペルーの独立を阻止しようとしたのはスペイン
　　軍である。ペルーの独立を支援したのはサン＝マルティンとされるが，シモン＝
　　ボリバルもペルーの解放に手を貸している。

問J　答：4 ─────────────────────────────────── やや易

　ブラジルはラテンアメリカ唯一のポルトガル植民地なので，正解を導くのは容易
である。帝政だったブラジルは，1889年に共和政に移行した。

問K　答：4 ─────────────────────────────────── 標準

　4－×　アメリカ合衆国で女性参政権が認められたのは1920年で，当時の大統領は
　　ウィルソン（任1913～21年）である。

問L　答：1 ─────────────────────────────────── やや難

　1－×　「ディアス」はカランサの誤り。カランサは1917年にメキシコ大統領に就
　　任し，土地改革，地下資源の国有化などを定めた現行の憲法を制定した。ディア
　　スは1911年にメキシコ革命で追放された独裁者である。

解答

問A	4	問B	2	問C	1	問D	3	問E	2	問F	3
問G	2	問H	1	問I	3	問J	4	問K	4	問L	1

19

◇次の文章を読み，設問に答えなさい。設問1，2，5，6はマーク解答用紙の所定欄に一つだけマークし，設問3，4は記述解答用紙の所定欄に記しなさい。

　19世紀前半のヨーロッパでは，フランス革命やナポレオン戦争ののちに，ウィーン体制と呼ばれる新しい国際秩序が構築された。これはヨーロッパ再建のために招集されたウィーン会議によって成立した体制であり，この結果，フランスでは，ブルボン王朝が復活してルイ18世が即位した。この復古王政は，当初ある程度近代的な自由主義を認める議会政治をとったが，しだいに反動的な政治におちいった。1824年に国王シャルル10世が即位すると，亡命貴族賠償法の制定などによって一気に反動政治が強化され，国民の不満を外にそらす目的で1830年5月には　　A　　への出兵もおこなわれた。また国王は新議会を招集せずに解散したため，これを批判する世論が高まり，ついに7月には，パリ民衆が決起した。この七月革命によってフランスでウィーン体制の一部が崩壊したことは，ヨーロッパ各国に大きな波紋を投げかけた。ウィーン体制は，押し寄せる近代ナショナリズムや革命の防波堤になることが期待されていたが，逆にヨーロッパは本格的な革命の時代に突入することになった。

問1　下線部aに関連して，フランス革命やナポレオン戦争に関して述べた次の文の中で，正しいものはどれか。

　イ　1791年，オーストリア皇帝レオポルト1世とプロイセンのフリードリヒ゠ヴィルヘルム1世は，ルイ16世の救援を諸外国に呼びかけるピルニッツ宣言を共同で出した。

　ロ　1792年，フランス軍はヴァルミーの戦いでパリに迫るプロイセン・オーストリアの両軍に勝利した。

　ハ　1805年，ナポレオンはアウステルリッツの会戦で，ロシア・プロイセンの軍隊を撃ち破った。

　ニ　1815年，ナポレオンは現在のドイツにおけるワーテルローの戦いで，イギリス・オランダ・プロイセン連合軍に敗れた。

問2　下線部bに関連して，ウィーン会議やウィーン体制に関して述べた次の文の中で，正しいものはどれか。

　イ　ウィーン会議の基本原理となったのは，フランス代表の政治家タレーランが提唱した正統主義と，イギリス・ロシアなどが主張する立憲主義であったといわれ

　　る。

ロ　ウィーン体制を支持したロシア皇帝アレクサンドル1世の指導で，キリスト教
　　の友愛精神にもとづく神聖同盟が結成され，オスマン帝国を含むヨーロッパの全
　　君主が加盟した。

ハ　ウィーン会議の結果，イギリス・ロシア・オーストリア・プロイセンが四国同
　　盟という軍事的・政治的同盟を結成し，のちにフランスが加わり五国同盟となっ
　　た。

ニ　ウィーン会議の結果，オランダは，オーストリア領ネーデルラントの領有が認
　　められ，連邦共和国として復活した。

問3　　　A　　　にあてはまる地域は，のちにフランスの植民地となる。この地域名を
　　答えなさい。

問4　下線部cに関連して，復古王政の反動政策を新聞等で批判した当時の共和主義
　　者・自由主義者たちの中に，のちに首相となり，また第三共和政初代の大統領に就
　　任した人物がいる。この人物は誰か。

問5　下線部dに関連して，七月革命について述べた次の文の中で，正しいものはど
　　れか。

イ　オルレアン家のルイ＝フィリップが，あらたに成立した七月王政の国王となっ
　　た。

ロ　七月革命の結果，社会主義者や労働者の要求によって，1830年に国立作業場が
　　設立された。

ハ　古典主義の画家ドラクロワは，この七月革命を題材に「民衆を率いる自由の女
　　神」を描いた。

ニ　スタンダールは，『人間喜劇』で七月革命を批判し，写実主義の先駆的な作家
　　となった。

問6　下線部eに関連して，1820〜30年代のヨーロッパの革命運動や反乱について述
　　べた次の文の中で，誤っているものはどれか。

イ　南ネーデルラント地域では武装蜂起が起こり，ベルギーがオランダから独立し，
　　レオポルド1世が即位して立憲王国となった。

ロ　ロシアでは1825年にデカブリストの反乱が起きたが，鎮圧され，反動政治が強
　　化された。

ハ　イタリアではカルボナリの活動は弾圧されたが，マッツィーニらが組織した
　　「青年イタリア」が武装蜂起をおこなった。

二 ハンガリーではコシュートを中心とした独立運動が起きて独立を宣言したが，
革命運動は弾圧によって崩壊した。

解説　ウィーン体制下のヨーロッパ

　ウィーン体制についてのリード文から，フランス革命とナポレオン戦争，ウィーン体制（ウィーン会議の決定事項），七月革命など，ウィーン体制の成立・特色・その崩壊について問う大問である。問1・問2・問5は正文を選ぶ問題となっているが，正解以外の3つの誤文は比較的間違いが見つけやすく，対処しやすい内容となっている。

問1　答：ロ　　　　　　　　　　　　　　　　　　　　　　　　　標準

- **イ－×**　ピルニッツ宣言を出したオーストリア皇帝はルイ16世に嫁いだマリ＝アントワネットの兄にあたるレオポルト2世，プロイセン王はフリードリヒ＝ヴィルヘルム2世（位1740〜86年）。フリードリヒ＝ヴィルヘルム1世（位1713〜40年）は，フリードリヒ2世の父で「兵隊王」と呼ばれた。
- **ハ－×**　ナポレオンがアウステルリッツの会戦で破ったのはオーストリアとロシア。プロイセンを破ったのは翌年（1806年）のイエナの戦いである。
- **ニ－×**　「ドイツ」が誤り。ワーテルローの戦いは現在のベルギーで行われた。イギリスなどの連合軍を率いていたのは，ウィーン会議にイギリス代表として参加したウェリントンである。

問2　答：ハ　　　　　　　　　　　　　　　　　　　　　　　　　標準

- **イ－×**　「立憲主義」が誤り。ウィーン会議の基本原理となったのは，正統主義と勢力均衡である。正統主義は，フランス革命以前の状況を正統とみなす考え方で，勢力均衡は，特定の覇権国のもとでの体制よりも，牽制しあう数個の勢力が均衡を保つことで安定した体制を築こうとした考え方である。
- **ロ－×**　イスラーム教国のオスマン帝国はキリスト教の精神に基づく神聖同盟には参加しなかった。なお，神聖同盟にはローマ教皇とイギリス王も参加していない。
- **ニ－×**　オランダはそれまで連邦共和国だったが，ウィーン会議の結果，総督だったオラニエ公がウィレム1世として即位し，立憲王国となった。

問3　答：アルジェリア　　　　　　　　　　　　　　　　　　　　やや易

　アルジェリアはアフリカで最初のフランス植民地となったが，第二次世界大戦後，民族解放戦線（FLN）による独立運動が激化し，フランス国内の政局にも大きな影響を与えた。ド＝ゴール大統領が1962年のエヴィアン協定で独立を承認した。

問4　答：ティエール　　　　　　　　　　　　　　　　　　　　　標準

　ティエールは復古王政を批判して『フランス革命史』を著し，七月革命で成立した七月王政では閣僚を歴任し，2度にわたって首相となった。1848年の二月革命で成立した第二共和政ではルイ＝ナポレオンを支持したが，1851年のクーデタで彼と対立し，ナポレオン3世の第二帝政下で政界を引退した。ナポレオン3世がプロイ

セン＝フランス戦争に敗れると，議会からフランス共和国行政長官に任命され，ド
イツの支援を得てパリ＝コミューンを弾圧，その後，第三共和政の初代大統領とな
った。

問5 答：イ ——————————————————————————————— 標準

ロ―×　国立作業場は，二月革命で成立した第二共和政の臨時政府のときに社会主
義者ルイ＝ブランらの主張によって設置された。

ハ―×　「古典主義」が誤り。ドラクロワは人間の個性や感情を重んじるロマン主
義の画家。『民衆を導く自由の女神』のほかに，ギリシア独立戦争をモチーフと
した『キオス島の虐殺』もおさえておこう。

ニ―×　スタンダールは『赤と黒』で七月王政期の社会を批判した。「人間喜劇」
はバルザックの小説90編余りの総称。

問6 答：ニ ——————————————————————————————— 標準

ニ―×　ハンガリーでコシュートが独立を宣言するのは1849年で，フランス二月革
命の影響を受けた動きとされる。コシュートは執政として独立戦争を指導したが，
オーストリアを救援したロシア軍に敗れて亡命した。

解答

問1　ロ　　問2　ハ　　問3　アルジェリア
問4　ティエール　　問5　イ　　問6　ニ

20

◇以下の文章を読み，各設問に答えなさい。設問1～4，6，7の解答はマーク解答用紙の所定欄，設問5の解答は記述解答用紙の所定欄に記入しなさい。

　<u>フランス</u>を孤立させて自国の安全をはかろうとしたビスマルクは<u>三帝同盟</u>を作り上
_a　　　　　　　　　　　　　　　　　　　　　　　　　　_b
げたが，加盟国のあいだで対立が解消されなかった。<u>ロシアがバルカン半島で勢力を
拡大すると，ビスマルクはベルリン会議</u>を開いて各国の利害を調停した。さらに彼は
　　　　　　　　　　　_c　_d
国際情勢の変化に対応するために，<u>三国同盟</u>を結成したり<u>再保障条約</u>を結ぶなどして，
　　　　　　　　　　　　　　　　_e　　　　　　　　_f
ドイツに有利な国際秩序を維持しようとした。しかし，ビスマルクの構築した同盟関
係は長期的に持続せず，<u>その後の国際秩序</u>は大きく変化していった。
　　　　　　　　　　　_g

問1　下線部 a に関連して，19～20世紀のフランスについての説明として最も適切な
　　ものをイ～ニから一つ選びなさい。
　　イ　フランスによるベトナムへの軍事介入に対して，阮福暎が組織した黒旗軍が頑
　　　強に抵抗した。
　　ロ　アヘン戦争後にフランスと清は，不平等な望厦条約を結んだ。
　　ハ　アフリカ支配をめぐって起こったファショダ事件が契機となって，フランスと
　　　イギリスの外交的な接近が実現した。
　　ニ　20世紀初頭にフランス社会党が成立し，社会革命の実現を目指すサンディカリ
　　　ズムを活発化させた。

問2　下線部 b に関連して，この同盟関係が最初に結ばれた時点で，加盟国の統治・
　　支配領域に含まれていなかった都市・地域をイ～ニから一つ選びなさい。
　　イ　ヴェネツィア　　　　　　　　ロ　ヘルシンキ
　　ハ　プラハ　　　　　　　　　　　ニ　ワルシャワ

問3　下線部 c に関連した出来事を時代順に古いものから正しく並べているのはどれ
　　か。イ～ニから一つ選びなさい。
　　イ　第一次アフガン戦争の開始　→　アイグン条約の締結
　　　→　アメリカ合衆国へのアラスカ売却　→　露仏同盟の締結
　　ロ　アイグン条約の締結　→　第一次アフガン戦争の開始
　　　→　露仏同盟の締結　→　アメリカ合衆国へのアラスカ売却
　　ハ　露仏同盟の締結　→　第一次アフガン戦争の開始

→　アメリカ合衆国へのアラスカ売却　→　アイグン条約の締結

二　アメリカ合衆国へのアラスカ売却　→　露仏同盟の締結

→　アイグン条約の締結　→　第一次アフガン戦争の開始

問4　下線部dに関連して，この会議で決定されたことの説明として最も適切なもの
　　　をイ～二から一つ選びなさい。

イ　ブルガリアがロシアの保護下におかれた。

ロ　セルビアの独立が承認された。

ハ　イギリスがクレタ島の行政権を獲得した。

二　オーストリアがボスニア・ヘルツェゴヴィナを併合した。

問5　下線部eに関連して，この同盟に加わったイタリアは，アフリカへの領土拡大
　　　を試みてエチオピアに侵入したが，1896年の戦闘で敗北した。この戦闘が行われた
　　　場所はどこか。

問6　下線部fに関連して，同条約の更新を見送ったヴィルヘルム2世についての説
　　　明として最も適切なものをイ～二から一つ選びなさい。

イ　社会主義者鎮圧法を制定し，社会民主党を弾圧した。

ロ　強引な帝国主義政策を追求し，カメルーン，南西アフリカ，東アフリカなどの
　　植民地を獲得した。

ハ　第一次世界大戦末期に自国内で革命が起こり，処刑された。

二　フランスのモロッコ進出に抗議してタンジールに上陸し，列国会議を要求した。

問7　下線部gに関連して，1900年代～1910年代のヨーロッパ各国と日本の関係につ
　　　いての説明として最も適切なものをイ～二から一つ選びなさい。

イ　フランスはロシアやドイツとともに日本に圧力を加え，遼東半島を清に返還さ
　　せた。

ロ　日本はドイツとの戦争に勝利し，ドイツの租借地だった奉天を獲得した。

ハ　日本はロシアと協約を結び，大陸へと進出しやすくなった。

二　南アフリカ戦争を終え，極東に兵力をさく余力ができたイギリスは，日本と同
　　盟を結んでロシアの極東進出を抑えようとした。

解説 ビスマルク外交

　プロイセン＝フランス戦争後のビスマルクの外交上の動きを短めのリード文で述べ，そ
れをもとに第一次世界大戦までの各国の動きについて問うた大問である。おおむね標準的
なレベルであり，確実に得点したい。

問1　答：ハ

　　イ一×　黒旗軍を組織してフランスに対して抵抗したのは中国人の劉永福である。
　　　　阮福暎は，1802年にフランス人宣教師ピニョーの援助を受けて阮朝を創始した人
　　　　物。
　　ロ一×　フランスが清と結んだのは黄埔条約。望厦条約はアメリカが清と結んだ不
　　　　平等条約。黄埔・望厦はいずれも広州周辺の地名である。
　　二一×　サンディカリズムは「労働組合主義」と訳される。政党から自立し，ゼネ
　　　　ストなど労働組合の直接行動によって社会改革を実現しようとするイデオロギー
　　　　で，この考えに立脚して1895年に結成されていた労働総同盟は，フランス社会党
　　　　の結成に参加しなかった。

問2　答：イ

　　三帝同盟は1873年にドイツ・オーストリア・ロシアの間で結ばれた。ヴェネツィ
　　アは1866年プロイセン＝オーストリア戦争に乗じてイタリアがオーストリアから奪
　　っていた。ロのヘルシンキと二のワルシャワはロシアの支配下，ハのプラハはオー
　　ストリアの支配下にあった。

問3　答：イ

第一次アフガン戦争の開始（1838年）
→ロシアがイランのカージャール朝とトルコマンチャーイ条約（1828年）を結び，
　　西アジア・南アジアへの影響力を増大させたことにインドの植民地化をすすめて
　　いたイギリスが脅威を感じ始め，先にアフガニスタンを保護国化しようとしたこ
　　とが戦争の発端であるとわかれば，19世紀前半の，他と比べて早い年代であると
　　推定できる。

アイグン条約の締結（1858年）
→清が太平天国の乱（1851〜64年）やアロー戦争（1856〜60年）で苦しむのに乗じ
　　て結ばれた条約であることから年代を想起したい。しかし，そもそも年代をおさ
　　えておきたい条約ではある。

アメリカ合衆国へのアラスカ売却（1867年）
→南北戦争（1861〜65年）後のアメリカにアラスカが売却されたことを知っていれ
　　ば，年代が推定できる。

　露仏同盟の締結（1894年）

→バルカン半島をめぐるロシアとオーストリアの対立から独墺露の三帝同盟が崩壊
　すると，フランスの孤立状態を継続させたいビスマルクは，ロシアと再保障条約
　を結び（1887年），同盟関係を継続した。しかしビスマルクが引退し，ヴィルヘ
　ルム2世によって再保障条約の更新が拒否されると，ロシアとフランスが接近し，
　露仏同盟が締結された（1894年）。これも年代をおさえておきたい事象である。

問4　答：ロ　　　　　　　　　　　　　　　　　　　　　　　　　　　　　標準

イ－×　ブルガリアがロシアの保護下に置かれたのはロシア・オスマン帝国間で結
　ばれたサン＝ステファノ条約（1878年）。これにイギリス・オーストリアが異議
　を唱えたため，ビスマルクの調停で同年ベルリン会議が開かれ，その結果，ベル
　リン条約でブルガリアは自治国としてオスマン帝国の支配下に属することになっ
　た。ブルガリアが独立するのは，1908年の青年トルコ革命の混乱に乗じてのこと
　である。

ハ－×　「クレタ島」が誤り。ベルリン会議でイギリスが行政権獲得を確定させた
　のはキプロス島である。

ニ－×　ベルリン会議でオーストリアは，ボスニア・ヘルツェゴヴィナの行政権を
　獲得し，その後，1908年の青年トルコ革命の際，併合している。

●ロシア＝トルコ戦争後の2つの条約の主な内容

サン＝ステファノ 条約	①ルーマニア，セルビア，モンテネグロの独立 ②ブルガリアがエーゲ海沿いまで領土を拡大し，ロシア保護下に
ベルリン条約	①ルーマニア，セルビア，モンテネグロの独立承認 ②ブルガリアが領土を縮小し，オスマン帝国保護下に ③オーストリアがボスニア・ヘルツェゴヴィナの行政権を獲得 ④イギリスがキプロス島の行政権を獲得

問5　答：アドワ　　　　　　　　　　　　　　　　　　　　　　　　　　　標準

　アドワはエチオピア北部の地。この戦いでイタリアは皇帝メネリク2世率いるエ
チオピア軍に大敗した。この大敗の背景には，ジブチを拠点として持ち，横断政策
を遂行していたフランスが，イタリアがエチオピアを征服し強大化するのを恐れ，
エチオピアに武器供与を行ったことがあるとされる。

問6　答：ニ　　　　　　　　　　　　　　　　　　　　　　　　　　　　　標準

イ－×　社会主義者鎮圧法（1878年）を制定したのはヴィルヘルム1世時代のビス
　マルク。ヴィルヘルム2世は，1890年に社会主義者鎮圧法を廃止している。

ロ－×　ヴィルヘルム2世が即位したのは1888年だが，ドイツがカメルーンを植民
　地化したのは1884年，南西アフリカ（現ナミビア）は1885年，東アフリカ（現タ
　ンザニアなど）は1886年で，ヴィルヘルム1世の時代。ヨーロッパの安定を図る
　ビスマルク外交のもと，アフリカ分割においても他国との争いが起こることを避

けたと考えられている。

ハー×　1918年のキール軍港の水兵反乱に始まるドイツ革命の際に，ヴィルヘルム
　2世はオランダに亡命した。

問7　答：ハ ──────────────────────────────────── 標準

イー×　フランス・ロシア・ドイツによる三国干渉は下関条約で日本が遼東半島を
　獲得した直後の1895年のこと。

ロー×　「1900年代～1910年代」の日本は，ロシアとの戦争（日露戦争）に勝利し
　て，ロシアの租借地だった旅順・大連を獲得した。また，日本はドイツとの戦争
　（第一次世界大戦）に勝利して，ドイツの租借地だった青島（膠州湾）を占領し
　ている。

ニー×　日英同盟（1902年）は，南アフリカ戦争（1899～1902年）での苦戦によっ
　て，イギリスが極東に派兵する余力がなくなったことを背景に結ばれた。

解　答

問1　ハ　　問2　イ　　問3　イ　　問4　ロ

問5　アドワ　　問6　ニ　　問7　ハ

21

◇次の文章を読み，以下の問いに答えなさい。解答はマーク解答用紙の所定欄にマークしなさい。

　日清戦争における清朝の敗北は，清朝の弱体ぶりを暴露し，列強による中国の利権獲得競争はいっそう進展していくこととなる。列強は各地域と経済的に結びつくだけでなく，政治的にも露骨に租借地の獲得や勢力圏画定のような形で中国への侵略を強化した。

　そうした中，公羊学派の康有為，梁啓超らは，日清戦争敗北の反省から洋務運動の限界性を批判し，日本の明治維新にならい立憲君主制の樹立を目指す変法運動を始めた。これと時期をほぼ同じくして，宗教的武術結社である義和団が山東省で蜂起し，「扶清滅洋」を唱えてその勢力を拡大していった。義和団が北京に入ると，清朝の保守派はこれに同調して列強に宣戦布告した。これに対し，日本・ロシアを中心に，イギリス・アメリカ・ドイツ・フランス・オーストリア・イタリアが8カ国共同出兵を行い，義和団を鎮圧し，北京を占領した。敗れた清朝は，列強と北京議定書（辛丑和約）を調印した。

　義和団事件で敗北した清朝は，光緒新政を行い，中央集権的な近代国家建設をめざす多方面にわたる改革を進めた。一方，海外では華僑や留学生を中心に，漢人による清朝の打倒をめざす革命運動が盛んになっていた。そうした中，　　A　　が，1894年にハワイで　　B　　を創立し，1905年には東京で革命諸団体を結集して中国同盟会を組織した。

　清朝が幹線鉄道の国有化を宣言し，外国からの借款を得ようとしたのに対し，民族資本家や地方有力者がこれに猛反対し，四川では暴動がおこった。暴動鎮圧を命じられた湖北新軍の革命派が武昌で蜂起し，辛亥革命が始まった。

問1　下線部 a に関連した出来事について述べた次の文章のうち，明白な誤りを含むものはどれか。次の中から一つ選びなさい。

　イ　清朝海軍の主力だった北洋艦隊は，敗れて壊滅した。

　ロ　甲午農民戦争（東学の乱）が起こると，日清ともに出兵した。

　ハ　戦争に勝利した日本は，清との間で東清鉄道の一部の利権を得る下関条約を結んだ。

　ニ　壬午軍乱に乗じて一時的に政権についた大院君に対し，清軍が介入して反乱を鎮圧し，その干渉を強めた。

問2 下線部bに関連して，1905年以後の列強の勢力圏に関する組み合わせとして正しいものはどれか。次の中から一つ選びなさい。

イ　大連・旅順──ロシア，膠州湾──ドイツ，厦門──フランス

ロ　台湾──日本，マカオ──フランス，香港島──イギリス

ハ　広州湾──フランス，マカオ──ポルトガル，大連・旅順──日本

ニ　膠州湾──イギリス，奉天──日本，威海衛──フランス

問3 下線部cについて述べた次の文章のうち，明白な誤りを含むものはどれか。次の中から一つ選びなさい。

イ　この運動は，曾国藩・李鴻章・左宗棠らを中心として進められた。

ロ　この運動は，中国の伝統的な道徳倫理を根本としながら政治体制の抜本的改革をめざした。

ハ　この運動では，兵器工場や紡績工場・汽船会社の設立，電信網の整備などが進められた。

ニ　この運動は，清の内外情勢が安定するようになった同治の中興期に行われた。

問4 下線部dについて述べた次の文章のうち，正しいものはどれか。次の中から一つ選びなさい。

イ　変法派は宣統帝を動かし，戊戌の変法を推進したが，西太后ら保守派がクーデタ（戊戌の政変）を起こしたため，変法運動は失敗に終わった。

ロ　康有為は，老子を制度改革者として位置づけ，老子の権威を利用して変法を主張した。

ハ　梁啓超は，その類いまれな文章力で変法の宣伝活動に活躍したが，その後，清朝政府によって処刑された。

ニ　変法運動の一環として創設された京師大学堂は，後に北京大学と改称され，新文化運動や五・四運動の中心となった。

問5 下線部eの内容について述べた次の文章のうち，正しいものはどれか。次の中から一つ選びなさい。

イ　清は，上海・寧波・福州・厦門・広州を自由貿易港として開放した。

ロ　清は，4億5千万両の膨大な賠償金の支払い，外国軍隊の北京駐屯を認めた。

ハ　清は，外国使節の北京常駐，キリスト教布教の自由を認めた。

ニ　清は，領事裁判権，協定関税制を認めた。

問6 下線部fについて述べた次の文章のうち，明白な誤りを含むものはどれか。次の中から一つ選びなさい。

　イ　清朝政府は，改革を求める中央と地方の意見を取り入れてこの改革を進め，地
　　　方の有力者や民衆の広範な支持を集め，大きな成果をあげた。

　ロ　日本にならった学校教育制度が開始され，科挙もついに廃止された。

　ハ　中央政府には，総理各国事務衙門に代わる新しい外務部が設置された。

　ニ　憲法大綱を公布し，国会開設を公約した。

問7　　A　，　B　に入る語の組み合わせとして正しいものはどれか。次の中か
　　ら一つ選びなさい。

　イ　A　李大釗　　　　　　　B　興中会

　ロ　A　蔣介石　　　　　　　B　華興会

　ハ　A　孫　文　　　　　　　B　興中会

　ニ　A　魯　迅　　　　　　　B　華興会

問8　下線部 g の後に起きた出来事を年代順に正しく並べたものはどれか。次の中か
　　ら一つ選びなさい。

　イ　中国共産党の結成　⇒　中華民国の建国　⇒　南京国民政府の成立

　ロ　南京国民政府の成立　⇒　中国共産党の結成　⇒　中華民国の建国

　ハ　中華民国の建国　⇒　南京国民政府の成立　⇒　中国共産党の結成

　ニ　中華民国の建国　⇒　中国共産党の結成　⇒　南京国民政府の成立

解説 **清朝末期の中国**

　日清戦争から辛亥革命の時期の清朝の動向とそれを取り巻く諸勢力について書かれたリード文をもとに，国内改革や条約の内容についての設問が並んでいる。戦争などの外圧と，国内改革の関連性をしっかりと理解しておきたい。

問1　答：ハ ──────────────────────────────── 標準

　ハ─× 　東清鉄道は，日清戦争の講和条約である下関条約が結ばれた後，ロシアがフランス・ドイツを誘って行った三国干渉の代償として，中国から敷設権を得て建設した鉄道である。下関条約が結ばれた時点では東清鉄道は存在していない。

問2　答：ハ ──────────────────────────────── 標準

　1905年以後つまり日露戦争のポーツマス条約以後の勢力圏や領土は，旅順・大連の租借権がロシアから日本に移るなど，大まかに以下の通りである。
　日本─旅順・大連・台湾・福建（厦門を含む），イギリス─香港島・九竜半島（クーロン）・威海衛，フランス─広州湾，ドイツ─山東省（膠州湾を含む），ロシア─東北地方，ポルトガル─マカオ（1887年割譲）。

問3　答：ロ ──────────────────────────────── 標準

　ロ─× 　洋務運動は，中国の伝統的な道徳倫理や政治体制を根本としながら，西洋の武器や技術を摂取する「中体西用」を基本思想とした，富国強兵を目指す運動であった。結局，この運動は清朝による支配体制維持のためのものであり，清仏戦争や日清戦争の敗北で，その矛盾が露呈した。政治体制の変革を目指したのは，日清戦争敗北後に康有為らが行った変法運動である。

問4　答：ニ ──────────────────────────────── 標準

　ニ─○ 　新文化運動（文学革命）で，『新青年』を発刊した陳独秀，白話運動を行った胡適らは北京大学の教授であった。

　イ─× 　戊戌の変法（1898年）を推進したのは光緒帝（位1875～1908年）である。戊戌の政変で光緒帝は幽閉され，康有為は日本へ亡命した。なお，宣統帝は清朝最後の皇帝（位1908～12年）である。

　ロ─× 　「老子」が誤り。孔子を改革者としてとらえる儒学の一派を公羊学というが，康有為は公羊学の立場から徹底した内政の改革（変法）を主張した。

　ハ─× 　「清朝政府によって処刑された」が誤り。梁啓超は戊戌の政変で日本に亡命し，立憲君主政を主張して革命派の孫文らと対立したが，革命後は新政府の要職を歴任している。

●新文化運動（文学革命）期の人物

陳独秀	北京大学教授　雑誌『新青年』創刊
胡適	北京大学教授　『新青年』に「文学改良芻議」を掲載し，白話運動を提唱
魯迅	日本留学経験あり　『狂人日記』『阿Q正伝』で白話運動の実践
李大釗	北京大学教授　日本留学経験あり　マルクス主義研究

問5　答：ロ　　　　　　　　　　　　　　　　　　　　　　　　標準

イ—×　上海など長江以南の5港を自由貿易港として開放したのはアヘン戦争後の南京条約（1842年）。

ハ—×　清が外国使節の北京常駐やキリスト教布教の自由を認めたのはアロー戦争の天津条約（1858年）・北京条約（1860年）である。

ニ—×　清が領事裁判権を認めたのは南京条約の補足条約である五港（五口）通商章程（1843年7月），協定関税制（関税自主権がないということ）を認めたのは同じく南京条約の追加条約である虎門寨追加条約（1843年10月）である。

問6　答：イ　　　　　　　　　　　　　　　　　　　　　　　　標準

イ—×　光緒新政に際して清朝は地方長官の意見などを聞く姿勢をみせてはいるが，あくまで「上からの改革」にすぎず，改革にともなう増税や中央集権的な性格ゆえに，地方の有力者や民衆の反発をまねいた。

問7　答：ハ　　　　　　　　　　　　　　　　　　　　　　　　やや易

孫文は広東省出身で，香港で医学を学び医者として開業したが，やがて革命に目覚め，兄が農場経営で成功していたハワイに渡り，そこで興中会を結成した。なお，華興会は，1903年に長沙で黄興が結成した革命団体である。

●孫文の結成した革命団体・政党

興中会（1894年）	ハワイで結成
中国同盟会（1905年）	日本の東京で結成
→ 興中会・中国同盟会は清朝の打倒を目指した	
中華革命党（1914年）	日本の東京で結成
中国国民党（1919年）	中華革命党を改組したもの
→ 中華革命党・中国国民党は袁世凱や軍閥の打倒を目指した	

問8　答：ニ　　　　　　　　　　　　　　　　　　　　　　　　標準

年代でみると，中華民国の建国：1912年→中国共産党の結成：1921年→南京国民政府の成立：1927年で，正解はニ。武昌蜂起で辛亥革命が始まると，多くの省が清朝からの独立を宣言した。孫文は南京で中華民国を建国し，自身は臨時大総統の地位に就いた。武昌蜂起と中華民国建国はほぼ同じような時期であるので，ここで正解はハかニに絞られる。その後，袁世凱の独裁やその死後の軍閥政権の支配が広が

るなかで行われた新文化運動は五・四運動を準備した。五・四運動は孫文には中国
国民党という大衆政党の結成（1919年）を意識させ，さらにロシア革命は中国共産
党の結成（1921年）につながった。やがて，1924年，第1次国共合作で国民党と共
産党が協力体制を築くと，1925年の孫文の死後，蔣介石を中心に北伐が開始（1926
年）された。その北伐のさなか，蔣介石は上海クーデタを起こし共産党勢力を弾圧
して（第1次国共合作崩壊），南京国民政府を樹立した（1927年）。

22

◇ある地域について言及し，古いものから時代順に並べられた次の史料①～③を読んで，設問1～5に答えなさい。

史料①

　非協力国民が寄せていた信頼は　 A 　政府によって裏切られ，　 A 　の人々は，今や，　 B 　を打ち建てんと決意するに至った。今年開かれた会議派の特別集会以前に試みられた方法は人々の権利と自由を十分に確保することができなかったし，多々の深刻な不正…を正すには至らなかった。

史料②

　ムスリムは，通常認識されているような意味で，マイノリティーであるわけではない。現状をよく見渡していただきたい。現在でも，　 C 　領　 A 　のなかで，11州中4州ではムスリムが実質的に優勢であり，会議派…の執行部が　 C 　への非協力を宣言し…ているさなかにも，正常に機能しているのだ。国民というものをどのように定義付けるにしても，われわれムスリムは国民であり，故地，領域，国家をもたねばならない。

史料③

　 A 　政府と　 D 　政府は，今後両国が，その持てる資源と労力を両国民の福祉の向上という急務の遂行に捧げるため，これまで両国の関係を阻害してきた紛争と対立を終わらせ，友好，調和関係を促進…することを決意する。

　　　　　　（出典：歴史学研究会編『世界史史料』岩波書店より一部修正・割愛して抜粋）

設問1　史料①は，ある団体が行った決議の一部である。この決議が行われた年に起こった出来事として最も適切なものを次の**ア～エ**の中から一つ選び，マーク解答用紙の所定欄にマークしなさい。

ア　アメリカのレーガン政権との対立を深めたソ連がアフガニスタンの社会主義政権を救援するために軍事侵攻した。

イ　オスマン帝国は，セーヴル条約によってアラブ地域を喪失した。

ウ　旧宗主国としての立場を強化することを狙ったフランスの主導により，アフリカ統一機構が結成された。

エ　スエズ戦争の勝利で支持層を拡大したナセル大統領がエジプト革命を起こした。

設問2　空欄Aにあてはまる適切な語句を記述解答用紙の所定欄に記しなさい。

設問3　空欄Bにあてはまる語句の意味として最も適切なものを次のア〜エの中から一つ選び、マーク解答用紙の所定欄にマークしなさい。

ア　法学者の統治　　　　　　　　イ　マレー人優遇政策
ウ　共和政　　　　　　　　　　　エ　自　治

設問4　空欄Cにあてはまる適切な語句を記述解答用紙の所定欄に記しなさい。

設問5　史料②の主張をした人物は、史料③の空欄Dにあてはまる国が独立した際に主導的な役割を担った。その後、空欄Dにあてはまる国から分離し、別の独立国として国際連合に加盟した国の名称を記述解答用紙の所定欄に記しなさい。

解説	インド現代史

> 史資料問題である。問題文には「ある地域」としか書かれていないため，「いつ」，「ど
> こ」のものかとっさに判断できないが，史料中のヒント，問題文にある「時代順に並べら
> れた」との記述，そしてそれぞれの設問文などを丁寧に読み解くことでインドの現代史に
> まつわるものと判断したい。そうすれば設問自体は取り組みやすいものばかりである。

設問1　答：イ ──────────────────────────── 標準

設問2　答：インド ─────────────────────────── 標準

　　史料問題は史料の中から時期や場所を特定するヒントに目をつける必要がある。
この問題であれば，史料①の「非協力国民」や「会議派」，史料②の「ムスリム」
などから，この「ある地域」がインドを示していることがわかり，**設問2**の解答は
インドとなる。インドでは，1919年に逮捕状なしの逮捕・投獄を可能とするローラ
ット法が制定されたことに対して，サティヤーグラハを掲げるガンディーの第一次
非暴力・不服従運動が広がり，インド国民会議派が指導理念とした。

　　設問1では年代を求めているように見え，そう考えると難しさもあるが，実は
ア・ウ・エの選択肢はすべて標準的な誤文であり，選択肢を慎重に吟味すれば正解
にたどり着けるはずである。

イ―○　第一次世界大戦に同盟国として参戦したオスマン帝国は，敗戦の結果，
　　1920年のセーヴル条約でイラク，ヨルダン，パレスチナ，シリア，アラビア半島
　　を放棄させられ，バルカン半島ではイスタンブル周辺を残して領土を失った。

ア―×　ブレジネフ政権下のソ連が1979年に親ソ政権支援のためにアフガニスタン
　　に侵攻したため，アメリカのレーガン政権（任1981〜89年）との対立が深まった。
　　70年代の米ソ間の緊張緩和（デタント）の状況から一転，第二次冷戦（新冷戦）
　　と呼ばれる事態になった。

ウ―×　アフリカ統一機構は，1963年にエチオピアの首都アディスアベバで行われ
　　たアフリカ独立諸国首脳会議で創設された地域機構である。1960年に17もの独立
　　国が成立したことを受けて，パン＝アフリカニズムを掲げ結成されたもので，フ
　　ランスの主導で結成されたのではない。

エ―×　1952年，ナセルの組織した自由将校団が，ナギブをリーダーにエジプト革
　　命を起こし，ファルーク国王を追放して翌1953年にはエジプト共和国が成立した。
　　その後，ナセルはナギブを追放して1956年に大統領（任1956〜70年）となった。
　　大統領就任直後にナセルがスエズ運河国有化を宣言したことをきっかけとしてイ
　　スラエル，イギリス，フランスがエジプトに侵攻するスエズ戦争（第二次中東戦
　　争）が起きた。

設問3　答：エ ──────────────────────── 標準

エ 設問1から史料①の決議がセーヴル条約と同じ1920年であることがわかれば，空欄Bに入るのは1906年の国民会議カルカッタ大会で採択された4綱領（英貨排斥・国産品愛用（スワデーシ）・自治（スワラージ）・民族教育）のひとつである自治が適切と判断できる。

ア 法学者の統治は，イランの宗教指導者ホメイニ師が提唱した統治原則で，1979年のイラン革命後に成立したイラン憲法では，公正なイスラーム法学者が最高責任者となることなどが盛り込まれた。

イ マレー人優遇政策は，人口では多数派だが経済を華人に握られているマレーシアで行われた政策である。

ウ 共和政を打ち建てるとは，インドがイギリス国王を元首と仰ぐ自治領となるよりも高度な独立を求めることであり，1927年以降に要求され1929年の国民会議派ラホール大会で政治目標となった「プールナ＝スワラージ」がそれであろう。この史料は設問1より1920年のこととわかっているので，この時点ではスワラージの要求に留まっていると考えられる。

設問4　答：イギリス ──────────────── 標準

史料がインドについて言及していることがわかれば，空欄Cにはイギリスが入るとわかる。イギリスは，1858年にムガル帝国を滅ぼした後，1877年までは宗教やカーストの違いなどを利用して人々を分断する分割統治を，それ以降はヴィクトリア女王を初代皇帝とするインド帝国として直接支配した。

設問5　答：バングラデシュ ──────────── 標準

史料②は，イギリス領インド（帝国）において，ムスリムが国家をもたねばならないとしており，ヒンドゥー教徒が多数を占めるインドで少数派の全インド＝ムスリム連盟の主張とわかる。設問文にこの主張を行った人物が「史料③の空欄Dにあてはまる国が独立した際に主導的な役割を担った」とあるので，空欄Dにあてはまるのはパキスタン，この主張を行った人物はジンナーとわかる。1947年，イギリス領インドはイギリスのアトリー内閣が制定したインド独立法で，ヒンドゥー教徒が多数を占めるインドとムスリムが多数を占めるパキスタンとに分離独立した。1950年，インドは憲法を制定し，インド共和国として共和政の国家となった。その後，インドは非同盟主義の国家として，パキスタンは西側諸国の一員として行動したが，東パキスタンの民族運動をインドが支援したことで起こった第3次インド＝パキスタン戦争の結果，1971年に東パキスタンがバングラデシュとして独立した。

解 答

設問1　イ　　設問2　インド　　設問3　エ　　設問4　イギリス
設問5　バングラデシュ

23

◇次の文章を読み，地図を参照しながら，設問1～7に答えなさい。ただし，地図は本初子午線から東西にそれぞれ20度の範囲を示したものであり，図示された国境線は，2013年1月1日現在のものです。

西アフリカではガーナ王国の衰退後，イスラーム化が進んだが，それを促進したのは東アフリカの諸都市と同様に<u>ムスリム商人の活発な交易活動</u>であった。その交易で栄えたマリ王国がソンガイ王国に滅ぼされた頃からヨーロッパ諸国の海外進出が始まり，いわゆる<u>大航海時代</u>が到来する。そしてヨーロッパ諸国が南北アメリカ大陸・西インド諸島に植民地を拡大していくと，その労働力としてアフリカ人奴隷の需要が増大した。<u>大西洋奴隷貿易</u>はヨーロッパ諸国に莫大な富をもたらしたが，アフリカは人口流失や産業の破壊により，大きな損害を受けることになった。

奴隷貿易の対価としてもたらされたヨーロッパ製の近代的な武器により，<u>西アフリカには一時的に強大な軍事帝国が出現し，そのことが植民地化を遅らせた</u>という一面もあった。しかし19世紀が進むにつれて，ヨーロッパ諸国は<u>北アフリカ</u>や東アフリカも含め，しだいにアフリカへの支配を強めていく。<u>C国の植民地であったGの地のランバレネで</u>，現地の人々への医療活動に従事したシュヴァイツァー（1875-1965）のような例も見られたが，<u>アフリカの富を求めるヨーロッパ列強のアフリカ分割</u>は，奴隷貿易とともに，今日のアフリカに禍根を残すこととなった。

設問1　下線部1に関連して，地図上のyはマリ王国時代には岩塩と金の交易で栄え，ソンガイ王国時代にはイスラーム文化の中心として大学も建設された都市である。この都市の名前を記述解答用紙の所定欄に記しなさい。

設問2　下線部2の時期に国王の命を受け，ヨーロッパ人として初めて地図上のzに達したA国人を選び，マーク解答用紙の所定欄にマークしなさい。

　ア　エンリケ　　　　　　　　　　イ　バルボア

　　ウ　カブラル　　　　　　　　　　　エ　バルトロメウ＝ディアス

設問3　下線部3に関連して，地図上のxは奴隷貿易で栄えた都市の一つである。産業革命期には綿製品や綿花の取引で発展し，1960年代には世界的に有名なロック・バンドを生み出したこの都市の名前を記述解答用紙の所定欄に記しなさい。

設問4　下線部4に関連して，この地域で20世紀初めにヨーロッパ勢力によって併合された国を一つ選び，マーク解答用紙の所定欄にマークしなさい。
　　ア　モノモタパ王国　　　　　　　　イ　ベニン王国
　　ウ　ダホメ王国　　　　　　　　　　エ　アシャンティ王国

設問5　下線部5に関連して，C国による北アフリカへの進出に関する次の記述のうち，誤っているものを一つ選び，マーク解答用紙の所定欄にマークしなさい。
　　ア　C国はオスマン帝国の属領であったEの地を攻略し，のちに直轄領とした。
　　イ　C国が隣国との戦争に敗れて以降，Eの地へ入植するC国民の数は増加し，彼らはコロンと呼ばれた。
　　ウ　C国はファショダ事件を契機にFの地を保護領とした。
　　エ　ファショダ事件の平和的解決を経たのち，C国はDの地で優越的支配体制を築きあげていった。

設問6　下線部6に関連して，シュヴァイツァーが生まれたとき，かれの出生地はC国に帰属しておらず，第一次世界大戦後にC国に復帰した。その地方は地図中記号1〜4のどれに当たるか，マーク解答用紙の所定欄にマークしなさい。
　　ア　1　　　　　　イ　2　　　　　　ウ　3　　　　　　エ　4

設問7　下線部7に関連して，1884年〜1885年にベルリンでは国際会議が催され，Hの地の領有をめぐる紛争の解決が試みられた。その後，Hの地はB国の国王の私領とされたが，その国王の名前を記述解答用紙の所定欄に記しなさい。

解説　ヨーロッパ諸国のアフリカ進出

　本初子午線を中心とした地図をメインに据えて，ヨーロッパ諸国のアフリカ進出やアフリカ分割を問うた問題である。設問4は消去法でも厳しい難問。設問5～7は地図と問題文や選択肢とを交互に見比べる必要があるため時間がかかるかもしれないが，丁寧に読み込めば難易度は高くないだろう。

　まずは地図を確認しておこう。地図中の国名は，Aはポルトガル，Bはベルギー，Cはフランス，Dはモロッコ，Eはアルジェリア，Fはチュニジア，Gはガボン，Hはコンゴ民主共和国である。定点xはリヴァプール，yはトンブクトゥ，zは喜望峰である。

設問1　答：トンブクトゥ ━━━━━━━━━━━━━━━━━━━━ 標準

　地図のyはマリ王国・ソンガイ王国の経済・文化の中心となったトンブクトゥである。ニジェール川中流に位置するこの都市が，サハラの岩塩とギニアの金との交易（塩金交易）で知られるようになり，16世紀にはサハラ以南で初めてとされるサンコーレ大学が設置されるなど，学問の中心ともされたが，16世紀末にモロッコ軍が侵入し，ソンガイ王国が滅ぼされると，交易の中心が東のガオに移り衰退した。

設問2　答：エ ━━━━━━━━━━━━━━━━━━━━━━━━━━ 易

エ　バルトロメウ＝ディアスは，有力貴族を弾圧するなどして王権を強化したジョアン2世の命でリスボンを出航し，1488年に喜望峰に達した。

ア　「航海王子」エンリケは，15世紀前半にアフリカ西北端のセウタを攻略して，アフリカ西岸の探検事業に着手した。1445年にはアフリカ最西端のヴェルデ岬に，彼の死去した1460年には，西アフリカ南西部のシエラレオネまで到達するに至った。

イ　バルボアは，16世紀前半に活躍したスペインの探検家である。1513年，パナマ地峡を越えて太平洋岸に到達した。

ウ　カブラルは，ヴァスコ＝ダ＝ガマのインド航路開拓に続いてポルトガルがインドに派遣した艦隊の司令官を務めた航海者である。大西洋を航海中にブラジルに漂着し，1500年，ここをポルトガル領と宣言した後インドに到達した。

設問3　答：リヴァプール ━━━━━━━━━━━━━━━━━━━━ 標準

　リヴァプールは，奴隷貿易で17世紀末以降繁栄し，産業革命期からは木綿工業都市マンチェスターの外港として綿花輸入，綿布輸出の拠点として発展した。また，設問文中の「世界的に有名なロック・バンド」ビートルズを生んだ都市としても知られる。

設問4　答：エ　　　　　　　　　　　　　　　　　　　　　　　　　　　難

エ　アシャンティ王国は，17世紀末頃，現在のガーナ共和国に建国され，奴隷や金をヨーロッパに供給することで19世紀初めに全盛期となったが，20世紀初頭（1902年）にイギリスに併合された。

ア　モノモタパ王国（11〜19世紀）は，アフリカ南部ザンベジ川流域にあった王国。ジンバブエを中心とし，インド洋交易で栄えた。

イ　ベニン王国は，現在のナイジェリアで13世紀頃から繁栄した黒人王国である。15世紀末，ポルトガル人が到達すると，胡椒や奴隷，象牙をヨーロッパの武器・雑貨と交易するようになり，勢力を誇った。18世紀以降，奴隷貿易の中心が他地域へ移ると衰退し，19世紀末にイギリスが占領した。

ウ　ダホメ王国は，現在のベナン共和国南部に17世紀頃から繁栄した黒人王国である。ベニン王国同様奴隷貿易で大きな利益をあげたが，19世紀末，フランスの支配をうけるようになった。

設問5　答：ウ　　　　　　　　　　　　　　　　　　　　　　　　　　標準

ウ−×　フランス（＝C国）は，1830年にオスマン帝国の属領であったアルジェリア（地図中のE）に進出し，植民地化を進めた（選択肢**ア**）。プロイセン＝フランス戦争後には，フランス，特にドイツに割譲されたアルザス地方からの移民が増加し，これらの入植者はコロンと呼ばれ，アルジェリアの支配層となった（選択肢**イ**）。その後，1881年に地図中のFであるチュニジアを保護領とし，サハラからジブチ方面へのアフリカ横断政策を進めた結果，カイロとケープタウンを結ぶアフリカ縦断政策をとるイギリスと衝突寸前となったファショダ事件（1898年）が起こった。両国の衝突はフランスの譲歩で回避され，やがて両国は1904年に英仏協商を結び，フランスのモロッコ（地図中のD），イギリスのエジプトにおける権益を互いに承認した（選択肢**エ**）。

設問6　答：イ　　　　　　　　　　　　　　　　　　　　　　　　　やや難

シュヴァイツァーの生年は，リード文から1875年であることがわかる。選択肢となる地図中の1はベルギー国境地帯，2はドイツ国境地帯，3はイタリア国境地帯，4はスペイン国境地帯である。1875年の時点でフランスに帰属しておらず，第一次世界大戦でフランスに返還された地域が問われているが，地名を知らずともこれらの4カ国の中で第一次世界大戦においてフランスと戦ったのはドイツだけであり，正答は2とわかる。ここアルザス地方は，1648年のウェストファリア条約でフランスに割譲された後，1871年，プロイセン＝フランス戦争でドイツ領となった。そして第一次世界大戦後のヴェルサイユ条約で再びフランス領となっている。

設問7　答：レオポルド2世　　　　　　　　　　　　　　　　　　　標準

ベルギー（＝B国）王レオポルド2世は，リヴィングストン発見やアフリカ中央部横断に成功した経験を持つスタンリーにコンゴ川流域の探検を依頼した。スタン

リーは現地の首長たちとの交渉も行い，コンゴ植民地化の基礎を作ったとされる。このような動きの中で，ビスマルクは1884年から翌年にかけてベルリン会議を開催し，コンゴ（地図中のH）を含むアフリカ分割に関して討議した。会議の結果，アフリカ分割の原則として実効支配や先占権，沿岸地帯の植民地保持はその後背地獲得の権利をもつとする境界画定が取り決められたほか，コンゴはベルギー王レオポルド2世の私的植民地コンゴ自由国となった（1885年）。しかし，残虐な支配が他国からの批判を受けたため，1908年，コンゴはベルギー政府が管轄するベルギー領コンゴとなった。

解　答

設問1　トンブクトゥ　　設問2　エ　　設問3　リヴァプール

設問4　エ　　設問5　ウ　　設問6　イ　　設問7　レオポルド2世

24

◇次の文章を読み，設問に答えなさい。設問1，2，5はマーク解答用紙の所定欄に
マークし，設問3，4は記述解答用紙の所定欄に記しなさい。

　18世紀末から20世紀中頃にかけて，西アジア・北アフリカの多くの地域が，ヨーロ
ッパ列強の侵略を受け，その支配下におかれたり植民地とされたりした。そこでは，
在地の制度や慣行などが禁止や制限の対象となっただけでなく，言語や法律の強制，
伝統文化の破壊，土地の強制収用，過重な課税，裁判を伴わない処刑などが行われた
こともあった。また，彼らによるキリスト教宣教や国内諸勢力の分断も同時期に行わ
れた。これに対して，現地の人々による激しい抵抗運動が見られただけでなく，列強
間の抗争も生じていた。最終的にこの地域の諸国は独立を果たしたものの，現在に至
るまで，社会に深い傷痕を残しているといわれる。さらに，列強などの主導によって
画定されたこの地域の国境線は，現在まで多くの議論を呼び続けてきた。

設問1　下線部aに関連して述べた次の文ア〜エのうち，誤っているものを一つ選び
　　なさい。
　ア　1830年，フランスはアルジェリアに侵攻した。
　イ　1881年，チュニジアはフランスの保護領にされた。
　ウ　1920年，シリアはフランスの委任統治領にされた。
　エ　1932年，サウジアラビアはイギリスの委任統治領にされた。

設問2　下線部bに関連して述べた次の文ア〜エのうち，誤っているものを一つ選び
　　なさい。
　ア　スーダンでは，マフディー派がイギリス軍に抵抗した。
　イ　リビアでは，サヌーシー教団がイタリアの支配に抵抗した。
　ウ　イランでは，タバコ＝ボイコット運動が展開された。
　エ　アルジェリアでは，フランスの支配に対してFIS（民族解放戦線）が結成され
　　た。

設問3　下線部bの例として，1881〜82年にイギリス支配に抵抗したエジプトの運動
　　を挙げることができるが，その運動の名を記しなさい。

設問4　下線部cの例である第2次モロッコ事件の舞台となった，モロッコ南部の港

町の名前を記しなさい。

設問5　下線部dに関連して，次の文ア～エのうち，誤っているものを一つ選びなさい。

ア　パレスチナは，第一次世界大戦後，イギリス委任統治のもとにおかれた。

イ　イギリスはアフガニスタンに侵攻し，英領インドとの境界を定めた。

ウ　レバノンは，第二次世界大戦終了後，フランスの委任統治から独立した。

エ　1991年に起こった湾岸戦争後，イラクのクルド人が難民となった。

解説 18世紀末〜20世紀中頃の西アジア・北アフリカ

近現代中東・北アフリカ地域における列強の進出と抵抗に関する大問である。「サヌーシー教団」や「FIS」を選択肢に入れた設問2とレバノンの独立時期を問うた設問5がやや難しい。帝国主義的進出期は，列強側と進出された側の両方からの視点を持つように学習したい。

設問1　答：エ

エー×　アラビア半島では，イブン゠アブドゥル゠ワッハーブが創始した原始イスラームへの復帰をとなえるワッハーブ派の運動と，アラビア半島中部の豪族サウード家が結びつき，1744年頃にワッハーブ王国が建てられたが，1818年にオスマン帝国が派遣したエジプト総督ムハンマド゠アリーの軍勢に敗れて王国は中断した。すぐに復活したが，内紛などで19世紀末に滅亡した。20世紀初め頃，サウード家のイブン゠サウード（アブド゠アルアジーズ）が頭角を現すと，ハーシム家のフセインが建国したヒジャーズ王国（1916〜25年）を占領，1926年にヒジャーズ゠ネジド王国を建てた。その後イブン゠サウードは，1932年，イギリスの支持のもとに名称をサウジアラビア王国と改めた。イギリスとは友好関係を保っていたが，イギリスの委任統治領になったことはない。

設問2　答：エ

エー×　1954年，アルジェリアでフランスの支配に対して結成されたのはFLN（民族解放戦線）である。1954年に結成された武装組織で，やがてフランスからの独立を目指すほとんどの政治団体がこれに加わり，第五共和政となったフランスのド゠ゴール政権と1962年にエヴィアン協定を結び，独立を実現した。その後長く政権を握ったが，1989年，FLNの一党独裁体制から複数政党制へ移行した際に結成された政党FIS（イスラーム救国戦線）などからの批判を受けるようになった。イスラーム復興運動を推進するFISは，その後の選挙で勝利が確実となったが，軍のクーデタによって非合法化された。

設問3　答：ウラービー〔オラービー〕運動

スエズ運河完成後，エジプトの財政がイギリスやフランスに掌握されるようになると，陸軍軍人のウラービー（オラービー）が，ヨーロッパ列強の内政干渉の排除，議会開設，立憲制確立などを求め，「エジプト人のためのエジプト」を掲げて武装蜂起した。しかし，インドへのルート確保とエジプトの安定を望むイギリス軍に鎮圧され，エジプトは実質イギリスの支配下におかれた。この運動や設問2の選択肢**ウ**のタバコ゠ボイコット運動は，パン゠イスラーム主義を唱えたアフガーニーの影響があるとされる。

設問4　答：アガディール ────────────────────────── 標準

　　1904年の英仏協商では，イギリスのエジプト，フランスのモロッコでの優越を相
互承認したが，「世界政策」を唱えて積極的対外進出を試みたドイツのヴィルヘル
ム2世は，1905年モロッコのタンジールに上陸し，モロッコのスルタンと会見して
フランスの進出に異議を唱えた。この事件は，1906年，アメリカ大統領セオドア＝
ローズヴェルトが調停に入って開かれたアルヘシラス会議でドイツが譲歩したこと
で終結したが，1911年，ヴィルヘルム2世は再び軍艦をアガディール港に送ってフ
ランスと対立した（第2次モロッコ事件）。しかし，イギリスなどはフランスを支
持し，結局ドイツはコンゴの一部を得るだけで終わり，フランスのモロッコ支配は
確立した。

設問5　答：ウ ──────────────────────────────── やや難

　ウ−× 　レバノンは，第一次世界大戦後シリアの一部としてフランスの委任統治領
　　となったが，第二次世界大戦中の1943年に分離・独立を達成した。

解　答

設問1　エ　　設問2　エ　　設問3　ウラービー〔オラービー〕運動
設問4　アガディール　　設問5　ウ

25

◇第二次世界大戦後の東アジアに関する以下の文章を読み，設問に答えなさい。解答はマーク解答用紙の所定欄にマークしなさい。

　1945年，日本が無条件降伏を受け入れ，アジア太平洋戦争が終結すると，東アジアには新たな国際秩序が形成されることになった。

　30年以上にわたり日本の植民地統治下にあった朝鮮半島は，北緯38度線を境にソ連，アメリカによって分割管理され，やがて　　A　　の道を歩むことになった。

　抗日戦争を展開してきた中国では，日本の降伏後，国民党と共産党が再び対立し，国共内戦が起こった。1949年春に南京が陥落し，共産党が勝利すると，毛沢東を主席，周恩来を首相にして同年10月に中華人民共和国が建国された。国民党の一部は台湾に渡り，独自の政府をつくった。

　抗日運動は朝鮮半島や中国で盛んであったが，日本の軍事的，政治的支配下にあった東南アジア諸国においても，抗日ナショナリズムが広がり，戦後，独立を求める動きが加速した。インドネシアやベトナムは，日本の降伏後，すぐに独立を宣言し，フィリピンやビルマもまた独立国となった。しかし，ヨーロッパの旧宗主国がかつての植民地体制を復活させようと，こうした動きに軍事介入を図った。17世紀からインドネシアに進出していたオランダは，その独立を認めようとせず，4年にわたる武力闘争の後，1949年にインドネシア共和国の独立を承認した。ベトナムでは，19世紀にこの地を植民地化したフランスが独立を認めず，インドシナ戦争が起こり，1954年のジュネーブ会議で休戦協定が結ばれるまで，旧宗主国との戦いは続いた。英領マレーでは，1950年代後半になってようやくマラヤ連邦がイギリスから独立を遂げた。このように，東アジアにおいては　　B　　の時代に終止符が打たれるのに時間を要した。

問1　下線部 a について，戦後日本社会において1951年の日米安全保障条約の締結以前に行われたものを一つ選びなさい。
　　イ　東京裁判閉廷　　　　　　　　　　ロ　自衛隊創設
　　ハ　原水爆禁止世界大会　　　　　　　ニ　国連加盟

問2　下線部 b について，以下の記述のうち最も適切なものを一つ選びなさい。
　　イ　三・一独立運動後に天皇直属の機関となった朝鮮総督府は，GHQ により解体された。
　　ロ　大韓民国の大統領に就任した李承晩は，日韓基本条約に調印した。

ハ　朝鮮労働党を率いる金日成は，朝鮮民主主義人民共和国を建国し，1972年の主
　　席退任まで独裁体制を敷いた。

ニ　北緯38度線近くに位置する板門店では，1950年に勃発した朝鮮戦争の休戦会談
　　が行われた。

問3　下線部 c について，以下の記述のうち最も適切なものを一つ選びなさい。

イ　ソ連をはじめとした社会主義諸国はこの国をただちに承認したが，アメリカや
　　日本が正式に認めたのは1960年代になってからだった。

ロ　抗日統一民族戦線に参加した毛沢東は，共産党の指導者として農村改革を進め
　　て支持を広げ，1950年までに農民の土地所有権を保護する大躍進政策を成功させ
　　た。

ハ　周恩来首相は，インドのネルー首相と会談し，領土・主権の尊重，内政不干渉，
　　平和的共存などからなる平和五原則を共同で発表した。

ニ　国連の常任理事国となった中華人民共和国は，ソ連とともに北朝鮮への国連軍
　　派遣を提案し，朝鮮戦争の終結を図った。

問4　下線部 d について，日本の植民地時代から20世紀末までの台湾に関する以下の
　　記述のうち，最も適切なものを一つ選びなさい。

イ　17世紀後半の鄭氏台湾の時代を経て，清の領土となっていた台湾は，日清戦争
　　後，日本の植民地になった。

ロ　下関条約後に設置された台湾総督府は，国民党の機関となり，台湾における産
　　業の育成や交通の近代化を進めた。

ハ　蒋介石は中華民国政府を台北に置き，ソ連と協調路線を築くことで中華人民共
　　和国への対立を深めた。

ニ　中国大陸から移住した「外省人」が台湾の政界を占め，台湾生まれの「本省
　　人」が総統など要職に就任することはなかった。

問5　下線部 e について，以下の記述のうち最も適切なものを一つ選びなさい。

イ　16世紀以来，スペインがこの地を統治していたが，19世紀初頭には，フランス
　　革命の余波を受けて，ホセ＝リサール率いる民族独立運動が盛り上がりを見せた。

ロ　19世紀末にキューバの領有をめぐってスペインに勝利したアメリカは，フィリ
　　ピン＝アメリカ戦争を経て，フィリピンを植民地にした。

ハ　1940年代にレイテ島沖でアメリカ軍に勝利した日本は，フィリピンを大東亜共
　　栄圏下に収めた。

ニ　1945年に日本が降伏すると，フィリピン共和国は独立したが，アメリカは抗日
　　人民軍出身の大統領を認めなかった。

問6　下線部 f について，それまでに起こった出来事を年代順に正しく並べたものを一つ選びなさい。

イ　インドネシア国民党結成　⇒　オランダ当局によるスカルノ逮捕　⇒　インドネシア共産党結成　⇒　日本軍侵攻

ロ　インドネシア共産党結成　⇒　インドネシア国民党結成　⇒　オランダ当局によるスカルノ逮捕　⇒　日本軍侵攻

ハ　日本軍によるスカルノ釈放　⇒　日本降伏　⇒　東ティモール併合　⇒　スカルノによる独立宣言

ニ　スカルノによる独立宣言　⇒　東ティモール併合　⇒　オランダ軍撤退　⇒　国連による独立承認

問7　下線部 g について，以下の記述のうち最も適当なものを一つ選びなさい。

イ　フランスは，日本降伏直後にバオダイが建国したベトナム民主共和国の独立を認めなかった。

ロ　フランス軍は，ベトナム北西部のディエンビエンフーをベトミン軍により包囲され，降伏した。

ハ　ベトナム独立同盟を結成したホー＝チ＝ミンは，インドシナ戦争後，ベトナム民主共和国大統領に就任した。

ニ　フランス軍の撤退後，反米的なゴ＝ディン＝ジエム政権に対してアメリカが宣戦し，第二次インドシナ戦争（ベトナム戦争）が勃発した。

問8　┌ A ┐，┌ B ┐に入る適当な語句の組み合わせについて，一つ選びなさい。

イ　軍事政権　社会主義　　　　　　ロ　軍事政権　民族主義

ハ　民族分断　資本主義　　　　　　ニ　民族分断　帝国主義

解説　第二次世界大戦後の東アジアと東南アジア

　日本の植民地統治下にあった朝鮮や，日中戦争を戦っていた中国，第二次世界大戦中に日本の軍事的，政治的支配下にあった東南アジア諸国が日本の敗戦後どのような状況を迎えたかを問う問題。基本的な問題も多いが，問5・問6はかなり詳細な知識が問われている。

問1　答：イ　　　　　　　　　　　　　　　　　　　　　　　　　　　やや難

イ　東京裁判は1946年5月に開廷し，1948年11月に閉廷している。

ロ　自衛隊創設は1954年。1950年の朝鮮戦争の勃発を受けて日本が結成したのは警察予備隊である。その後52年に保安隊，54年に自衛隊と改称された。

ハ　原水爆禁止世界大会は第1回が1955年に広島で開催されている。この前年，太平洋中部のビキニ環礁での水爆実験においてマグロ漁船の第五福竜丸が被曝した第五福竜丸事件が起こった。これが世界的な原水爆禁止運動のきっかけとなったとされる。

ニ　日本の国連加盟は1956年。1956年，ソ連との間で日ソ共同宣言の批准書が交換されたことで，ソ連が日本の国連加盟を支持することが決まり，日本も国連に加盟することができた。

問2　答：ニ　　　　　　　　　　　　　　　　　　　　　　　　　　　標準

イ－×　「三・一独立運動後」が誤り。朝鮮総督府は1910年の韓国併合を機に設置された。初代総督は陸軍大将寺内正毅であった。三・一独立運動はパリ講和会議中の1919年のこと。

ロ－×　1965年，日韓基本条約に調印したのは朴正煕（パクチョンヒ）大統領。李承晩（イスンマン）は1960年に失脚している。

ハ－×　金日成（キムイルソン）は1972年に首相から（国家）主席となり，1994年の死まで独裁体制を維持した。

問3　答：ハ　　　　　　　　　　　　　　　　　　　　　　　　　　　標準

イ－×　「1960年代」が誤り。アメリカが中華人民共和国を正式に認めた（米中国交正常化）のはカーター大統領のときで，1979年。日本が国家として承認したのは1972年のこと。

ロ－×　毛沢東は1950年に土地改革を始め，1952年までに地主の土地を再分配して農民の土地所有権を認めたが，その後の農業の集団化で農民の土地所有権は失われた。なお，大躍進政策は1958年に毛沢東が開始した農業や工業の急速な発展を目指し，失敗した政策である。

ニ－×　中華人民共和国が台湾の中華民国政府に代わって国連に加盟し，常任理事

国となったのは1971年なので，朝鮮戦争（1950～53年）以後である。また，開戦直後に仁川に上陸した国連軍はアメリカを中心にして結成されており，大韓民国を支援した。

問4　答：イ

ロ—×　台湾総督府は日本が台湾統治のために台北に設置した行政機関。

ハ—×　「ソ連」が誤り。蔣介石は1954年に米華相互防衛条約を結んでアメリカと協調路線を築き，中華人民共和国との対立を深めた。

ニ—×　1988年，初めて本省人である李登輝（りとうき）が総統となって民主化を進めた。

問5　答：ロ

ロ—○　アメリカ＝スペイン戦争はキューバの反スペイン独立運動をアメリカが支援したために起こった戦争であるから「キューバの領有」は微妙な表現であるが，その後アメリカはキューバを保護国としているので正文とした。

イ—×　ホセ＝リサールがフィリピン同盟を組織して独立運動を本格化したのは1892年で，19世紀末のこと。その後，彼はカティプーナンの蜂起に関与したとして1896年に処刑された。

ハ—×　日本は1942年にアメリカ軍を駆逐してフィリピンを占領したが，1944年10月，レイテ沖海戦でアメリカ軍に敗れ，その後フィリピンの支配権も失った。

ニ—×　「アメリカは抗日人民軍出身の大統領を認めなかった」が誤り。アメリカはフィリピン独立前に行われた大統領選挙には不干渉の立場をとっており，また，これは受験レベルを大きく超える知識であるが，初代大統領は抗日人民軍出身ではなく，ロースクールの教授から政治家となった人物である。

問6　答：ロ

年代でみると，インドネシア共産党結成：1920年→インドネシア国民党組織：1927年（1928年に改称し上記党名）→オランダ当局によるスカルノ逮捕：1929・33年→日本軍侵攻：1942年の順となる。

●20世紀のインドネシア史

1912年	イスラーム同盟（サレカット＝イスラーム）結成 インドネシア初の大衆的民族主義組織
1920年	インドネシア共産党結成　アジア初の共産党
1927年	インドネシア国民党組織　スカルノが指導 →のちオランダ当局によって逮捕（1929・33年）
1942年	日本軍の侵攻　釈放されたスカルノらは日本の支配に協力
1945年	独立宣言　日本の敗北直後　オランダはこれを認めず独立戦争開始
1949年	ハーグ協定　インドネシアの独立達成　オランダ軍撤退
1955年	第1回アジア＝アフリカ会議開催

1965年	国連脱退（〜66年） 九・三〇事件　国軍左派によるクーデタ未遂事件 →スカルノは失脚し，スハルトが実権を掌握
1967年	東南アジア諸国連合（ASEAN）の結成に参加
1975年	インドネシア軍の東ティモール侵攻
1998年	スハルト政権退陣　アジア通貨危機の影響
2002年	東ティモール独立

問7　答：ロ　標準

イ―×　日本降伏直後にベトナム民主共和国を建国したのはホー゠チ゠ミン。バオ
ダイは，フランスが民主共和国に対抗してベトナム南部に建国したベトナム国の
元首。

ハ―×　「インドシナ戦争後」が誤り。ホー゠チ゠ミンは日本降伏直後にベトナム
民主共和国初代大統領に就任した。

ニ―×　フランス軍撤退後，ベトナム南部には親米のゴ゠ディン゠ジエムを大統領
とするベトナム共和国が成立した。成立に反発する南ベトナム解放民族戦線およ
びそれを支援するベトナム民主共和国が，ベトナム共和国と戦闘状態に入ると，
1965年，北爆をきっかけにベトナム共和国側に立ったアメリカ合衆国が本格的に
参戦した（ベトナム戦争）。

問8　答：ニ　標準

A　朝鮮半島は韓国と北朝鮮という2つの国家に民族分断された。

B　第二次世界大戦終結後も帝国主義列強による植民地支配からの解放に時間がか
かったということがリード文から読み取れるであろう。

```
解　答

問1　イ　　問2　ニ　　問3　ハ　　問4　イ　　問5　ロ　　問6　ロ
問7　ロ　　問8　ニ
```

26

◇冷戦時代について述べた以下の文章を読み，下線部(1)～(10)に関する問いについて，a～dの選択肢の中から答えを1つ選び，マーク解答用紙の所定欄にマークしなさい。また，波線部A～Cに関する問いの答えを，記述解答用紙の所定欄に記入しなさい。

　　第二次世界大戦後の世界で大きな力をもったのは，アメリカ合衆国とソ連であった。
(1)
戦争中は連合国として協力した両国であったが，戦後は，資本主義圏と社会主義圏の
　　　　　　　　　　　　　　　　　　　　　　　　　　(2)
間で対立状態が続いた。しかしこの対立は両陣営の間の軍事衝突をともなうものでは
なかったので，「冷戦」と呼ばれた。

　　1953年にソ連の指導者スターリンが死去すると，1955年には米英仏ソの4カ国首脳
によるジュネーヴ4巨頭会談が開催され，冷戦の「雪どけ」が期待された。さらに
　　　(3)
1956年のスターリン批判を受け，ポーランドやハンガリー，チェコスロヴァキアでは
　　　　　　　　　　　　　　　　　　　　　　　　　　　　　　　B
自由化運動が起こったが，体制転換にはいたらなかった。また，「雪どけ」から平和
(4)
共存への道のりは遠く，1961年にはベルリンを東西に分断するベルリンの壁が築かれ
　　　　　　　　　　　　　　　　　　　　　　　　　　　　　　　　　(5)
た。さらに，翌年，ソ連のキューバにおけるミサイル基地建設を契機として，冷戦が
核戦争に転じる危険さえ生じた。ところがこの危機が回避されると，東西関係に緊
(6)
張緩和への動きが生じた。

　　西ドイツ（ドイツ連邦共和国）に成立した社会民主党政権下で，社会主義諸国との
　　(7)
関係改善をはかる東方外交が開始され，1970年にはポーランドとの戦後国境を定めた
　　　　　　　　(8)　　　　　　　　　　　　　　　　C
国交正常化条約が締結された。1975年にヘルシンキで開催された全欧安全保障協力会
　　　　　　　　　　　　　(9)
議（CSCE）では，主権尊重，武力不行使，科学・人間交流の協力をうたったヘルシ
ンキ宣言が採択された。同会議は東西陣営間の相互承認の一環であったものの，そこ
で合意された内容は，やがてソ連や東欧諸国の民主化を求める勢力を後押しする力と
　　　　　　　　　　　　　(10)
もなった。

問(1)　第二次世界大戦期の国際関係について，正しい説明はどれか。
　a　1941年4月，ソ連と日本は日ソ中立条約を締結した。
　b　1941年8月，ローズヴェルトとチェンバレンの会談で戦後構想を示す大西洋憲
　　章が発表された。
　c　1945年2月のヤルタ会談には，急死したローズヴェルトに代わり，トルーマン
　　が出席した。
　d　米・英・ソ3国首脳はポツダムで会談し，ドイツ降伏後3ヶ月以内のソ連の対
　　日参戦などを決めた。

問(2)　冷戦期，独自の社会主義建設を行ったユーゴスラヴィアは，ソ連に対し自主的
な態度をとった。ユーゴスラヴィアについて，誤っている説明はどれか。
a　1945年，連邦人民共和国の成立が宣言された。
b　1945年，第二次世界大戦期のパルチザンの指導者ティトーが，首相に就任した。
c　1948年，コミンフォルムを除名された。
d　1961年，ザグレブで非同盟諸国首脳会議が開催された。

問(3)　この会談に出席した，軍人出身のアメリカ合衆国大統領を選べ。
a　アイゼンハワー　　　　　　　　b　ケネディ
c　トルーマン　　　　　　　　　　d　ニクソン

問(4)　スターリン批判を行ったフルシチョフについて誤っている説明はどれか。
a　西ドイツと国交を回復した。
b　平和共存政策は中国によって「修正主義」と批判された。
c　農業政策の失敗などを理由に失脚し，ブレジネフが第一書記となった。
d　ポーランドの反ソ暴動（ポズナニ暴動）に軍事介入した。

問(5)　ベルリンの壁開放後の出来事について述べた次の①と②の正誤の組合せとして，
正しいものはどれか。
①　1989年12月，ゴルバチョフとレーガンはマルタ島で会談し，冷戦の終結を宣言
した。
②　1990年10月，東西ドイツがドイツ連邦共和国として統一された。
a　①―正　②―正　　　　　　　　b　①―正　②―誤
c　①―誤　②―正　　　　　　　　d　①―誤　②―誤

問(6)　核兵器保有国の増加を防止するため1968年に調印された核拡散防止条約に加盟
していないのはどれか。
a　インド　　　　　　　　　　　　b　ソ　連
c　中　国　　　　　　　　　　　　d　フランス

問(7)　西ドイツに関連する出来事について，古い方から時代順にならべた場合，3番
目に来るのはどれか。
a　東西ドイツ基本条約が締結された。
b　パリ協定で主権回復が認められた。
c　フランスなどとヨーロッパ石炭鉄鋼共同体を発足させた。
d　ベルリン封鎖に対し，西ドイツを占領する米，英，仏は物資を空輸して対抗し

た。

問(8)　社会民主党から初の西ドイツ首相となり，東方外交を推進したのは誰か。

 a　アデナウアー   b　コール
 c　シュミット   d　ブラント

問(9)　次のうち1975年以降に起こった出来事はどれか。

 a　バングラデシュ独立
 b　コンゴ動乱
 c　アメリカ合衆国の北ベトナム爆撃（北爆）
 d　ソ連のアフガニスタン侵攻

問(10)　ソ連・東欧諸国について誤っている説明はどれか。

 a　1991年12月，独立国家共同体（CIS）の創設が宣言された。
 b　1993年，チェコスロヴァキアは平和裏にチェコとスロヴァキアに分離した。
 c　独立を回復したバルト三国は，2004年，NATO に加盟した。
 d　独立を求めるチェチェン共和国とソ連の間に武力紛争が起こった。

問A　ソ連の正式名称（日本語）を記せ。

問B　1968年に起きたこの運動の呼称を記せ。

問C　この国境線にあたる 2 つの川の名を両方記せ。

解説　東西冷戦

　米ソを基軸とした東西冷戦がテーマのリード文から，第二次世界大戦までを含めた1940
～2000年代までの政治史を問うている。選択肢にはアジアやアフリカ諸国に関する内容も
含まれているうえ，学習が手薄になりやすい東欧諸国に関する2000年代の事項まで含まれ
ているなど，現代史のみで構成されている点と相まって得点差が開きやすい。問(10)は難問。

問(1)　答：a 　　　　　　　　　　　　　　　　　　　　　　　　　　　　　　　　　　標準

　b－×　「チェンバレン」が誤り。大西洋憲章発表に至る前の大西洋上会談に参加
　　したのは，アメリカ大統領フランクリン＝ローズヴェルトとイギリス首相チャー
　　チルである。

　c－×　ヤルタ会談後に急死したローズヴェルトに代わりトルーマンが出席したの
　　は1945年7～8月に行われたポツダム会談である。なお，このポツダム会談では，
　　イギリスからは当初保守党のチャーチルが出席していたが，政権交代により途中
　　から労働党のアトリーに交代している。

　d－×　ドイツ降伏後3ヶ月以内のソ連の対日参戦を決めたのはヤルタ会談である。
　　ポツダム会談の時点ではすでにドイツは降伏しており，ドイツの戦後処理や日本
　　の降伏条件などが討議された。なお，ポツダム会談に出席したソ連の首脳はスタ
　　ーリンである。

問(2)　答：d 　　　　　　　　　　　　　　　　　　　　　　　　　　　　　　　　　　標準

　d－×　「ザグレブ」が誤り。1961年に非同盟諸国首脳会議が開催されたのは，ユ
　　ーゴスラヴィアの首都であったベオグラードである。

問(3)　答：a 　　　　　　　　　　　　　　　　　　　　　　　　　　　　　　　　　やや易

　a　アイゼンハワーは，第二次世界大戦においてノルマンディー上陸作戦を指揮し
　　たヨーロッパ連合国軍総司令官として知られる軍人であった。共和党からアメリ
　　カ合衆国大統領（任1953～61年）となり，国務長官ダレスとともに反共政策であ
　　る「巻き返し政策」を推進した。

　b　ケネディは，民主党出身の大統領（任1961～63年）である。キューバ危機で核
　　戦争の脅威に直面したが，武力衝突の回避に成功すると，部分的核実験禁止条約
　　を締結するなどしたが，テキサス州のダラスで遊説中に暗殺された。

　c　トルーマンは，民主党出身の大統領（任1945～53年）である。1945年，フラン
　　クリン＝ローズヴェルトの病死にともなって副大統領から昇格した。第二次世界
　　大戦の終結や戦後処理に尽力した。

　d　ニクソンは，共和党出身の大統領（任1969～74年）である。1971年にはドルと
　　金の交換を停止すると発表（ドル＝ショック），1972年には中華人民共和国を訪

問し，世界に大きな衝撃を与えた。2期目を目指す大統領選挙の際の民主党本部盗聴事件（ウォーターゲート事件）が明るみに出ると，1974年に辞任した。

問(4)　答：d ━━━━━━━━━━━━━━━━━━━━━━━━━━━ 標準

　　d−×　ポーランドの反ソ暴動（ポズナニ暴動：1956年）はソ連の介入を恐れたポーランド政府によって鎮圧されたため，ソ連は軍事介入を行わなかった。その後，ポーランドはゴムウカが自由化を進めた。なお，フルシチョフは同年に起こったハンガリー反ソ暴動（ハンガリー事件）には軍事介入し，首相であったナジ＝イムレを処刑している。

問(5)　答：c ━━━━━━━━━━━━━━━━━━━━━━━━━━━ 標準

　　①　誤文。マルタ島で会談し，ゴルバチョフとともに冷戦の終結を宣言したアメリカ大統領はブッシュ（父）（任1989〜93年）。

　　②　正文。統一ドイツは西ドイツ（ドイツ連邦共和国）が東ドイツ（ドイツ民主共和国）を併合する形で成立した。

問(6)　答：a ━━━━━━━━━━━━━━━━━━━━━━━━━━━ 標準

　　核拡散防止条約（NPT）はアメリカ・ソ連・イギリス・フランス・中国以外の国が核兵器を保有することを禁止した条約なので，正答はインドとなる。なお，4番目の核実験成功国フランスと5番目の核実験成功国中華人民共和国は当初加盟していなかったが，1992年に両国とも加盟した。また，北朝鮮は1985年に加盟したが，1993年には脱退した。

問(7)　答：b ━━━━━━━━━━━━━━━━━━━━━━━━━━━ やや難

　　年号で考えると，dのベルリン封鎖：1948〜49年→cのヨーロッパ石炭鉄鋼共同体（ECSC）の設立：1952年→bのパリ協定：1954年→aの東西ドイツ基本条約：1972年となる。敗戦国ドイツは，米英仏ソの4カ国に分割占領されていたが，米英仏の占領地域で通貨改革を行おうとした際に，ソ連が対抗措置としてソ連占領地域に囲まれていた西ベルリンを封鎖した。これは1948年の出来事であり，翌1949年5月には封鎖が解除された。こうして東西ベルリンの分断は決定的となり，同年5月，アデナウアーを初代首相として西ドイツ（ドイツ連邦共和国）が，同年10月にはグローテヴォールを初代首相とする東ドイツ（ドイツ民主共和国）が成立している。その後，西ドイツは1954年のパリ協定により西側の一員として主権回復，再軍備，NATOへの加盟が承認されているが，欧州統合の動きはそれ以前から始まっている。フランスの外相であったシューマンの提唱したシューマン＝プランに基づき，フランス・イタリア・西ドイツとベネルクス3国（ベルギー・オランダ・ルクセンブルク）の6カ国でヨーロッパ石炭鉄鋼共同体が発足したのは1952年の出来事である。なお，東西ドイツ基本条約締結は1972年。これは東西ドイツが相互に承認し合ったものであることを把握していれば，米ソによる緊張緩和（デタント）の流れのなかで，西ドイツの社会民主党政権を率いたブラント首相（任1969〜74年）が進め

たヨーロッパでの緊張緩和政策「東方外交」の一環として結びつき，1970年代前半の年代を導くことができる。

問(8)　答：d ━━━━━━━━━━━━━━━━━━━━━━━━━━━━ 標準

d　西ドイツのブラント首相は，東方外交のもとで，ポーランドとの国交正常化（1970年），東西ドイツ基本条約調印（1972年）などを実現し，東西ドイツは1973年に国連に同時加盟している。

a　アデナウアーは，キリスト教民主同盟出身の西ドイツの初代首相（任1949～63年）である。「経済の奇跡」と呼ばれる戦後復興からの経済成長を導いた。

b　コールは，キリスト教民主同盟出身のドイツ首相（任1982～98年）である。1990年にドイツ統一を実現した。

c　シュミットは，社会民主党出身の西ドイツの首相（任1974～82年）である。

●ブラントの東方外交

1970年	ソ連＝西ドイツ武力不行使条約 →第二次世界大戦後の国境は不可侵と承認 西ドイツ＝ポーランド国交正常化 →オーデル＝ナイセ線をポーランドの西部国境と承認
1972年	東西ドイツ基本条約 →東ドイツと関係正常化
1973年	東西ドイツの国連同時加盟

問(9)　答：d ━━━━━━━━━━━━━━━━━━━━━━━━━━━━ 標準

d　ソ連（ブレジネフ政権）によるアフガニスタン侵攻は1979年のこと。これによって米ソ関係が急速に悪化し，「第2次冷戦（新冷戦）」と称された。

a　第3次インド＝パキスタン戦争の結果，パキスタンの一部（東パキスタン）であったバングラデシュが独立したのは1971年である。

b　コンゴ動乱は，コンゴが独立した1960年から始まり，旧宗主国ベルギーやアメリカ・ソ連も干渉し国際紛争化したが，終結したのは1965年のこと。

c　トンキン湾事件を口実として，アメリカ（ジョンソン政権）による北ベトナム爆撃（北爆）が始まったのは1965年のこと。

問(10)　答：d ━━━━━━━━━━━━━━━━━━━━━━━━━━━━ 難

d－×　チェチェン紛争はソ連の消滅（1991年）後，チェチェン共和国がロシア連邦からの独立を求めた武力紛争。第1次チェチェン紛争は1994～96年。

問A　答：ソヴィエト社会主義共和国連邦 ━━━━━━━━━━━━━━ やや易

ソヴィエト社会主義共和国連邦はまず，ロシア・ベラルーシ（白ロシア）・ウクライナ・ザカフカースの4共和国による連邦国家として1922年に成立し，最終的には15共和国からなる連邦国家となったが，1991年にソ連は解体され，11共和国からなる独立国家共同体（CIS）が結成された。

問B　答：プラハの春 ——————————————————— 標準

　1968年にチェコスロヴァキアで起こった自由化運動は「プラハの春」と呼ばれる。「人間の顔をした社会主義」をスローガンとし，第一書記のドプチェクが主導した。なお，ドプチェクはワルシャワ条約機構軍の介入によって失脚したが，1989年の東欧革命の際に連邦議会の議長として復権した。

問C　答：オーデル川・ナイセ川（順不同） ————————————— やや難

　東ドイツとポーランドとの国境線は河川名をとって，オーデル＝ナイセ線と呼ばれた。ナイセ川はオーデル川の支流だが，この線はもともとポツダム協定で定められていたもので，これを西ドイツ＝ポーランド国交正常化条約で西ドイツが承認した。

解　答

問(1) a	問(2) d	問(3) a	問(4) d	問(5) c
問(6) a	問(7) b	問(8) d	問(9) d	問(10) d

問A　ソヴィエト社会主義共和国連邦　　問B　プラハの春
問C　オーデル川・ナイセ川（順不同）

27

◇次の文章を読み，以下の問いに答えなさい。解答はマーク解答用紙の所定欄にマークしなさい。

　第二次世界大戦後，アメリカ合衆国のトルーマン大統領は，ソ連・共産主義勢力の拡大に対抗するため，ギリシア，トルコに対する援助を約束するトルーマン゠ドクトリンを発表した。その後，国務長官マーシャルがヨーロッパの経済復興援助をうたったマーシャル゠プランを提唱した。西欧諸国はヨーロッパ経済協力機構（OEEC）を設立して援助を受け入れたが，ソ連や東欧諸国はこの経済復興政策に参加しなかった。ソ連はマーシャル゠プランに対抗して，東欧6カ国にフランスとイタリアの共産党を加えてコミンフォルム（共産党情報局）を組織した。こうしてアメリカとソ連，そしてアメリカを支持する西欧諸国とソ連の影響力のもとにおかれた東欧諸国が鋭く対立しあう状態が生まれた。この軍事衝突を伴わない対立，緊張状態は「冷戦」と呼ばれた。第二次世界大戦後に顕在化した「冷戦」は，1959年にソ連のフルシチョフがアメリカを訪問しアイゼンハワー大統領と会談するなど，「雪どけ」を示す状況も見られたが，1989年まで続くことになる。

　経済復興が進む西欧諸国では，経済の相互協力や統一市場の形成など，地域統合をめざす動きが活発化した。フランス，西ドイツ，イタリア，ベネルクス3国は，フランスのシューマン外相の提案を受けて石炭・鉄鋼資源の共同管理をめざすヨーロッパ石炭鉄鋼共同体（ECSC）を発足させると，1957年には，全経済分野を対象とするローマ条約を締結し，1958年にヨーロッパ経済共同体（EEC）とヨーロッパ原子力共同体（EURATOM）を発足させた。EECの諸国はめざましい経済成長をとげたが，なかでも西ドイツは奇跡といわれる経済復興を達成した。一方，西ドイツとともにヨーロッパ統合の中心となったフランスでは，アルジェリアの独立運動に直面して政局が動揺した。

　1960年代には，ベトナム戦争に対する反戦運動が世界各地に広まった。アメリカ国内では多くの若者が反戦運動に参加し，黒人を差別する法律の撤廃を求める公民権運動もさかんになった。1970年代になると，カーター大統領が人権の擁護を外交の中心に据える人権外交を唱え，諸国の民主化を後押しした。また，先進国では戦後の経済発展が進むにつれて，大気や河川，土壌などの環境汚染が指摘されるようになった。環境問題への対応は地球規模の課題となり，1992年に　 h 　で開催された「環境と開発に関する国連会議」では，「持続可能な発展」という理念が示された。

設問1　下線部aに関連して，ソ連とは異なる自立的な路線を選択したために1948年にコミンフォルムを除名された国はどれか。次の中から一つ選びなさい。

イ　ブルガリア　　　　　　　　　　ロ　ルーマニア

ハ　チェコスロヴァキア　　　　　　ニ　ユーゴスラヴィア

設問2　下線部bに関連した出来事について述べた次の文章のうち，明白な誤りを含むものはどれか。次の中から一つ選びなさい。

イ　アメリカはフィリピンと相互防衛条約を結び，オーストラリア，ニュージーランドとは太平洋安全保障条約（ANZUS）を締結した。

ロ　トルコ，イラク，イギリス，パキスタン，イランによって結成された中東条約機構（METO）は，イランが脱退して中央条約機構（CENTO）と改称した。

ハ　インドなど南アジア，東南アジア諸国の首脳によってセイロン（スリランカ）でコロンボ会議が開かれた後，インドネシアで開催されたアジア＝アフリカ会議で平和十原則が採択された。

ニ　ユーゴスラヴィアのティトーらの主導によってベオグラードで第1回非同盟諸国首脳会議が開催され，ガーナのエンクルマ（ンクルマ）らが参加した。

設問3　下線部cに関連して，この年よりも前に生じた事象について述べた次の文章のうち，明白な誤りを含むものはどれか。次の中から一つ選びなさい。

イ　エジプトのナセル大統領がスエズ運河の国有化を宣言すると，イギリスとフランスはイスラエルとともにエジプトに侵攻した。

ロ　ハンガリーの首相ナジ＝イムレがワルシャワ条約機構からの脱退を表明した。

ハ　オーストリアが，アメリカ，イギリス，フランス，ソ連と国家条約を結び，中立国として独立を回復した。

ニ　核兵器廃絶を訴える科学者らによってカナダでパグウォッシュ会議が開かれた後，広島で第1回原水爆禁止世界大会が開催された。

設問4　下線部dに関連して，第二次世界大戦後のドイツについて述べた次の文章のうち，明白な誤りを含むものはどれか。次の中から一つ選びなさい。

イ　ナチスの指導者らが裁かれた国際軍事裁判はソ連の管理区域であるニュルンベルクでおこなわれた。

ロ　ボンを首都として成立した西ドイツは，キリスト教民主同盟のアデナウアー首相のもとでパリ協定によって主権を回復し，NATOに加盟した。

ハ　社会民主党のブラント首相はソ連や東欧諸国との関係改善をはかる東方外交をおこなった。

ニ　東ドイツでホネカー政権が崩壊し，西ベルリンの周囲に築かれていたベルリン

の壁が開放されると，西ドイツが東ドイツを事実上吸収するかたちで東西ドイツの統一が実現した。

設問5　下線部eに関連して，フランスによるアフリカの植民地化に関する出来事を年代順に正しく並べたものはどれか。次の中から一つ選びなさい。

イ　チュニジア保護国化　⇒　ファショダ事件　⇒　モロッコ保護国化

ロ　チュニジア保護国化　⇒　モロッコ保護国化　⇒　ファショダ事件

ハ　ファショダ事件　⇒　モロッコ保護国化　⇒　チュニジア保護国化

ニ　ファショダ事件　⇒　チュニジア保護国化　⇒　モロッコ保護国化

設問6　下線部fに関連して，1964年に公民権法が成立したときのアメリカ合衆国大統領を次のイ～ニの中から一つ選びなさい。

イ　ケネディ　　　　　　　　　　**ロ**　ジョンソン

ハ　ニクソン　　　　　　　　　　**ニ**　フォード

設問7　下線部gに関連して，1970年代に生じた事象について述べた次の文章のうち，明白な誤りを含むものはどれか。次の中から一つ選びなさい。

イ　東パキスタンがインドの支持を得てバングラデシュとして独立した。

ロ　チリでは，選挙により成立したアジェンデ政権がピノチェトを中心とする軍部のクーデタによって倒された。

ハ　エジプトのムバラク大統領は，アメリカの仲介でイスラエルと和平交渉をおこない，エジプト＝イスラエル平和条約に調印した。

ニ　イランで国王パフレヴィー2世の統治に対して革命が勃発し，ホメイニを最高指導者とするイラン＝イスラーム共和国が成立した。

設問8　　h　　に入る最も適切な語を次のイ～ニの中から一つ選びなさい。

イ　ストックホルム　　　　　　　**ロ**　京　都

ハ　リオデジャネイロ　　　　　　**ニ**　コペンハーゲン

> | 解説 | 第二次世界大戦後の世界 |

　冷戦期の世界を地域・分野ともにバランスよく問うた大問である。誤文選択問題や配列問題などで，前後関係から判断する選択肢があるが，細かい年代をすべて覚えていくことは現実的に不可能であるので，できる限り因果関係を意識しながら学習するようにしたい。早稲田大学の世界史としては標準的な難易度であり，リード文も典型的なもので汎用性があるので，特に念入りに復習を行おう。

設問1　答：ニ　　　　　　　　　　　　　　　　　　　　　　　　　　　標準

　ユーゴスラヴィアは，第二次世界大戦時に枢軸国軍に占領されたが，ティトーの指導するパルチザン（非正規武装勢力）がドイツ軍を自力で排除したことから，ティトーはマーシャル＝プラン受け入れを表明するなど，ソ連と距離を置いた独自の社会主義建設を目指した。そのような中で，1947年に発足したコミンフォルムの本部がユーゴスラヴィアの首都ベオグラードに置かれたが，スターリンとの衝突により，ユーゴスラヴィアは1948年にはコミンフォルムから除名された。

設問2　答：ロ　　　　　　　　　　　　　　　　　　　　　　　　　　　標準

ロ—×　1955年，西側諸国の一角と目されていたイラクとトルコが結んだ共同防衛条約に，イギリス，イラン，パキスタンが加わって成立した中東条約機構（METO）は，陸軍の軍人カセムが起こしたイラク革命（1958年）で東側陣営に一時接近したイラクが脱退したことから，翌1959年に中央条約機構（CENTO）と改称した。

設問3　答：ニ　　　　　　　　　　　　　　　　　　　　　　　　　　　標準

ニ—×　パグウォッシュ会議は1957年，第1回原水爆禁止世界大会は1955年に広島で開催されており，順序が逆である。これらの大会や会議の背景には，1954年，アメリカがビキニ環礁で実施した水爆実験に起因する第五福竜丸事件や，1955年のラッセル＝アインシュタイン宣言などがある。

イ—○　アメリカとイギリスがエジプトに対するアスワン＝ハイダム建設資金援助を中止したことから，ナセルがスエズ運河国有化宣言を行い，イギリス・フランスはこれに反発した。イスラエルとともにエジプトを攻撃した第2次中東戦争（1956年）を説明した文である。

ロ—○　1956年，ソ連共産党第20回大会でフルシチョフがスターリン批判演説を行い，さらにコミンフォルムが解散されたことで，東欧ではソ連からの自立と自由化を求める声が高まり，ハンガリーでは民主化運動が全国に広まった。事態収拾のために首相となったナジ＝イムレがワルシャワ条約機構からの脱退を宣言するとソ連軍が介入，ナジ＝イムレはソ連に連行され処刑された。

　　ハ―〇　ドイツと同様に米ソ英仏4カ国による共同管理がおこなわれていたオース
　　　　　トリアが，永世中立化を条件に主権を回復したオーストリア国家条約（1955年）
　　　　　に関しての文である。

設問4　答：イ ────────────────────────────────── 標準

　　イ―×　国際軍事裁判が開催されたニュルンベルクはアメリカの管理区域にあった
　　　　ドイツ南部バイエルン州の都市である。中世以来，アウクスブルクと並ぶドイツ
　　　　南部を代表する帝国都市であったが，三十年戦争などの影響で衰退した。19世紀
　　　　になると工業都市として復活し，20世紀にはナチ党の党大会の会場が建設された。
　　　　1935年の党大会に合わせて採択した通称「ニュルンベルク法」でユダヤ人から公
　　　　民権を奪ったこともあり，第二次世界大戦終戦後には戦争犯罪人を裁くニュルン
　　　　ベルク国際軍事裁判の舞台となった。

設問5　答：イ ────────────────────────────────── 標準

　　チュニジアの保護国化は1881年→ファショダ事件は1898年→モロッコ保護国化は
　　1912年。19世紀前半，フランスはアルジェリアに進出し北アフリカの植民地化に着
　　手した。その後，1881年にその東隣にあたるチュニジアを保護国化した後，サハラ
　　方面にも進出した。1896年にフランス領ソマリランドとして植民地化したアフリカ
　　東部のジブチとを結ぶアフリカ横断政策に着手したが，1898年，南スーダンのファ
　　ショダでイギリス軍と衝突寸前となるファショダ事件を起こした。この際，ドイツ
　　皇帝ヴィルヘルム2世の「世界政策」を警戒するフランスが譲歩したため，1904年
　　には英仏協商が結ばれ，フランスはモロッコにおける優越をイギリスに承認された。
　　そこへドイツが進出を狙い2度のモロッコ事件を起こしたが，最終的には，1912年，
　　モロッコの大半がフランスの保護領となった。

設問6　答：ロ ────────────────────────────────── 標準

　　ジョンソンはケネディの副大統領であったが，1963年のケネディ暗殺で大統領に
　　昇格した。「偉大な社会」をスローガンとし，ケネディ政権からの懸案であった公
　　民権法を制定するなど，内政に積極的であったが，1964年のトンキン湾事件，1965
　　年の北爆開始とベトナムへの大規模軍事介入が泥沼化し，内外からの強い批判を受
　　けた。1968年の大統領選へは不出馬を表明して，大統領任期満了とともに政界を引
　　退した。

設問7　答：ハ ────────────────────────────────── 標準

　　ハ―×　1979年，エジプト゠イスラエル平和条約に調印したエジプト大統領はサダ
　　　　トである。これによってシナイ半島返還への道筋をつけたが，アラブ世界だけで
　　　　はなくエジプト国内からも反発を受けたサダトは，1981年イスラーム過激派によ
　　　　って暗殺された。ムバラク（任1981～2011年）はサダト暗殺後に大統領となり，
　　　　長きにわたって政権を掌握したが，2011年のチュニジアでのジャスミン革命に始
　　　　まる「アラブの春」の影響を受けて退陣した。

イ―○　1947年，インドの北東，北西に飛び地のかたちで成立したパキスタンであったが，1960年代，東パキスタンのベンガル人が民族運動を活発化させると，パキスタン政府がこれを弾圧して内戦となった。難民がインドに流入したことで，1971年，インドがこの内戦に介入し，第3次印パ戦争が勃発した。戦争はインドの勝利に終わり，東パキスタンはバングラデシュとして独立を達成した。

ロ―○　1970年，社会党や共産党などからなる人民連合の候補者として大統領選挙に当選したアジェンデは，史上初めて議会制の下での社会主義政権を成立させた。主要企業の国有化や土地改革に着手したため，軍部などの国内保守勢力やアメリカの反感を買い，1973年の軍部のクーデタによってピノチェトが大統領となった。ピノチェトは軍制を敷きながら自由主義政策を推し進めたが，その際の人権抑圧は国際的に批判を浴びた。

ニ―○　国王パフレヴィー2世の「白色革命」と呼ばれる改革によってイランは経済成長を遂げたが，その陰で貧富の差を解消することができず，強権的な支配に対する反発もあって，1979年，パフレヴィー2世が亡命すると，フランスに亡命していた宗教指導者ホメイニ師が帰国してイラン＝イスラーム共和国が成立した。

設問8　答：ハ　　　　　　　　　　　　　　　　　　　　　　標準

ハ　リオデジャネイロで1992年に開催された「環境と開発に関する国連会議」は「地球サミット」とも呼ばれ，アジェンダ21とリオ宣言が採択された。

イ　ストックホルムは，1972年に環境問題に関しての世界初の大規模国際会議である国連人間環境会議が開催された都市である。

ロ　京都は，1997年に温室効果ガスの削減目標を定める京都議定書を採択した気候変動枠組条約第3回締約国会議（COP 3）が開催された都市である。

ニ　コペンハーゲンは，2009年に京都議定書に代わる議定書の採択を目指した気候変動枠組条約第15回締約国会議（COP 15）が開催された都市である。

解答

設問1	ニ	設問2	ロ	設問3	ニ	設問4	イ	説問5	イ
設問6	ロ	設問7	ハ	設問8	ハ				

第5章 テーマ史・論述

28

◇次の文章を読み，以下の設問に答えなさい。解答はマーク解答用紙の所定欄にマークしなさい。

　船舶による海上輸送は，馬やラクダなどを利用した陸路の輸送に比べて，一度に大量の物資を輸送することができる利点があり，海路を利用した交易は古代から盛んにおこなわれていた。陸路である「草原の道」，「オアシスの道」とともに東西交易路の一つとして知られる 「海の道」は，地中海から紅海やペルシア湾を通り，アラビア海からインド洋沿岸に達し，さらに東南アジアを経由して中国南部にいたる航海路である。唐代以降は，ムスリム商人の活躍などもあって，東西交通の主要ルートとなった。

　中期ビザンツ帝国のころ，東方ではイスラーム世界が勢力を拡大した。ビザンツ帝国や西ヨーロッパではイスラーム世界に脅威を感じ，イスラーム教を敵視したものの，ビザンツ帝国とイスラーム世界との貿易はなおも活発におこなわれ，両者を結ぶ地中海貿易と文化の交流は途絶えることがなかった。11世紀以降には，イスラーム世界の著作が次々とアラビア語からラテン語へと翻訳されるなど，イスラーム文化はその後のヨーロッパの文化形成や思想，さらには近代科学の誕生に大きな影響を与えた。一方，西ヨーロッパでは，封建社会が安定した10～11世紀ごろから再び商業が活性化しはじめた。その交易の範囲も拡大し，とくに十字軍などの影響により遠方との交易が開かれると，遠隔地商業が発達していった。地中海では，十字軍を支援して発展したヴェネツィアやジェノヴァといったイタリアの海港都市によって東方貿易が盛んにおこなわれ，これらの都市と地中海東岸・エジプトの諸港市とを結ぶ地中海交易圏も形成された。

　十字軍以来，ヨーロッパと東方世界の交流が活発となるなか，15～16世紀にオスマン帝国がアジア・アフリカ・ヨーロッパにまたがる大帝国を築いた。オスマン帝国が地中海東岸を占領し東西貿易路をおさえたため，ヨーロッパ人にとっては，オスマン帝国を介さないアジア航路の開拓に関心が寄せられた。莫大な利益が見込まれるという経済的動機に加え，キリスト教布教などの動機，さらにはこの時代の造船技術や航海術の発達などの要因もあり，新航路開拓を中心としたヨーロッパ人の世界進出が急速に進んでいった。新航路開拓事業をリードしたのは，イベリア半島西部で13世紀半ばまでにレコンキスタを達成し中央集権化を完成させたポルトガルであり，すでに15世紀前半にアフリカ西岸の探検事業を始めていた。これに続き，スペインも，15世紀末にレコンキスタを成し遂げると，すぐに海外進出に取り組んだ。このポルトガル，

スペインなどの世界進出により商業・貿易の中心は大西洋沿岸へと移り，北イタリア諸都市を中心とする地中海貿易は，長らく保ってきたその地位を低下させることとなった。

問1　下線①に関連して，以下の記述のうち，明白に誤っているものを一つ選びなさい。

　イ　ヨーロッパとインドとの交易は古く1〜2世紀ごろにインド洋の季節風を利用した季節風貿易が栄え，南インドが海の道を利用した中継貿易の中心地となった。

　ロ　1世紀中頃，サータヴァーハナ朝の対ローマ貿易が活発になり，インド洋・アラビア海・紅海の航海案内書である『エリュトゥラー海案内記』がインド人により著された。

　ハ　8世紀ごろからムスリム商人が海上に進出し，広州や泉州などの中国沿岸に居留地を形成して交易が活発化した。

　ニ　中国で飲茶の習慣の広まりにより生産が拡大された陶磁器が9世紀ごろから大量に西方に運ばれたため，海の道は「陶磁の道」ともいわれる。

問2　下線②に関連して，インド洋における人や物資の運搬にムスリム商人によって広く利用されたことで知られる三角帆の船を次の中から一つ選びなさい。

　イ　カラック船　　　ロ　ジャンク船　　　ハ　ダウ船　　　　　ニ　ガレー船

問3　下線③に関連して，イスラーム文化の担い手とその著作を示した以下の組み合わせのうち，誤っているものを一つ選びなさい。

　イ　イブン＝シーナー　　　　『医学典範』
　ロ　イブン＝ハルドゥーン　　『世界史序説』
　ハ　タバリー　　　　　　　　『幸福への知恵』
　ニ　ウマル＝ハイヤーム　　　『ルバイヤート』

問4　下線④に関連して，以下の記述のうち，明白に誤っているものを一つ選びなさい。

　イ　第1回十字軍によって建国されたイェルサレム王国は，12世紀末に最後の拠点であったアッコンが陥落し，滅亡した。

　ロ　アイユーブ朝の建国者であるサラディンはイェルサレムを回復し，第3回十字軍に打撃を与えた。

　ハ　十字軍を率いた神聖ローマ皇帝フリードリヒ2世は，アイユーブ朝との交渉により，一時イェルサレムを回復した。

　ニ　フランス王ルイ9世の主導で，海路によりそれぞれエジプトとチュニスに向け

ておこなわれた2回の十字軍は，いずれも成功しなかった。

問5　下線⑤に関連して，以下の記述のうち，明白に誤っているものを一つ選びなさい。
- イ　東方貿易において，おもにヨーロッパ側は香辛料・毛織物などを，ムスリム商人側は絹織物や銀を輸入した。
- ロ　ムスリム商人団であるカーリミー商人は，アイユーブ朝からマムルーク朝時代の前半にカイロやアレクサンドリアを拠点として活動した。
- ハ　東方貿易で繁栄したこれらのイタリア港市は，おもに12世紀以降，市民自身が市政を担うコムーネとよばれる都市共和国を形成した。
- ニ　地中海地域とともに2大商圏を形成したのは北海・バルト海地域であり，これらを結びほぼ中間に位置するシャンパーニュ地方は定期市で繁栄した。

問6　下線⑥に関連して，以下の記述のうち，明白に誤っているものを一つ選びなさい。
- イ　ジョアン1世の子であるエンリケ航海王子が派遣した探検隊は，1431年にアゾレス諸島を，1445年にはヴェルデ岬を発見した。
- ロ　ヴァスコ゠ダ゠ガマはジョアン2世の命をうけ，1497年にリスボンを出発し，喜望峰を経由して1498年にカリカットに到達した。
- ハ　スペインの探検家バルボアは，1513年にパナマ地峡を横断して太平洋に到達し，これを「南の海」と命名した。
- ニ　マゼランは，カルロス1世の支援をうけ，1519年にセビリャを出発し，南アメリカ南端に水路を発見した後，太平洋を横断して現在のフィリピン諸島に到達した。

問7　下線⑦に関連して，ポルトガルの植民地と貿易に関する以下の出来事のうち，発生順に並べたときに最後に当たるものを一つ選びなさい。
- イ　ホルムズ島を占領する。
- ロ　ゴアを占領する。
- ハ　マカオに居住権を獲得する。
- ニ　マラッカを占領する。

問8　下線⑧に関連して，以下の記述のうち，正しいものを一つ選びなさい。
- イ　スペインの女王イサベルの支援をうけたコロンブスは，コペルニクスの地球球体説を信じ，大西洋を西航してインドを目指した結果，バハマ諸島に到達した。
- ロ　現在のペルーを中心としたアンデス高原一帯にクスコを首都として栄えたイン

　カ帝国は，スペインの征服者コルテスによって滅ぼされた。

ハ　イグナティウス＝ロヨラとともにイエズス会を創立したフランシスコ＝ザビエ
ルは，インド，東南アジア，さらに日本で布教したのち，帰国途上にゴアで病死
した。

ニ　総督レガスピは，フィリピンのルソン島に港市マニラを建設し，スペインはこ
れをアジア貿易の拠点として利用した。

解説　船舶による海上輸送の歴史

　古代のインド洋貿易から，中世の地中海を介した東方貿易，そして大航海時代の新航路開拓に至るまでの海上輸送・海上交易に関する大問で，頻出のテーマである。内容的にもこのテーマに即した問題が多いが，イスラーム文化や十字軍に関する問題も見られる。ほぼ基本的な問題だが，問6でやや細かい知識が求められ，問7の配列問題も難しい。

問1　答：ロ　　　　　　　　　　　　　　　　　　　　　　　　　　　標準

　ロ－×　「インド人」が誤り。『エリュトゥラー海案内記』を著したのは，エジプト在住のギリシア人航海者と推定されている。

　なお，ニについては，中国から陶磁器が大量に輸出されるようになるのは，宋代以降と考えるのが一般的であるが，ロの文章が明らかに誤っているため，正文とした。

問2　答：ハ　　　　　　　　　　　　　　　　　　　　　　　　　　　易

　ダウ船は三角帆を装備した木造船で，インド洋貿易で大きな役割を果たした。他の選択肢については以下の通り。イのカラック船は大航海時代にコロンブスやマゼランが使ったことでも知られる帆船である。カラック船が発展したのがガレオン船で，スペインによるアカプルコ貿易などで使用された。ロのジャンク船は中国商人が南シナ海貿易などで使用した角型帆の頑丈な帆船。ニのガレー船は古代に生まれ，人力による櫂と帆を組み合わせた船で，近世に至るまで地中海などで使用されていた。

問3　答：ハ　　　　　　　　　　　　　　　　　　　　　　　　　　　標準

　タバリーはアッバース朝時代のイラン系神学者・歴史家で『預言者たちと諸王の歴史』が有名。『幸福への知恵』は，11世紀にカラハン朝で活躍したトルコ人の詩人ユースフ＝ハーッス＝ハージブが著した現存する最古のトルコ語による文学作品で，トルコ人だけでなくイスラーム世界で広く受け入れられているが，これは受験レベルを超えた知識である。ハ以外の選択肢が基本的な知識であるので，消去法で対応したい。

問4　答：イ　　　　　　　　　　　　　　　　　　　　　　　　　　　標準

　イ－×　「12世紀末」が誤り。アッコンが最終的にマムルーク朝によって陥落したのは1291年なので，これは13世紀末のことである。

　なお，ロについては，サラディンがイェルサレムを回復したことによって第3回十字軍が派遣されているため，「イェルサレムを回復し，第3回十字軍に打撃を与えた」という部分は判断に迷うが，派遣された第3回十字軍がサラディンによって最終的に撃退されていること（「打撃を与えた」と解釈できる），イが明らかに誤文であることを考えて正文と判断した。

問5　答：イ ━━━━━━━━━━━━━━━━━━━━━━━━━ 標準

イ－× 「毛織物」と「絹織物」が逆。東方貿易においてヨーロッパ側が輸入した
のはインドなどの香辛料と中国の絹織物，ムスリム商人が輸入したのはフランド
ル地方やイタリアの毛織物と南ドイツなどで産する銀であった。

問6　答：ロ ━━━━━━━━━━━━━━━━━━━━━━━━━ やや難

ロ－× 「ジョアン2世」が誤り。ジョアン2世（位1481～95年）はバルトロメウ
＝ディアスの喜望峰到達（1488年）のときのポルトガル国王だが，ヴァスコ＝ダ
＝ガマが出発した1497年は次のマヌエル1世（位1495～1521年）時代。

問7　答：ハ ━━━━━━━━━━━━━━━━━━━━━━━━━ 難

ホルムズ島の占領年が難しい。ロのゴア占領（1510年）→二のマラッカ占領
（1511年）→イのホルムズ島占領（1515年）→ハのマカオに居住権獲得（1557年）
の順。ゴア・マラッカ・ホルムズの占領を行ったのは，ポルトガルの第2代インド
総督であったアルブケルケである。

●ポルトガルの主な海外進出

「航海王子」エンリケ（1394～1460年）	1415年　セウタ攻略→アフリカ進出推進 1427年　アゾレス諸島到達 1445年　ヴェルデ岬到達（アフリカ大陸最西端）
ジョアン2世（位1481～95年）	1488年　バルトロメウ＝ディアスが喜望峰到達
マヌエル1世（位1495～1521年）	1498年　ヴァスコ＝ダ＝ガマがカリカット到達 1500年　カブラルがブラジル漂着 1505年　セイロン島到達 1509年　ディウ沖海戦でマムルーク朝海軍を破り，アラビア海の制海権を獲得 インド総督アルブケルケの活躍： ゴア（1510年）・マラッカ（1511年）・ホルムズ島（1515年）制圧
その後	1543年　種子島に到達（日本に鉄砲を伝える） 1557年　明からマカオの居住権を獲得

問8　答：二 ━━━━━━━━━━━━━━━━━━━━━━━━━ 標準

二－○ レガスピはスペイン領フィリピン初代総督で，1565年フィリピンの領有を
宣言，1571年にはマニラを占領し，フィリピン支配の中心地とした。

イ－× コロンブスが信じたのはイタリアの地理学者トスカネリの地球球体説。コ
ペルニクスは，『天球回転論』を著して地動説を提唱したポーランドの天文学者
である。

ロ－× 1532年，インカ帝国を滅ぼしたのはピサロである。なお，コルテスは1521
年にアステカ王国を滅ぼした「征服者」（コンキスタドール）である。

ハー× 「ゴア」が誤り。日本での布教を終えたフランシスコ゠ザビエルは中国布教を志したが，広州近くの上川島で上陸を待つ間に病死した。

解　答

問1 ロ　問2 ハ　問3 ハ　問4 イ　問5 イ　問6 ロ
問7 ハ　問8 二

29

◇次の文を読み設問に答えなさい。設問1〜3はマーク解答用紙の所定欄に一つだけ
マークし，設問4は記述解答用紙の所定欄に記しなさい。

　10世紀以降の中国には，宋，遼，西夏，金，元，明，清と多くの王朝が興亡した。
これらの王朝の共通点をみると，西夏は一時的であったが，いずれも皇帝を称する君
主が存在し，その下で官僚が皇帝の手足となって政治をおこなった。科挙はその官僚
となる重要な一つの道である。一方，相違点には，皇帝が漢族であるか，非漢族であ
るかがある。前者は宋・明であり，それ以外が後者である。宋から元と明から清は，
いずれも漢族政権から非漢族政権への交替であるが，元と清は，圧倒的多数を占める
漢族の統治法において違いがあった。例えば，金，次に南宋を征服した元には，中
国の南北を分けて扱うという意識があり，それに対し清は明が統一王朝であったため
地域差への意識は薄かった。また海域に対する政策も，マルコ＝ポーロが泉州を世界
一の貿易港と紹介したように国際貿易に積極的な元に対し，清は，当初　　d　　に消
極的であった。

問1　下線部aに該当する人名は誰か。
　ア　耶律阿保機　　　　　　　　　イ　完顔阿骨打
　ウ　李元昊　　　　　　　　　　　エ　王　建

問2　下線部bについて，誤っている説明はどれか。
　ア　宋の建国者趙匡胤は，科挙出身者ではない。
　イ　皇帝自らが実施する殿試は，宋代から始まった。
　ウ　永楽帝は，四書大全を科挙の基準書とした。
　エ　清は戊戌の政変で科挙を廃止した。

問3　下線部cについて，該当しない説明はどれか。
　ア　元は，旧金朝領の民を漢人，旧南宋朝領の民を南人として統治した。
　イ　清は，僧侶など一部例外を除き，すべての漢人男性に辮髪を強制した。
　ウ　元は，旧金朝領のすべての漢人を，千戸制に組み入れて統治した。
　エ　清は，中央の重要官庁に満人と漢人を置く満漢併用制をおこなった。

問4　文中の　d　に，**遷界令，台湾の鄭氏，明**という語を使用して20字以上30字
以内で適切な文章を入れなさい。

解説 宋以後の諸王朝の共通点と相違点

　宋から清までの各王朝の政治政策や貿易政策の共通点や相違点について書かれたリード文をもとに，主に各王朝の統治制度を問う設問が並んでいる。誤文選択問題は比較的対処しやすいが，問4の短文論述問題は字数制限が非常に厳しく，かなりの工夫が必要となっている。

問1　答：ウ　　　　　　　　　　　　　　　　　　　　　　　　　標準

　ウ　チベット系タングートの出身である李元昊（りげんこう）は，1038年に大夏（中国側の呼称は西夏）を建国した。
　ア　耶律阿保機（やりつあぼき）は，916年，遼（契丹）を建国した。
　イ　ツングース系女真の出身である完顔阿骨打（ワンヤンアグダ）は，1115年に金を建てた。
　エ　王建は，918年に高麗を建てた。

問2　答：エ　　　　　　　　　　　　　　　　　　　　　　　　　標準

　エ−×　光緒帝や康有為らが立憲君主政樹立をはかった変法運動は，1898年，西太后らの保守派による戊戌の政変で挫折した。その後，義和団事件の混乱で中国の半植民地状態が深刻化する中，1905年に科挙は廃止された。

問3　答：ウ　　　　　　　　　　　　　　　　　　　　　　　　　標準

　ウ−×　千戸制は，チンギス＝ハンが支配下に置いた遊牧民を支配するためにとった行政・軍事制度である。

問4　答：復明をはかる台湾の鄭氏を孤立させるため，遷界令を出すなど貿易
（30字）《標準》

　空欄直前にある元の状況と異なり，清では貿易に消極的であったという内容でまとめる。遷界令（せんかいれい）（1661年）とは，中国の沿海部に住む住民を奥地へ強制移住させたものである。その目的は，台湾で反清復明を掲げ大陸反攻をはかる鄭氏（鄭成功の子孫）との提携・交易を絶ち，孤立させることであった。三藩の乱鎮圧の2年後，1683年に康熙帝が台湾を征服した後，遷界令は解除されたが，その間海外貿易はほぼ停止状態となった。「遷界令」「台湾の鄭氏」「明」と，指定語句だけで9字使うことになるため，遷界令の詳しい説明は難しいと思われる。「復明をはかる台湾の鄭氏を孤立させるため」という目的だけは明記したい。

解答

問1　ウ　　問2　エ　　問3　ウ
問4　復明をはかる台湾の鄭氏を孤立させるため，遷界令を出すなど貿易
　　（30字）

30

◇次の史料を読み，設問1〜6に答えなさい。

2.3.　こうして　[　A　]　侯たち，あるいは使節たちが…中略…誓約を行った後，彼ら
は選挙に入るべきである。そしてそれ以降，彼らのうちの過半数が，この世界あるい
はキリスト教徒たちの首長，すなわちローマ人たちの王であり皇帝となるべき人物を
選出するまでは，彼らはフランクフルトの町を離れるべきではない。

2.4.　こうして，この場所において，彼らあるいは彼らの過半数が王を選出した場合
には，これにより選挙は，彼ら全員の一致により，一人の反対者もなく行われたとみ
なされなければならない。…中略…上記の方法でローマ人たちの王に選出された者は，
選挙が終了した後ただちに，他の何らかの用件や職務を神聖帝国の権力で執り行う前
に，神聖帝国の最も近い成員であることが知られている聖俗の　[　A　]　侯たち全員
および一人一人に対して，彼らのあらゆる特権，詔書，権利，自由…中略…を，遅延
や異論なく，自らの詔書と印章によって確認し，承認すべきであり，また彼が皇帝の
冠で戴冠した後，これらすべてを更新すべきである。

5.1.　しかるに，もしも神聖帝国が空位になった場合には，神聖帝国の内膳頭である
英明なるライン宮中伯が，…中略…諸侯としての資格により，あるいは宮中伯として
の権利により，この帝国の代理人となり，裁判を開催し，聖職禄の候補者を推薦し，
収入や収益を徴収し，封を授与し，そして神聖帝国の名において誠実宣誓を代行して
受ける権限をもつべきである。

　　（出典：ヨーロッパ中世史研究会編『西洋中世史料集』東京大学出版会，薩摩秀登訳，
　　2000年より一部修正・割愛して抜粋）

問1　本史料の条文をもつ文書の名を記述解答用紙の所定欄に記しなさい。

問2　本史料の条文をもつ文書が発布された理由として正しいものを，次のア〜エの
　　なかから一つ選び，マーク解答用紙の所定欄にマークしなさい。
　　ア　皇帝権が強いため，諸侯が団結して皇帝に抵抗する必要があったから。
　　イ　黒死病が流行したため，領主が農民を手厚く保護しなければならなくなったか
　　　ら。
　　ウ　空位による混乱を避け，教皇による政治的干渉を排除する必要から。
　　エ　自由都市が商業上の利益や特権を守っていく必要から。

問3　空欄Aに当てはまる語句を漢字二文字で記述解答用紙の所定欄に記しなさい。

問4　下線部Bに関連して，本史料の文書を発布した皇帝の名として正しいものを，次のア〜エのなかから一つ選び，マーク解答用紙の所定欄にマークしなさい。
　　ア　カール大帝　　　　　　　　イ　オットー1世
　　ウ　カール4世　　　　　　　　エ　ルドルフ1世

問5　下線部Cに関連して，選挙王政ないしは選挙帝政を法制化したことがあるヨーロッパの国の名として正しいものを，次のア〜エのなかから一つ選び，マーク解答用紙の所定欄にマークしなさい。
　　ア　イングランド王国　　　　　イ　ポーランド＝リトアニア共和国
　　ウ　モスクワ大公国　　　　　　エ　フランス王国

問6　下線部Dに関連して，空欄Aの侯には，ライン宮中伯などの俗界の諸侯のみならず，聖界の諸侯も加わった。その聖界諸侯の名として正しいものを，次のア〜エのなかから一つ選び，マーク解答用紙の所定欄にマークしなさい。
　　ア　ヴォルムス司教　　　　　　イ　ローマ教皇
　　ウ　カンタベリー大司教　　　　エ　ケルン大司教

解説　金印勅書

> 　近年，文化構想学部を中心に史料を用いた出題がみられる。この大問は金印勅書をリード文とし，中世ヨーロッパについて問う設問を並べている。読み慣れないため少し戸惑うかもしれないが，問われている内容は標準的である。

問1　答：金印勅書　　　　　　　　　　　　　　　　　　　　　　　　　　　　標準

　　下線部Bを含む箇所「ローマ人たちの王であり皇帝となるべき人物を選出」，2.4.文中の「選挙」，5.1.文中の「神聖帝国」などから，史料は金印勅書であることを読み取りたい。金印勅書は，1356年に，神聖ローマ皇帝カール4世が発布した帝国法である。

問2　答：ウ　　　　　　　　　　　　　　　　　　　　　　　　　　　　　　　標準

　　金印勅書は史料の条文にみられるように，過半数の得票で皇帝が選出されることで空位による混乱や教皇の介入などによる政治的干渉を避け，選帝侯の地位や特権を保障して帝国の安定を目指す目的で発布された。これは，この勅書発布のちょうど100年前に始まった実質的に皇帝が存在しない大空位時代（1256〜73年）での混乱を意識してのこととされる。

問3　答：選帝　　　　　　　　　　　　　　　　　　　　　　　　　　　　　　標準

　　金印勅書は皇帝選出権を持つ聖俗7諸侯を選帝侯と定めた。

問4　答：ウ　　　　　　　　　　　　　　　　　　　　　　　　　　　　　　　標準

ウ　金印勅書を発布したカール4世（位1347〜78年）は，ベーメン王（カレル1世）を兼ねており，神聖ローマ帝国最初の大学をプラハに創設したことでも知られる。

ア　カール大帝（位768〜814年）は，カロリング朝フランク王国最盛期の王である。800年に教皇レオ3世から西ローマ皇帝の帝冠を受けた。

イ　オットー1世は，ザクセン朝第2代の王（位936〜973年）である。962年に教皇ヨハネス12世から西ローマ皇帝の帝冠を受けた。これが神聖ローマ帝国の始まりとされる。

エ　ルドルフ1世は，ハプスブルク家初の神聖ローマ皇帝（位1273〜91年）である。1273年に彼が皇帝に即位したことで大空位時代が終わったとされる。

問5　答：イ　　　　　　　　　　　　　　　　　　　　　　　　　　　　　　　標準

　　ポーランドではヤゲウォ（ヤゲロー）朝が1572年に断絶，シュラフタ（貴族）の選挙で国王を決める選挙王政となった。「ポーランド＝リトアニア共和国」という名称はなじみがないかもしれないが，ポーランドの国名が入っている**イ**を選べばよい。

問6　答：エ ───────────────────────────── 標準

　　金印勅書で定められた聖界諸侯は，ケルン・マインツ・トリーアの3大司教である。なお，俗界諸侯は，ベーメン王・ファルツ伯（ライン宮中伯）・ザクセン公・ブランデンブルク辺境伯の4大諸侯である。

解答

問1　金印勅書　　問2　ウ　　問3　選帝　　問4　ウ　　問5　イ
問6　エ

31

◇次の文章を読み，問A〜Lに答えよ。解答はマーク解答用紙の所定欄に一つだけマークせよ。

　貨幣経済の普及や遠隔地貿易の活発化などにより，11世紀から12世紀のヨーロッパにおいては商業と都市が発展した。遠隔地貿易は地中海商業圏から発展したが，東方貿易を独占した海港都市ヴェネツィアは，その繁栄から「　A　の女王」と呼ばれた。いくつかの内陸の都市も金融業や毛織物業で栄えるようになった。次いで，北海・バルト海でも交易がさかんになり北ヨーロッパ商業圏が成立した。リューベックやブレーメンなどの北ドイツ諸都市は海産物・木材・穀物などを取引した。また，フランドル地方は毛織物の生産や取引で繁栄した。これら南北の商業圏を結ぶ内陸の通商路に都市が発展し，プロヴァンやトロワなどがあるフランスの　D　地方では大規模な定期市が開かれた。南ドイツのニュルンベルクやアウクスブルクも，イタリアとドイツの通商路の要衝として繁栄した。

　このように商業が発展するなかで，11世紀から12世紀以降，中世都市は自治権を獲得し，自治都市になった。有力な都市は，北イタリアのロンバルディア同盟や，北ドイツのハンザ同盟のような都市同盟を結成し，共通の利益や特権を守り大きな政治勢力ともなった。こうした都市において自治運営の中心となった組織は，ギルドと呼ばれる同業組合であった。商業と都市が発展し貨幣経済が浸透するにつれて，農村にも大きな影響がおよび，14世紀頃から自給自足の封建社会のしくみは徐々にくずれていった。またこの時代に，気候の寒冷化にともなう凶作や飢饉，黒死病（ペスト）は都市のみならず，農村にも大きな被害をもたらし人口が激減した。労働力不足により領主に対する農民の立場が強くなり，農奴の解放が進んだ。特に貨幣地代が普及したイギリスでは，かつての農奴は　J　と呼ばれる独立自営農民となった。こうした農民の地位向上と貨幣経済の進展による危機に対して，経済的に困窮した領主が再び農民への支配を強めようとした。農民たちはこれに対抗して各地で大規模な農民一揆を起こした。一方で，商業圏が拡大するにともない，都市の市民たちは市場を統一する政治権力の出現を望んでいた。そのため，国王は彼らと協力して諸侯の力をおさえ，　L　をめざすようになった。

問A　　A　　にはいる海域はどれか。

1　ティレニア海　　　　　　　　2　イオニア海

3　アドリア海　　　　　　　　　4　エーゲ海

問B　下線部Bに関して，ロンバルディア同盟の中核となる都市はどこか。
　1　ジェノヴァ　　　　　　　　　2　ナポリ
　3　ミラノ　　　　　　　　　　　4　ピ　サ

問C　下線部Cに関して，この地方に含まれない今日の国はどれか。
　1　ドイツ　　　　　　　　　　　2　オランダ
　3　ベルギー　　　　　　　　　　4　フランス

問D　　D　　にはいる地方の名前はどれか。
　1　プロヴァンス　　　　　　　　2　ブルターニュ
　3　シャンパーニュ　　　　　　　4　ブルゴーニュ

問E　下線部Eを本拠地として，銀や銅鉱山の開発，銀行業によって15世紀から16世紀に大富豪となった財閥はどれか。
　1　ハプスブルク家　　　　　　　2　メディチ家
　3　ブルボン家　　　　　　　　　4　フッガー家

問F　下線部Fに関して，誤っている説明はどれか。
　1　都市の自治権の内容は，国や地域により多様であった。
　2　都市の周囲は一般に市壁（城壁）によって囲まれていた。
　3　イタリア北部・中部の諸都市では，周辺農村領域との関係を断絶してコムーネが形成された。
　4　ドイツの諸都市は，皇帝から特許状を得て自治権を獲得し，皇帝直属の帝国都市（自由都市）となった。

問G　下線部Gに関して，ハンザ同盟の商館が置かれたロシアの都市はどれか。
　1　キャフタ　　　　　　　　　　2　ネルトリンゲン
　3　ノヴゴロド　　　　　　　　　4　ナホトカ

問H　下線部Hに関して，正しい説明はどれか。
　1　「都市の空気は自由にする」と呼ばれたように，この組織で農奴が自由身分を獲得した。
　2　親方株が制限されたり，就業期間が終了した場合，職人たちは遍歴をくりかえすこともあった。
　3　自由競争を促進し，お互いの利益を守った。
　4　大商人たちがツンフトを結成し，同職ギルドと争った。

問Ｉ　下線部Ｉに関して，誤っている説明はどれか。

1　ヨーロッパの人口の3分の1が失われたといわれる。

2　イスラム教徒が毒を井戸に投げ込んで，病気を広めたという噂が流れ，各地で
　イスラム教徒の虐殺が起こった。

3　1348年頃から大流行した。

4　ネズミに寄生するノミや，シラミなどが感染拡大の原因として考えられている。

問Ｊ　□Ｊ□ にはいる語句はどれか。

1　ジェントリ	2　ブルジョワ
3　ヨーマン	4　エスクワイア

問Ｋ　下線部Ｋに関して「アダムが耕しイヴが紡いだとき，だれが貴族であったか」
　と最初に説いて，身分制度を批判したのは誰か。

1　ジャックリー	2　ワット＝タイラー
3　リチャード2世	4　ジョン＝ボール

問Ｌ　□Ｌ□ にはいる語句はどれか。

1　地方分権	2　中央集権
3　資本主義社会	4　領主制

解説 **ヨーロッパ中世都市と封建社会の崩壊**

　中世ヨーロッパの商業の活性化とそれがもたらした社会の変化について書かれたリード文をもとに，中世ヨーロッパについて広く問うた設問が並んでいる。中でも地理的知識を問う問題が目立つが，普段から歴史地図などを参照しながら学習しておくことが必要であろう。一部の選択肢を除けば標準的なものが多く，しっかりと得点したいところである。

問A　答：3　　　　　　　　　　　　　　　　　　　　　　　　　標準

　3　アドリア海はイタリア半島とバルカン半島に囲まれた海域で，ヴェネツィアはアドリア海の最も奥まった地にある潟の上に形成された都市である。

　1　ティレニア海は，イタリア半島の西側にあり，ナポリなどが面している海である。

　2　イオニア海は，東はバルカン半島南西部，西はシチリア島，北はイタリア半島南部に囲まれた海である。

　4　エーゲ海は，東のアナトリア，南のクレタ島，北のトラキア，西のギリシア半島に囲まれた海である。

問B　答：3　　　　　　　　　　　　　　　　　　　　　　　　　標準

　3　ロンバルディア地方はランゴバルド人に由来する地名で，北イタリアのポー川流域の一帯を指す。12世紀に神聖ローマ皇帝フリードリヒ1世の進出に対抗して，ミラノを盟主とするロンバルディア同盟が結成された。

　1　ジェノヴァは，イタリア北西部にある港市である。

　2　ナポリは，イタリア南西部の港市である。

　4　ピサは，イタリア中西部トスカーナ地方の港市である。

問C　答：1　　　　　　　　　　　　　　　　　　　　　　　　　やや難

　ドイツかフランスかで迷うかもしれないが，フランドル地方はギエンヌ地方とともに百年戦争における英仏の係争地だったことなどをヒントにしたい。

問D　答：3　　　　　　　　　　　　　　　　　　　　　　　　　標準

　3　シャンパーニュ地方はフランス北東部，パリ盆地の東部を占める地域。シャンパーニュ地方は北ヨーロッパ商業圏と地中海商業圏を結ぶ交通の要衝にあり，大規模な定期市である「シャンパーニュの大市」が開催された。

　1　プロヴァンス地方はフランス東南部の地中海沿岸の地域である。マルセイユやニースがこの地域の都市である。

　2　ブルターニュ地方はフランス北西部に突き出た半島一帯の地域である。ブルターニュの名称は，ケルト系のブリトン人に由来する。

　4　ブルゴーニュ地方は，フランス北東部のワイン生産で知られる地域である。そ

の名称は，ゲルマン人の一派ブルグンド人に由来する。

問E　答：4 ━━━━━━━━━━━━━━━━━━━━━━━━━━ やや易

　4　フッガー家は神聖ローマ皇帝マクシミリアン1世やカール5世などに巨額の資
　　金を貸し付けている。

　1　ハプスブルク家は，15世紀前半から神聖ローマ帝国の皇帝位をほぼ世襲した家
　　系である。

　2　メディチ家は，フィレンツェを根拠地として金融業などで活躍した富豪の家系
　　である。ルネサンスの学者・芸術家の支援を行ったことでも知られる。

　3　ブルボン家は，ルイ9世の孫をその始祖とし，16世紀末にこの家系出身のアン
　　リ4世がフランスで王朝を樹立した（ブルボン朝）。

問F　答：3 ━━━━━━━━━━━━━━━━━━━━━━━━━━ やや難

　3－×　「周辺農村領域との関係を断絶して」が誤り。イタリアのコムーネ（自治
　　都市）は，神聖ローマ皇帝のイタリア政策に対抗することを迫られる中，周辺農
　　村をも支配する事実上の領域国家を形成した。

問G　答：3 ━━━━━━━━━━━━━━━━━━━━━━━━━━ 標準

　3　ハンザ同盟の在外四大商館所在地は，フランドルのブリュージュ，イギリスの
　　ロンドン，ノルウェーのベルゲン，ロシアのノヴゴロドである。

　1　キャフタは，1727年に清とロマノフ朝がモンゴルにおける国境を画定した条約
　　が調印されたロシア・モンゴル国境付近の都市である。

　2　ネルトリンゲンは，ドイツ南部のバイエルン州にある都市である。市街地を城
　　壁に囲まれた中世以来の城郭都市の遺構が残っており，学校教材などでもその航
　　空写真がよく使用されている。

　4　ナホトカは，ロシア南東部沿海地方の都市である。ウラジヴォストークの南東
　　にあり，ウラジヴォストークが軍港として外国人の立ち入りが禁止されたため，
　　近郊のナホトカが貿易港として栄えた。

問H　答：2 ━━━━━━━━━━━━━━━━━━━━━━━━━━ 標準

　1－×　「都市の空気は自由にする」はギルドではなく，都市の自由を示す諺。荘
　　園に隷属していた農奴が都市に逃れて1年と1日居住すれば，農奴身分から解放
　　された。

　3－×　「自由競争を促進」が誤り。ギルドでは自由競争は禁止されるとともに利
　　益分配にも配慮して，加盟者の利益を守ろうとした。

　4－×　ツンフトとはドイツ語で同職ギルドのことである。

問I　答：2 ━━━━━━━━━━━━━━━━━━━━━━━━━━ 標準

　2－×　毒を井戸に投げ込んだという噂から虐殺されたのはイスラム教徒ではなく
　　ユダヤ人である。

問J　答：3　　　　　　　　　　　　　　　　　　　　　　　　　　標準

3　14世紀以降現れたイギリスの独立自営農民（ヨーマン）は，16世紀以降は，経済的に上昇して1のジェントリ（郷紳）となるものと，囲い込みにより土地を失い労働者になるものなどに分化していった。

2　ブルジョワは，フランスにおける有産市民を指す言葉である。

4　エスクワイアは，「楯持ち」を意味する騎士の従者である従騎士を示す言葉である。やがて，騎士に叙勲されないまま騎士の所領を保持した者を指すようになり，さらに地主を指すように変化した。

問K　答：4　　　　　　　　　　　　　　　　　　　　　　　　　　標準

4　ジョン＝ボールはワット＝タイラーの乱（1381年）の精神的指導者。

1　ジャックリーの反乱は，百年戦争中の1358年，フランス北東部で，戦費のための課税などに反対する農民たちが起こした農民反乱である。この「ジャックリー」とは，貴族による農民に対する蔑称である。

2　ワット＝タイラーの乱は，百年戦争中の1381年，イングランド東南部を中心に，戦費のための課税などに反対する農民たちが起こした反乱である。ロンドンに入城したワット＝タイラーは3の国王リチャード2世に対して人頭税の撤廃や農奴制廃止を約束させたが，その後，王の計略で暗殺されると反乱も鎮圧された。

問L　答：2　　　　　　　　　　　　　　　　　　　　　　　　　　標準

国王は官僚制と常備軍をととのえて中央集権化を進め，絶対王政と呼ばれる強力な統治体制を成立させた。

解　答											
問A	3	問B	3	問C	1	問D	3	問E	4	問F	3
問G	3	問H	2	問I	2	問J	3	問K	4	問L	2

32

◇以下の文を読んで、設問1、2に答えなさい。設問1は記述解答用紙の所定欄に、設問2はマーク解答用紙の所定欄に記すこと。

　西洋美術の動向（時代様式）を表す語は、もともと軽蔑やからかいといった否定的な意味をもつ場合が少なくなかった。ゴシックは、「ゴート族の」、つまり野蛮な、という意味であったし、<u>バロック</u>は「歪んだ真珠」という、宝飾として劣った価値の語
　　　　　　　A
であった。<u>印象派</u>は、「単なる印象にすぎない曖昧な絵を描く画家たち」というから
　　　B
かいの評価であった。しかし時とともに、それぞれの時代特有の価値が認められ、今日ではこうした語を否定的に用いる者はいないのである。

問1　下線部Aに関して、ふさわしいものを以下から三つ選んで、その記号を記しなさい。

　ア　13世紀　　　　　　　　イ　15世紀　　　　　　　ウ　17世紀
　エ　　　　　　　　　　　　オ　　　　　　　　　　　カ

　キ　レンブラント　　　　　　ク　レオナルド゠ダ゠ヴィンチ
　ケ　セザンヌ

*オは、著作権の都合上、類似の写真と差し替えています。
写真提供：ユニフォトプレス

問2　下線部Bについて、ふさわしい画家を一人選びなさい。
　ア　ピカソ　　　　　　　　　　イ　モネ
　ウ　ゴッホ　　　　　　　　　　エ　ラファエロ

| 解説 | 近世・近代の西洋美術史 |

　西洋美術の動向を示す語の意味するところを述べたリード文をもとに，文学部や文化構想学部で頻出の美術作品の写真を使った大問である。設問はバロック様式の時代を特定し，その代表的な作品と芸術家を選び，そして19世紀の印象派の代表的な画家を選ぶもの。絵画を使った問題は，誰の絵なのかわからないと解答できない問題となっており，文化史対策をおろそかにしているとフェルメールとゴヤで迷う可能性がある。

問1　答：ウ・カ・キ　━━━━━━━━━━━━━━━━━━━━　標準

　【時代】はウの17世紀が正解。近世〜近代における西洋美術の大きな潮流としては，15〜16世紀がルネサンス様式，17世紀がバロック様式，18世紀がロココ様式，そして19世紀の絵画は古典主義→ロマン主義→写実主義（自然主義）→印象派→後期印象派と変遷する。

　【作品】はカが正解。写真は17世紀のオランダの画家フェルメールの『真珠の耳飾りの少女』。フェルメールはオランダ市民の日常生活を描いたが，19世紀半ば以降になってその光や明暗の繊細な表現が再評価された。エは18〜19世紀のスペインの画家ゴヤの『着衣のマハ』。彼は宮廷画家として活躍したが，ナポレオンへの抵抗を描いた『1808年5月3日』なども有名。オは16世紀イタリア＝ルネサンスを代表するミケランジェロの『ダヴィデ像』。

　【画家】はキが正解。レンブラントはフェルメールと同じ17世紀オランダの画家で，発展期オランダの市民生活を生き生きと描いた。その写実的技法と明暗や色彩の対照を強調したことから「光と影の画家」と呼ばれる。代表作は『夜警』など。クのレオナルド＝ダ＝ヴィンチは，イタリア＝ルネサンス期を代表する芸術家・科学者である。「万能の天才」の名の通り，さまざまな分野に業績を残したが，絵画では『最後の晩餐』，『モナ＝リザ』などで知られている。ケのセザンヌは，フランス後期印象派の画家である。代表作に故郷の山を描き続けた『サント＝ヴィクトワール山』の連作がある。のちのフォーヴィズム（野獣派）やキュビズム（立体派）に影響を与えたとされる。

問2　答：イ　━━━━━━━━━━━━━━━━━━━━━━━━━━　標準

イ　モネはその作品『印象・日の出』が印象派の語源となったことでも知られる。代表作に『睡蓮』の連作などがある。

ア　ピカソはブラックとともにキュビズムを発展させたスペイン出身の画家である。代表作には，ドイツ・イタリアの空軍によって無差別爆撃されたスペイン北部の都市ゲルニカをモチーフに描いた『ゲルニカ』がある。

ウ　ゴッホは，オランダ出身の後期印象派の画家である。『ひまわり』や『アルルのはね橋』などが代表作である。

エ　ラファエロは，ルネサンス期の画家・建築家である。代表作には多くの「聖母子」画やヴァチカン宮殿の壁画として描かれた『アテネの学堂』がある。

33

◇次の文章を読み，図A～Dおよび参考図X～Zを見て，設問1～6に答えなさい。

　19世紀フランスでは，市民社会の発展にともない，人びとが経済的に豊かになるにつれて，スポーツやレジャーを積極的に楽しむようになった。その様子は，新しい社会を表す主題として絵画においても多く描かれている。

図A《クロッケー》

図B《ボートを漕ぐ人びと》

図C《シンプソンのチェーン》

図D《フットボールをする人びと》

問1　図Aはクロッケーと呼ばれるスポーツに興じる人びとを描いた作品である。クロッケーは木槌で玉を打って門の間を通す競技で，19世紀に人気を呼び，1900年パリで開催されたオリンピックでも行われた。画面では，クロッケーをする男女が躍動感のあるタッチで描写されているが，女性の一人は，この画家の代表作《草上の昼食》（参考図X）でもモデルを務めていた。これらの絵の作者は誰か。記述解答用紙の所定欄に記しなさい。

問2　《草上の昼食》（参考図X）は，官展（サロン）に落選し，1863年，落選者ばかりを集めて開かれた「落選者展」に出展され，なかでもとくに非難を浴びた。この

「落選者展」を発案した当時の国家元首は誰か。次のア〜エから一つ選び，マーク
解答用紙の所定欄にマークしなさい。

ア　ナポレオン1世　　　　　　　　**イ**　ナポレオン3世
ウ　ティエール　　　　　　　　　　**エ**　マクマオン

問3　図Bでは，ペリソワールと呼ばれる一人用の小舟を漕ぐ人びとが描かれている。
作者のカイユボットは，自らボートを楽しんだだけではなく，舟の設計や製作も行
った。この作品では，舟上の人物がオールをたくみに操り，舟が水面を滑る瞬間の
様子がよくとらえられている。新しい美術様式の展開を担ったこの画家の作風は何
か。次のア〜エから一つ選び，マーク解答用紙の所定欄にマークしなさい。

ア　印象主義　　　　　　　　　　　**イ**　自然主義
ウ　超現実主義　　　　　　　　　　**エ**　表現主義

問4　図Cは，シンプソン社製自転車チェーンの広告ポスターである。このポスター
を制作したトゥールーズ = ロートレックはパリで人気を呼んだ画家で，ここでは自
転車自体はあまり細密に描写していないものの，自転車を漕ぐ選手の姿をよくとら
えることで，その性能を表わしている。自転車は19世紀末，ダンロップによるゴム
製空気入りタイヤの実用化により一段と普及したが，同時代の発明家または科学者
と，この頃パリで活躍した芸術家または思想家との組み合わせとして正しいものを，
次のア〜エから一つ選び，マーク解答用紙の所定欄にマークしなさい。

ア　ラヴォワジェ　　　─　バルザック
イ　ワット　　　　　　─　サン = シモン
ウ　ベル　　　　　　　─　ドビュッシー
エ　アインシュタイン　─　サルトル

問5　図Dはフットボールをする人びとをアンリ = ルソーが描いた作品である。ここ
に描かれた人物たちは，　　a　　美術（**参考図Y**）にみられるような，スポーツを
する人の身体のしなやかな動きを理想的にとらえた表現とは異なり，硬直した不自
然な動きをみせている。そのため当初認められなかったものの，今日では"素朴
派"としてむしろ伝統を逸脱した表現が評価されるようになった。空欄aに当ては
まる言葉を次のア〜エから一つ選び，マーク解答用紙の所定欄にマークしなさい。

ア　ギリシア・ローマ　　　　　　　**イ**　ロマネスク
ウ　バロック　　　　　　　　　　　**エ**　ロマン主義

問6　図Dの作者アンリ = ルソーを最初に認めた画家の一人は，**参考図Z**を描いたこ
とで知られる。**参考図Z**の題名は何か。記述解答用紙の所定欄に記しなさい。

参考図

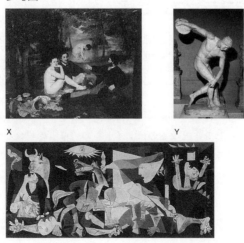

X

Y

Z

＊Yは，著作権の都合上，類似の写真と差し替えています。
写真提供：ユニフォトプレス

| 解説 | **19世紀フランスの絵画** |

　文化構想学部でよくみられる写真を用いたヨーロッパ文化史の問題である。画家と作品名，そしてその画家が分類される芸術潮流などはまとめておきたい。また，芸術潮流に関しては，教科書や用語集などで，その時期や特徴などにも注意しておこう。

問1　答：マネ ──────────────────────────────── やや難

　設問文は長いが，ヒントとなるのはタイトルの『草上の昼食』だけである。この絵画は近代絵画（印象派／印象主義）の父と称されるフランスの画家マネの代表作。

●印象主義（印象派）の画家たちと代表作

マネ	自身は加わらなかったが，印象派の創始者とされる『笛を吹く少年』『オランピア』
モネ	『印象・日の出』（印象派の名称の由来）『睡蓮』
ルノワール	『ムーラン・ド・ラ・ギャレット』

問2　答：イ ──────────────────────────────── 標準

　イ　1852年に皇帝に即位したナポレオン3世（位1852〜70年）は，1863年の官展（サロン）に落選した画家らの不満を耳にし，「落選者展」を思いついた。この場でマネの『草上の昼食』は裸婦を現実的に描いたとして風俗上の批判を受けた。「落選者展」を知らなくとも，1863年という年代がヒントとなる。

　ア　ナポレオン1世は1815年のワーテルローの戦いで敗れ，南大西洋のセントヘレナ島へ流刑にされ，1821年に没している。

　ウ　ティエールは，ナポレオン3世の失脚後の1871年，プロイセン＝フランス戦争の講和条約に調印し，その後起こったパリ＝コミューンを鎮圧した第三共和政の初代大統領（任1871〜73年）となったフランスの政治家である。

　エ　マクマオンは，ティエールが大統領を辞任した後に大統領（任1873〜79年）となったフランスの政治家である。

問3　答：ア ──────────────────────────────── やや難

　ア　カイユボットは印象主義（印象派）の画家の一人である。

　イ　自然主義は『落穂拾い』や『晩鐘』を描いたミレーに代表される19世紀前半の潮流で，農村や自然の風景を題材とした。

　ウ　超現実主義（シュールレアリスム）は20世紀初頭に興った潜在意識や想像を描こうとした動きで，代表的な画家はスペインのダリ。

　エ　表現主義は，印象主義や自然主義に対する反動として，20世紀初頭にドイツを中心として興った芸術の潮流である。

問4　答：ウ

ウ　ベルは19世紀後半に磁石式電話機を発明したアメリカの発明家。ドビュッシーは19世紀末に管弦楽曲「牧神の午後への前奏曲」で印象派音楽を確立したフランスの作曲家である。

ア　ラヴォワジェは，質量保存の法則などを発見したが，フランス革命期の18世紀末に処刑された化学者である。バルザックは「人間喜劇」と称される連作の中で，19世紀前半を生きる人々をさまざまな角度から描写した小説家である。

イ　ワットは，ニューコメンの開発した炭鉱の揚水ポンプ用の蒸気機関を18世紀後半に改良し，さまざまな動力に用いられるようにした技術者である。サン＝シモンは，18世紀後半から19世紀前半に，搾取のない「産業社会」を構想した社会主義者である。サン＝シモンがアメリカ独立戦争に参戦した経験を持つことからも，19世紀末の人物ではないと判断できるだろう。

エ　アインシュタインは，相対性理論などをうちたてたドイツ出身の理論物理学者である。1933年に，ユダヤ人を迫害するナチ党が政権を握るとアメリカに亡命した。サルトルは，第二次世界大戦中に『存在と無』で人間の根源的自由を説いて実存主義の立場をとるとともに，反ナチスの抵抗運動に参加した哲学者である。戦後も行動派知識人として社会運動・政治運動に積極的に取り組んだ。

問5　答：ア

ア　均整のとれた人体の美しさや動きの表現は，ギリシア・ローマ美術の特徴である。なお，参考図Ｙは前5世紀のギリシアの彫刻家ミュロンの『円盤投げ』という作品である。

イ　ロマネスク（様式）は，11～12世紀のヨーロッパで主に建築に関して現れた芸術様式である。

ウ　バロック（様式）は，17世紀のヨーロッパで，ルネサンス期の調和・均整などのテーマから離れ，躍動感ある表現をとった美術や建築に見られる様式である。

エ　ロマン主義は，18世紀末から19世紀にかけてヨーロッパに現れた芸術潮流。形式的な古典主義や理性万能の啓蒙思想への反発から，個性・感情・伝統を重視した。

問6　答：ゲルニカ

参考図Ｚはスペイン出身のピカソが，ドイツ・イタリアによるスペイン北部の都市ゲルニカへの無差別爆撃に抗議して描いた作品『ゲルニカ』である。

解　答
問1　マネ　　問2　イ　　問3　ア　　問4　ウ　　問5　ア 問6　ゲルニカ

34

◇次の図①〜③に対応する説明文①〜③を読み，設問1〜4に答えなさい。

図①

図②

図③

*図①〜③は，著作権の都合上，類似の写真と差し替えています。
写真提供：ユニフォトプレス

① 　西北インドに進出したイラン系遊牧民が建てた　A　朝では，中国と地中海世界を結ぶ交通の要衝を掌握して経済活動が活発におこなわれ，国王の肖像と多様な宗教の神像を表裏に刻んだ金貨が多く発行された。これはブッダの像があらわされた例で，表側にはこの王朝の最盛期を築いた王の肖像がデザインされている。

② 　これは　B　朝の後半に作られた水瓶である。漆胡瓶という名称で正倉院に伝わっている工芸品はこれと形が似ており，こうした器の形がイラン方面から東へ伝播したことを物語っている。

③ 　これは，ベトナム北部を中心に中国文化の影響を受けつつ独特の金属器文化を生んだ，　C　文化の初期に作られた銅鼓である。

問1　空欄Aにあてはまる王朝名はどれか。マーク解答用紙の所定欄にマークしなさい。
　　ア　マウリヤ　　　イ　サーマーン　　　ウ　クシャーナ　　　エ　ガズナ

問2　空欄Bにあてはまる語を，記述解答用紙の所定欄に記しなさい。

問3　空欄Cにあてはまる語を，記述解答用紙の所定欄に記しなさい。

問4　図①〜③を，作られた年代の古い順に並べたとき，正しいものはどれか。マーク解答用紙の所定欄にマークしなさい。

ア　①—③—②　　　　　　　イ　②—①—③

ウ　③—①—②　　　　　　　エ　①—②—③

解説 インド・イラン・ベトナムの古代文化

　インド・イラン・ベトナムの古代文化に関する問題である。文化構想学部や文学部の文化史では例年，写真を使用した出題があるので，教科書や図説の写真に注意しておきたい。問3・問4はドンソン文化の特定と年代判定がポイントとなった。代表的な建築物，文化財や絵画作品などを図説で確認する習慣をつけよう。

問1　答：ウ ──────────────────────────────────── やや易

ウ　西北インドに進出したイラン系遊牧民はクシャーン人で，1世紀に大月氏から自立し，クシャーナ朝（1～3世紀）を建てたとされる。図①は仏陀（裏側：像の左にギリシア語で仏陀とある）とカニシカ王（表側）が刻まれた金貨。

ア　マウリヤ朝（前317年頃～前180年頃）は，チャンドラグプタが建て，仏教を保護したことで知られる王朝である。アショーカ王の時代に最大領土となり，西北インドまで進出したが，イラン系遊牧民が建てたわけではない。

イ・エ　サーマーン朝（875～999年）は，中央アジアのブハラを都に建てられたイラン系イスラーム王朝である。ガズナ朝（977～1187年）は，サーマーン朝のマムルークがアフガニスタンのガズナで自立したことをきっかけに成立したトルコ系イスラーム王朝。いずれもイスラーム王朝であるため偶像崇拝は禁じられており，仏陀が貨幣に刻印されることはない。

問2　答：ササン ──────────────────────────────────── 標準

　ササン朝（224～651年）はヘレニズム文化の影響を受けつつ，高度な文化を発達させた。ササン朝美術が発達し，金属器，ガラス器，織物の様式は東西交易により西はヨーロッパ，東は中国や日本に伝来し，大きな影響を与えた。法隆寺の獅子狩文錦や，正倉院の漆胡瓶などがその影響を示すものとして現存している。

問3　答：ドンソン ──────────────────────────────────── 標準

　前4世紀頃から，中国文化の影響を受けたベトナム北部を中心にドンソン文化と呼ばれる金属器文化が生まれた。図③の銅鼓はドンソン文化独特の青銅器で，権威の象徴であったといわれる。

問4　答：ウ ──────────────────────────────────── 標準

　③ドンソン文化（前4世紀頃）の銅鼓→①クシャーナ朝（1～3世紀）カニシカ王の金貨→②ササン朝（224～651年）後期の水瓶の順となる。

解　答

問1　ウ　　問2　ササン　　問3　ドンソン　　問4　ウ

35

◇次の文を読み設問に答えなさい。設問1～3はマーク解答用紙の所定欄に一つだけ
マークし，設問4は記述解答用紙の所定欄に記しなさい。

　中国の歴代王朝は書物の編纂に力を注いできたが，とくに宋朝以降は，既存の書物
から項目ごとに関連する記事を収集した類書が編纂された。たとえば『冊府元亀』
1000巻は，帝王政治に資することを目的とし，編纂後は政府によって印刷刊行された。
　　　　　　　　　　　　　　　　　　　　　　　　　　　　　　A
しかし現存する宋刊本は半分ほどにとどまる。明では『永楽大典』が編纂されたが，
　　　　　　　　　　　　　　　　　　　　　　　　　　B
22,877巻と膨大で印刷できなかった。ただ消失を恐れた政府は，後に副本1部を作ら
せたが，明末の戦乱で正本は焼けてしまい，副本もアロー戦争や義和団事件で大部分
　　　　　　　　　　　　　　　　　　　　　　　　　　　　　　　C
が，散逸・焼失した。さらに，清朝になると存在するすべての書籍を，解題を付す全
巻複写・題目のみ採取，および全書廃棄・部分廃棄に分類する8万巻に近い『四庫全
書』が編纂された。ここから　　D　　思想統制にあったことも見て取れる。『四庫全
書』は，7部の写本が作成されたが，戦乱の中で4部は全部ないし大半が失われた。
こうしてみると，文献が今ここにあること，それはすでに歴史研究の課題なのである。

問1　下線部Aについての説明として正しいものはどれか。
　ア　北宋最初の大部な印刷物は成都で刊行された大蔵経である。
　イ　北宋政府の印刷物は活字を使用したことに特色がある。
　ウ　北宋政府が刊行した最大の叢書は『古今図書集成』である。
　エ　北宋政府刊行の『四書五経』は読書人の必読文献となった。

問2　下線部Bに関連する説明として誤っているものはどれか。
　ア　靖難の役を起こし，甥の建文帝に代わって帝位についた永楽帝は，知識人懐柔
　　の目的もあって編纂事業を始めた。
　イ　永楽帝は『永楽大典』編纂後，科挙での経書解釈を統一するために，『五経大
　　全』や『性理大全』を刊行させた。
　ウ　正本が焼失した明末の戦乱とは，オイラトの指導者であるエセン＝ハンが英宗
　　を捕虜にした土木の変をいう。
　エ　副本が散逸したアロー戦争では円明園が破壊され，多くの文化財が略奪されて
　　ヨーロッパに持ち出された。

問3　下線部Cに関係しない事項はどれか。

　ア　扶清滅洋　　　　　　　イ　北京議定書
　ウ　北京駐兵権　　　　　　エ　九竜半島南部割譲

問4　文中の　D　に，**皇帝の名**と**禁書**の語を使用して30字以内で，適切な文章を
書き入れなさい。句読点も1字に数える。

解説 宋代～清代における書物の編纂

　宋代・明代・清代における大部の書物の編纂に関するリード文から，主に各王朝の文化事業についての問題が並んでいる。問1は消去法である程度絞るしかない。問2と問3は基本的な問題。問4は文学部でよくみられる短文論述だが，『四庫全書』から乾隆帝の名が出てくれば，内容の方向性を決めるのは比較的容易と思われる。

問1　答：ア ―――――――――――――――――――――――――――　難

ア―○　北宋の太祖・太宗の時代に成都で「蜀版大蔵経」が刊行されている。大蔵経は「一切経」ともいわれ，あらゆる仏教経典を集大成したもので，版木が現存している「高麗版大蔵経」も有名。

イ―×　宋代には畢昇（ひっしょう）が膠泥（こうでい）活字を使った活版印刷術を発明したといわれるが，漢字の特徴から活字の種類が多くならざるを得ない中国では普及せず，印刷物はほとんど木版印刷によるものであった。

ウ―×　『古今図書集成』は清の康熙帝の命で編纂が始まり，雍正帝のときに完成した百科事典である。

エ―×　北宋では唐代に編纂された『五経正義』が読書人の必読文献であった。「四書五経」のうち「四書」が重要視されるようになるのは，南宋の朱熹が『四書集注（しっちゅう）』を著すなどしてこれを高く評価してからである。

問2　答：ウ ―――――――――――――――――――――――――――　標準

ウ―×　「正本が焼失した明末の戦乱」とは李自成の乱で，最後は北京を占領して明を滅ぼした（1644年）。エセン＝ハンが正統帝（英宗）を捕虜にした土木の変は，明中期（1449年）である。

問3　答：エ ―――――――――――――――――――――――――――　標準

エ　九竜（クーロン）半島は香港島の対岸の半島で，香港島がアヘン戦争の南京条約（1842年）でイギリスに割譲された後，アロー戦争後の北京条約（1860年）で半島の南部がイギリスに割譲された。イギリスはその後1898年に残りの九竜半島を99年間清から租借したが，その期限がきれる1997年に九竜半島南部・香港島も含めて中国に返還された。

　山東省で蜂起した義和団は，**ア**の「扶清滅洋」をスローガンとしていた。その後北京に入城すると諸外国の公使館などを攻撃しはじめた。清朝の保守派はこれに乗じて列強に宣戦布告したが，日本とロシアを中心とする8カ国連合軍（日・露・米・英・独・仏・墺・伊）によって北京を占領された。1901年の**イ**の北京議定書（辛丑和約）で講和となったが，清朝は4億5000万両の賠償金や，外国軍隊の**ウ**の北京駐兵権を認めさせられた。

問4　答：乾隆帝の編纂事業の目的の一つは禁書や文字の獄にみられるような
（30字）　　　　　　　　　　　　　　　　　　　　　　　　　　　　　《標準》

　『四庫全書』を編纂させた皇帝の名は乾隆帝。リード文から，清代に存在したす
べての書籍を，①解題を付す全巻複写・②題目のみ採取・③全書廃棄・④部分廃棄
に分類していることや，空欄のあとの「思想統制」という語句でわかるように，
『四庫全書』が禁書と同じような思想統制の目的を持っていたことを明記すればよ
い。異民族王朝である清が反清的な文言や言説を厳しく弾圧した「文字の獄」も解
答文に加えたい。また〔解答〕では「目的の一つは」としたが，これは，『四庫全
書』に限らず『康熙字典』『古今図書集成』編纂の目的の一つが，異民族王朝であ
る清が学者を重用し，中国文化を尊重する姿勢を示して中国人を懐柔することにも
あったことを意味する。

●清代の主な大編纂事業

『康熙字典』	康熙帝の命（1716年完成）	字書 約5万の漢字を部首・画数順に配列した
『古今図書集成』	康熙帝の命（完成は雍正帝期の1725年）	百科事典
『四庫全書』	乾隆帝の命（1781年完成）	叢書 約3500種の書籍を経（儒学）・史（歴史）・子（思想）・集（文学）の4部に分類編修した

解　答

問1　ア　問2　ウ　問3　エ
問4　乾隆帝の編纂事業の目的の一つは禁書や文字の獄にみられるような
（30字）

36

◇17世紀末からロシアは，不凍港を求めて，黒海のアゾフを陥落させるなど，いわゆる「南下政策」を実行したが，その後「東アジアへの進出」を試みるところとなった。18世紀から19世紀末までの時期におけるロシアの「南下政策」の経緯と「東アジア進出」について，以下の語句をすべて用いて，250字以上300字以内で説明しなさい。なお，句読点，数字は1字に数え，指定の語句には必ず下線を付しなさい。

クリミア戦争　　サン＝ステファノ条約　　ベルリン条約　　北京条約

解説　18〜19世紀におけるロシアの南下政策と東アジア進出

　18世紀後半のエカチェリーナ 2 世の時代から本格化した黒海・バルカン・地中海への進出をはかるロシアの南下政策と，中国東北地方や朝鮮などの東アジア進出への経緯を述べる問題。早稲田大学の受験生ならばエカチェリーナ 2 世によるクリム＝ハン国の併合，エジプト＝トルコ戦争，クリミア戦争，ロシア＝トルコ戦争，ベルリン会議（条約），東アジアでの沿海州獲得，三国干渉，遼東半島南部租借といった用語は容易に想起できるであろう。時系列（順序）がしっかり理解できていれば比較的書きやすい論述であるが，250〜300字以内に過不足なく収めるのは意外に難しいかもしれない。

答：〔解答例〕参照 ——————————————————————————————————————　標準

■設問の要求

〔主題〕ロシアの南下政策と東アジア進出

〔条件〕18世紀から19世紀末まで

■論述の方向性と指定語句の使い方

　問題文では「『南下政策』を実行したが，その後『東アジアへの進出』を試みるところとなった」とあるが，ロシアはベルリン条約のあと突然東アジア進出に転換したわけではなく，重点を東アジアに移したというのが実態であるから，「南下政策」と「東アジア進出」をある程度分けて述べていくのが妥当であると思われるので，〈解答例 1 〉では黒海・バルカンと極東での動きに分けて考えてみる。

　〈解答例 2 〉では，時系列でクリミア戦争（1853〜56年）→沿海州獲得（1860年）→ロシア＝トルコ戦争（1877〜78年）→ベルリン会議（1878年）→三国干渉（1895年）というようになる。うまくつなげないと観点がばらけ，まとめるのが難しくなるかもしれない。

　4 つの指定語句は南下政策に 3 つを使用することになる。

「南下政策」

　クリミア戦争（1853〜56年）…トルコとの戦争に敗北

　サン＝ステファノ条約（1878年）…南下がいったん成功

　ベルリン条約（1878年）…列強の干渉で南下が挫折

「東アジア進出」

　北京条約（1860年）…沿海州獲得

■論述の構成

「南下政策」

①18世紀

　17世紀末にピョートル1世が進出したアゾフは1711年に失われたが，18世紀後半，エカチェリーナ2世はトルコ（オスマン帝国）を破り，キュチュク＝カイナルジャ条約（1774年）で黒海北岸を割譲させ，黒海におけるロシア船の自由航行権を得るなど南下政策を進展させ，1783年にはキプチャク＝ハン国の分国であったクリム＝ハン国を併合した。そしてクリミア半島南西に，軍港としてセヴァストーポリを建設した。

②ギリシア独立戦争（1821～29年）

　ロシアは，19世紀前半，不凍港獲得と地中海進出を目的として英仏とともにギリシア独立戦争に介入し，オスマン帝国とのアドリアノープル条約（1829年）で，黒海から地中海へ出るためのダーダネルス・ボスフォラス両海峡の航行権を獲得した。

③エジプト＝トルコ戦争（第1次1831～33年，第2次1839～40年）

　エジプト総督だったムハンマド＝アリーが完全独立とシリア領有を求めてトルコと戦争を始めると，ロシアはトルコを支援して地中海へ出るためのダーダネルス・ボスフォラス両海峡の独占航行権を獲得（ウンキャル＝スケレッシ条約：1833年）したが，1840年のロンドン会議でこの条約は破棄され，翌41年に5国海峡条約で両海峡は中立化され，ロシアの南下は阻止された。

④クリミア戦争（1853～56年）

　フランスのナポレオン3世が要求した聖地管理権をめぐる問題から，ロシアがトルコ内のギリシア正教徒保護を口実に起こした戦争だが，トルコ側にイギリス・フランス・サルデーニャがついたために敗れた。1856年のパリ条約で黒海が中立化され，ロシアを含む外国軍艦のダーダネルス・ボスフォラス両海峡での航行が禁止されたため，ロシアは後退を余儀なくされた。

⑤ロシア＝トルコ戦争（1877～78年）

　黒海の制海権やバルカンをめぐる動きのなかで，ロシアはスラヴ人保護を口実としてトルコと開戦した。開戦当初は苦戦したが最後はトルコを屈服させ，1878年，サン＝ステファノ条約を結ばせた。この条約でルーマニア・セルビア・モンテネグロをトルコから独立させるとともに，ロシア保護下でのブルガリアの自治国化が認められ，その領土がエーゲ海に達していたためロシアの南下はついに成功したかに見えた。しかし，これに対してエーゲ海にロシアが容易に出られるようになるとインドとの連絡に不安が生じるイギリスと，バルカン半島への南下を目指すオーストリアが抗議し，ビスマルクの仲介でベルリン会議が開催された。ここで結ばれたベルリン条約では，ブルガリアの領土は大きく縮小されると同時にトルコ主権下での自治国となり，ロシアの南下は再び挫折することになった。

「東アジア進出」

①沿海州の獲得

　ロシアと中国（清朝）との東北地方での国境は，1689年のネルチンスク条約でアルグン川とスタノヴォイ山脈（外興安嶺）とされていた。ロシアは東シベリア総督ムラヴィヨフの尽力により，アロー戦争に乗じて1858年のアイグン条約で黒竜江（アムール川）以北を獲得，さらに1860年の北京条約ではアムール川以南の朝鮮の北辺に達する沿海州を手に入れた。ロシアはその南端に軍港のウラジヴォストークを建設し，ここを東アジア進出の拠点としていった。

　参考　エカチェリーナ2世は18世紀末にラクスマンを根室に派遣し，漂流民大黒屋光太夫を送り届けて日本に通商を求めたが，日本に拒否された。19世紀に入ると，レザノフが長崎に来航し通商を求めたが，これも拒否された。日米和親条約による日本の開国直後の1855年，プチャーチンが下田に至り，日露和親条約（日露通好条約）で日本との国境をウルップ島と択捉島の間とした。さらに，1875年には樺太・千島交換条約でウルップ島以北の千島列島を日本に割譲するかわりに樺太を獲得した。

②三国干渉前後の動き

　ベルリン会議でのバルカンへの南下の挫折以後，ロシアは南下の重点を極東に移し，1891年からヨーロッパ・ロシアと極東を結ぶシベリア鉄道の建設を開始した。その後日本が日清戦争に勝利し，下関条約で台湾とともに遼東半島を獲得すると，ロシアはドイツ・フランスを誘って三国干渉を行い，半島を返還させ，その代償として，清朝の領土内を横切り，ウラジヴォストークと最短距離で結ぶ東清鉄道の敷設権を獲得した。さらに1898年には遼東半島南部（旅順・大連）を清朝から租借した。このようなロシアの進出は日本との対立を激化させることになった。

■注意点

　義和団事件（1900〜01年）のときの8カ国連合軍は日本とロシアが主力をなし，また事件後もロシアが満州を占領し続けたことが日露戦争の直接の原因となるが，義和団事件終結は20世紀なので，日露戦争とともにこの問題では書く必要はない。

解答例

〈解答例1：地域別に書いたもの〉

　18世紀，トルコに勝利したロシアは黒海北岸を獲得した。19世紀には，ギリシア独立戦争やエジプト＝トルコ戦争に介入しエーゲ海への出口を確保したが，イギリスなどの干渉で南下は阻止された。<u>クリミア戦争</u>でも英仏が支援したトルコに敗北し，黒海は中立化した。ロシア＝トルコ戦争では勝利し<u>サン＝ステファノ条約</u>で再びバルカンでの南下に成功したが，英墺の不満から結ばれた<u>ベルリン条約</u>で南下は阻止された。一方，東アジアではアイグン条約で黒竜江以北を，<u>北京条約</u>で沿海州を獲得し，ウラジヴォストークを建設した。その後，仏資本を導入してシベリア鉄道を建設，日清戦争後は三国干渉の代償に東清鉄道敷設権と遼東半島南部租借権を得た。（300字）

〈解答例2：時系列で書いたもの〉

　18世紀，トルコに勝利したロシアは黒海北岸を獲得した。19世紀には，ギリシア独立戦争やエジプト＝トルコ戦争に介入しエーゲ海への出口を確保したが，イギリスなどの干渉で南下は阻止された。<u>クリミア戦争</u>でも英仏が支援したトルコに敗北した後，清とのアイグン条約で黒竜江以北を，<u>北京条約</u>で沿海州を獲得，ウラジヴォストークを建設し，再びバルカンに向かった。ロシア＝トルコ戦争では勝利し<u>サン＝ステファノ条約</u>で勢力拡大に成功したが，英墺の不満から結ばれた<u>ベルリン条約</u>で南下は阻止された。その後，フランス資本を導入しシベリア鉄道を建設するとともに，日清戦争後は三国干渉の代償に東清鉄道敷設権と遼東半島南部の租借権を得た。（300字）

37

◇次の文章を読み，問A〜Lに答えよ。解答はマーク解答用紙の所定欄に一つだけマークせよ。

　近代における立憲的な意味での憲法の特徴は，諸個人の権利や人権を尊重し，ときの統治者や国家などが有している権力に対して必要な制限を加え，権力の分立を内容として含んでいるということにある。そのような憲法の萌芽は，その制定から2015年で　　B　　年という節目を迎え，同年，ブリティッシュ・ライブラリーにおいてそれを記念した展示がなされたマグナ゠カルタにみることができる。そして，その思想は時代と大陸をまたぎ，三権分立を強調する形で立法化されたアメリカ合衆国憲法にも受け継がれている。

　ところで，アメリカでは，1776年の大陸会議において独立宣言が採択された後，翌年には連合規約の起草が始まり，3年後に13州すべてがそれを批准したものの，各州の権限は強いままであった。そのため，初期の中央政府の影響力は限定的なものであった。その後，1787年に合衆国憲法が制定されたことにより，連邦としての行政府，議会および裁判所がそれぞれ誕生し，国家としての三権分立の基礎が形作られていった。それ以降，合衆国憲法は，何度も修正条項を付加し，立憲的憲法としての発展を遂げてきている。1865年には，修正第13条によって　　I　　を定め，1868年には，修正第14条によって公民権，デュープロセス（適正手続き）および法の下の平等などを定めた。1919年には，　　K　　も修正第18条として定められたりしたが，その翌年には，修正第19条により，性別を理由とした選挙権の否定や制限がなされてはならない旨が定められた。なお，最も新しい合衆国憲法の修正条項は，上院議員および下院議員の報酬を変更する法律の効力発生時期を次の下院議員選挙後とする旨を定めるべく，1992年に付加された修正第27条である。

問A　下線部Aに関連して，20世紀において成文の憲法典を有していなかった国はどれか。

1　日　本　　　　　2　フランス　　　　3　イギリス　　　4　イタリア

問B　　　B　　に当てはまる数字はどれか。

1　700　　　　　　2　800　　　　　　3　900　　　　　4　1000

問C　下線部Cの説明として誤っているものはどれか。

1　教会が国王から自由であることを確認した。

2　国王の決定のみでは，戦争時における新たな課税を行うことができない旨を定めた。

3　ロンドン市が交易の自由を有し，関税について自ら決定することができることを認めた。

4　治安維持のため，国王の決定のみにより，臣民に対して逮捕・拘禁，財産の没収を行うことが認められた。

問D　下線部Dに関連する説明として誤っているものはどれか。

1　一般には，国家権力を立法権・司法権・行政権の3つの権能に分立させ，それらを担う機関の相互牽制によって国民の自由や権利を保障するシステムをいう。

2　その考え方は，フランス人権宣言の中においても示されている。

3　モンテスキューは，イギリスの政治状況や制度をもとに，その考え方の重要性を説いた。

4　14世紀にフランスで招集された三部会の仕組みが近代における三権分立の考え方の基礎となった。

問E　下線部Eに関して，その起草のための委員会に加わっていない者はどれか。

1　トマス＝ペイン

2　トマス＝ジェファソン

3　ベンジャミン＝フランクリン

4　ジョン＝アダムズ

問F　下線部Fに関連して，同規約のもとで連合会議に認められていた権利として誤っているものはどれか。

1　貨幣鋳造権

2　徴税権

3　条約を締結する権利

4　宣戦と講和を行う権利

問G　下線部Gに関連して，アメリカ連邦政府に関する説明として誤っているものはどれか。

1　初代の財務省の長官は，ハミルトンである。

2　国務省は合衆国の外交政策を担当する行政機関である。

3　合衆国憲法の制定後，国防総省が直ちに設置された。

4　フーヴァーは，商務省の長官に在任していたことがある。

問H　下線部Hに関連する説明として誤っているものはどれか。

1　連邦最高裁判所は，自らが違憲立法審査権を有する旨の判決を下し，現在に至っている。

2　第二次世界大戦後，連邦最高裁判所は，ブラウン対教育委員会事件において，公立学校において人種隔離を行うことを違憲とする判決を下した。

3　連邦最高裁判所は，ニューディール政策における重要法案であり，1933年に制定された農業調整法や全国産業法についていずれも合憲であるとの判決を下し，同政策を後押しした。

4　現在の連邦最高裁判所の所在地はワシントンD.C.である。

問I　　　I　　に当てはまる語はどれか。

1　移民の人権　　　　　　　　　2　南北の統一

3　自由貿易　　　　　　　　　　4　奴隷制の廃止

問J　下線部Jに関連して，1910年代後半には，中米メキシコにおいても革命を通じて新たな憲法が制定された。同憲法の説明として誤っているものはどれか。

1　労働者の権利保護が内容として含まれていた。

2　新たな憲法は，サパタの主導により制定された。

3　政教分離が内容として含まれていた。

4　大統領の権限の強化が行われた。

問K　　　K　　に当てはまる語はどれか。

1　移民法　　　　2　禁酒法　　　　3　中立法　　　　4　社会保障法

問L　下線部Lに関連して，同年に基本合意に達し，参加国の首脳による署名がなされたNAFTAに参加していない国はどれか。

1　パナマ　　　　2　カナダ　　　　3　メキシコ　　　　4　アメリカ

| 解説 | 近代憲法の歴史 |

　マグナ＝カルタ（大憲章）以来の近代憲法の歴史をテーマにしたリード文から，アメリカ史を中心とした設問が並んでいる。問Aは意表をついた問題で戸惑った受験生がいたと思われる。問F・問Gは難問。また，問Jはメキシコからの出題となったため，緻密な学習を怠っていた受験生には難問となっただろう。

問A　答：3　　標準

　3　イギリスの憲法は現在も条文の形で文章化されておらず，成文憲法を有していない。イギリスの憲法は権利請願，権利章典，人身保護法といった議会で制定された法律，慣習法（コモン＝ロー），そして判例法などの集合体からなる不文憲法である。
　1　日本は，大日本帝国憲法が1890年に，日本国憲法が1947年にそれぞれ施行されている。
　2　フランスは，国民議会が制定した1791年憲法以来，1958年に制定された第五共和国憲法まで，10以上の憲法が制定されてきた。
　4　イタリア憲法は，1947年に制定された。

問B　答：2　　標準

　マグナ＝カルタの制定は1215年だから，2015年は800年の節目となる。

問C　答：4　　標準

　一見難しそうにみえるが，ジョン王（位1199〜1216年）に対して，貴族の封建的権利を保障させたマグナ＝カルタの意義を考えれば正解を導ける。
　4－×　マグナ＝カルタの第39条では，不当な逮捕・拘禁，財産の没収を禁止している。

問D　答：4　　やや難

　4－×　三部会は，フランス王フィリップ4世が教皇ボニファティウス8世との聖職者課税問題での対立において，聖職者・貴族・市民の代表をパリに招集し，国内の意見統一をはかったというその発足の経緯を思い出せば，それ以後の国王による課税を承認するための身分制議会であり，王権強化のための機関であったことがつかめる。権力が単一の機関に集中することによる権力の濫用を阻止する三権分立の考えとは相反するものである。

問E　答：1　　やや難

　用語集の説明文の内容からの出題であり，難しい。独立宣言起草委員会は5名で構成されていたが，2のトマス＝ジェファソンが宣言案を起草し，3のフランクリンや4のジョン＝アダムズが補筆・修正した。ジョン＝アダムズは，のちのアメリ

カ合衆国第2代大統領，トマス＝ジェファソンは第3代大統領である。1のトマス
＝ペインは『コモン＝センス（常識）』を著し，イギリスからの独立の機運を高め
たことで有名だが，起草委員会のメンバーではない。

問F　答：2 ────────────────────────── 難

連合会議（中央政府）は2の徴税権や常備軍の保持は禁じられていた。

問G　答：3 ────────────────────────── 難

3－×　国防総省は第二次世界大戦後，冷戦体制下の1949年に設立された。国防総
省のある建物の形状からペンタゴン（“五角形”の意味）と呼ばれている。

4－○　フーヴァーが商務省の長官を務めたことは用語集の説明文には記載されて
いる。

問H　答：3 ────────────────────────── 標準

3－×　「全国産業法」は全国産業復興法の誤り。また，全国産業復興法は1935年
に，農業調整法は1936年に，それぞれ最高裁判所で違憲判決を受けている。なお，
全国産業復興法が違憲とされたことで，労働者の権利保護のためにワグナー法が
制定された。労働者の団結権・団体交渉権などを保障することで，労使関係の正
常化を目指した。

問I　答：4 ────────────────────────── 標準

1865年は南北戦争が終わった年であるから，合衆国憲法修正第13条の内容が奴隷
制の廃止であることに気付きたい。

問J　答：2 ────────────────────────── 難

2－×　「サパタ」はカランサの誤り。カランサは1917年憲法制定に尽力するとと
もに大統領に就任したが，民衆の支持を失って1920年に暗殺された。サパタはメ
キシコ革命の際の農民運動指導者である。小農民の子として生まれたことで，徹
底した土地改革を主張し，ビリャらとともにカランサと争ったが，1919年に暗殺
された。

問K　答：2 ────────────────────────── 標準

2　禁酒法はキリスト教的道徳を守ろうとする宗教的な意味と，物資の節約，労働
者の規律や生産効率の向上を狙う経済的な意味があった。酒の密造・密売の横行，
ギャングの暗躍を招いたため，1933年憲法修正第21条により廃止された。

1　移民法は1875年以来何度も制定されているが，1882年と，1924年のものはおさ
えておきたい。

●1882年移民法と1924年移民法の違い

1882年移民法	中国人移民（苦力）の移民禁止
1924年移民法	1890年の出生国別外国人人口を基準とした受け入れ人数の上限を設定することで，事実上東欧・南欧からの移民を制限し，日本人などアジア系移民は全面禁止

問L　答：1 ━━━━━━━━━━━━━━━━━━━━━━━━━━━━ 標準

　1994年に発効したNAFTA（北米自由貿易協定）は，2〜4のカナダ・メキシコ・アメリカ合衆国の三国で構成されているので，1の中米のパナマは含まれない。

解　答

問A	3	問B	2	問C	4	問D	4	問E	1	問F	2
問G	3	問H	3	問I	4	問J	2	問K	2	問L	1

38

◇次の文章を読み，空欄　1　～　13　は，記述解答用紙の所定欄に適切な語句を
記入せよ。下線部14については，そこで言及されている当該政治勢力の特徴および同
時代におけるインドの政治・経済情勢を100字以内で説明しなさい。なお，句読点・
数字も1字と数える。

　　16世紀にはインド亜大陸を舞台にさまざまな文化・宗教の交流がみられた。イスラ
ームとヒンドゥーを融合した　1　教はのちの時代にはイギリスの支配に抵抗する
ひとつの拠り所となる。　2　を公用語としたムガル帝国ではタージ＝マハルに代
表されるすぐれたイスラーム建築が生まれた。

　　19世紀初めにはイギリスのインド支配が強まり，インド南部では　3　と呼ばれ
る地税徴収の仕組みも整えられた。のちにイギリスへの抵抗を示したガンディーは，
弁護士として活動していた　4　で人種差別を経験し，独立運動に進むことになっ
た。20世紀には独立運動が高揚していった。1905年にイギリスのインド総督が独立運
動の分断を企図してヒンドゥー教徒とイスラーム教徒の地域を分割するように命じた
　5　はのちに撤回に追い込まれた。1906年にはインド国民会議の大会で国産品愛
用を意味する　6　や民族教育の推進などが決議され，同年に結成された政治団体
　7　ものちに国民会議とともに独立運動を担うことになった。1930年にはガン
ディーがイギリスによる物品の専売に抵抗した「　8　」を行った。ガンディーの運
動は非暴力・不服従を意味する　9　という造語で表現され，世界に大きな影響を
与えた。他方，ガンディーもヒンドゥー教徒とイスラーム教徒の融和を求めたが，イ
ンド独立の際には両宗教の対立を収められず，　10　を首班とするパキスタンとの
分離独立を余儀なくされた。

　　第二次大戦後のインドは，1954年の　11　でパキスタンも交えてアジア・アフリ
カ会議の開催を呼びかけ，ガンディーを継いだネルーが中国の周恩来首相と　12　
を提唱したが，1959年からは中国との紛争を経て核武装に突き進み，数次にわたるパ
キスタンとの国境紛争も経験した。中国・パキスタンとの紛争はシンハラ人政府とタ
ミル人抵抗勢力との　13　内戦にも飛び火した。1990年代以降のインドでは，国民
会議派に対抗する政治勢力がたびたび政権を獲得している。

解説 16世紀〜現代のインド史

16世紀から21世紀のインドの歴史について書かれた文章をリード文に，空欄補充問題を
ちりばめ，論述問題を1問設定した商学部独特の問題である。14の論述問題は1990年代以
降のインドの政治・経済情勢に関する問題で，インド人民党に言及できないと得点に結び
つかないため，かなりの難問となった。

1 答：シク

シク教は，16世紀初頭，イスラーム教の影響を受けたナーナクが創始した。偶像
崇拝やカーストによる差別などを否定し，パンジャーブ地方を中心に勢力を広げた。
18世紀末〜19世紀初頭にランジート＝シングによってシク王国が建てられたが，2
度にわたるシク戦争（1845〜46年，1848〜49年）により，イギリス領インドに併合
された。

2 答：ペルシア語

ムガル帝国の公用語としてペルシア語をおさえておきたい。なお，北インドで使
われていたヒンディー語にペルシア語・アラビア語の語彙が取り入れられてウルド
ゥー語が成立しており，現在パキスタンの公用語となっている。

3 答：ライヤットワーリー制

「インド南部」となっているので，ベンガル・ビハール・オリッサのインド北東
部で導入されたザミンダーリー制と間違わないように。ライヤットワーリー制は，
インド南部や西部で行われた，ライヤット（農民）から直接徴税する制度。ザミン
ダーリー制はザミンダール（領主層）に土地所有権を与え，地税納入の義務を負わ
せた制度である。

4 答：南アフリカ

南アフリカでは金やダイヤモンド鉱山の労働力としてインド人移民が酷使されて
いた。人種差別を自ら経験したガンディーは人種差別に苦しむインド人移民への差
別撤廃運動で活躍している。

5 答：ベンガル分割令

ベンガル分割令は，民族運動が盛んであったベンガル地方を，イスラーム教徒の
多い東ベンガルと，ヒンドゥー教徒の多い西ベンガルに分割しようとしたもので，
当時のインド総督の名からカーゾン法とも呼ばれる。反英運動の分断を狙ったイギ
リスの分割統治の典型的な例であるが，かえって反英闘争が激化したため，1911年
に撤回された。

6　答：スワデーシ ━━━━━━━━━━━━━━━━━━━━━━━━━━━ 標準

　スワデーシ（国産品愛用）は，1906年のカルカッタ大会で採択された4綱領の一つ。スワラージ（自治獲得）と間違えないように。4綱領は，スワデーシ，スワラージのほか，英貨排斥，民族教育の2つが提唱された。

7　答：全インド＝ムスリム連盟 ━━━━━━━━━━━━━━━━━━━ 標準

　全インド＝ムスリム連盟はヒンドゥー教徒主体の国民会議に対抗させるため1906年に，イギリスが支援して結成させた政治団体。1885年にインド国民会議が発足したときと同様，全インド＝ムスリム連盟も，発足当初は穏健な組織であった。

8　答：塩の行進 ━━━━━━━━━━━━━━━━━━━━━━━━━━ 標準

　「塩の行進」はイギリスによる塩の専売に対してガンディーが行った抗議行動。ガンディーは，第2次非暴力・不服従運動の一環として，アフマダーバードからダンディの海岸まで約360kmを行進し，自らの手で塩を作った。

9　答：サティヤーグラハ ━━━━━━━━━━━━━━━━━━━━━━ 標準

　サティヤーグラハはサティヤ（真理）とアーグラハ（把握）を合成したガンディーの造語で，ガンディーはこれに非暴力・不服従の意味を与えた。

10　答：ジンナー ━━━━━━━━━━━━━━━━━━━━━━━━━━ 標準

　ジンナーは，1916年に全インド＝ムスリム連盟の議長となった人物で，パキスタン独立と同時に初代パキスタン総督となったが，直後に病死した。

11　答：コロンボ会議 ━━━━━━━━━━━━━━━━━━━━━━━━ 標準

　コロンボ会議は，1954年にスリランカ（当時の国名はセイロン）の首都コロンボで開催された5カ国首脳会議。インドのネルー首相の呼びかけで，スリランカ，パキスタン，ビルマ，インドネシアが参加した。この5カ国をコロンボ＝グループといい，インドシナ戦争の早期停戦，インドシナ3国の完全独立，翌年のアジア＝アフリカ会議（バンドン会議）の開催などを呼びかけた。

12　答：平和五原則 ━━━━━━━━━━━━━━━━━━━━━━━━ やや易

　平和五原則は1954年インドで行われたネルー・周恩来会談で確認され，共同声明として発表された。領土・主権の尊重，相互不侵略，内政不干渉，平等互恵，平和的共存の五原則で，翌年のアジア＝アフリカ会議（バンドン会議）ではこれを踏まえて「平和十原則」が確認された。

13　答：スリランカ ━━━━━━━━━━━━━━━━━━━━━━━━ 標準

　スリランカ内戦は，多数派のシンハラ人優遇政策にタミル人が反発して1983年から始まり，2009年にようやく収束した。シンハラ人はアーリヤ系の仏教徒で全人口の約7割を占め，タミル人は全人口の約2割でドラヴィダ系かつヒンドゥー教徒。イギリスはかつてスリランカでも分割統治を行い，少数派のタミル人を重用してシンハラ人を支配した。

14　答：ヒンドゥー至上主義のインド人民党が政権政党として成長し，パキスタンに対抗して核実験を行う一方，経済自由化と外資導入を進め，IT産業を中心に経済が大きく発展したが，所得格差と宗教対立の問題を抱えている。（100字）　《難》

　第二次世界大戦後長く政権を担当してきた国民会議派は，政教分離の世俗主義をとり，議会制民主主義を柱として，五カ年計画の実施や企業の国有化など社会主義的な政策を推進した。インド人民党はヒンドゥー至上主義を掲げる政党であり，インド中部のヒンドゥー教の聖地アヨーディヤーで，ヒンドゥー教徒がイスラーム教のモスクを襲撃したアヨーディヤー事件（1992年）以後，イスラーム・ヒンドゥー両教徒の宗教対立や暴動が多発する中で躍進し，1998年に連立政権の中心として初めて政権の座に就いた。経済の自由化と外資の導入を積極的に進めるとともに，政権奪取直後に核実験を強行するなど民族主義的傾向を強め，パキスタンと対立した。その結果，穏健なヒンドゥー教徒の支持を失って，2004年の総選挙で敗北。その後，2014年に政権に復帰し，モディ首相のもとインフラ整備や外資導入など経済改革が進められ，IT産業を中心にさらなる経済発展を続けているが，急激な経済成長の弊害ともいえる貧富の差の拡大や，ヒンドゥー至上主義への反発などの問題は残っている。

解　答

1　シク　　2　ペルシア語　　3　ライヤットワーリー制
4　南アフリカ　　5　ベンガル分割令　　6　スワデーシ
7　全インド＝ムスリム連盟　　8　塩の行進　　9　サティヤーグラハ
10　ジンナー　　11　コロンボ会議　　12　平和五原則　　13　スリランカ
14　ヒンドゥー至上主義のインド人民党が政権政党として成長し，パキスタンに対抗して核実験を行う一方，経済自由化と外資導入を進め，IT産業を中心に経済が大きく発展したが，所得格差と宗教対立の問題を抱えている。（100字）

39

◇次の文章を読み，空欄　[1]　～　[13]　は，記述解答用紙の所定欄に適切な語句を記入せよ。また，下線部14に関して，同党は1960年代後半に民主党支持者の多かったアメリカ南部において多くの支持者を増やしたが，その背景や事情について，公民権運動および公民権法が成立したこととの関係から100字以内で説明しなさい。なお，句読点・算用数字も1字とする。

　　1518年，スペイン国王の　[1]　がその臣下の1人に対して黒人奴隷を植民地に運んでよい旨の独占的な許可状を与えて以降，同国は，アメリカ大陸の植民地における労働力確保のためにポルトガル，オランダ，フランスなどの商人に対して　[2]　と呼ばれる奴隷供給権（契約）を数多く発するようになり，そうした者らに奴隷の供給を担わせるようになった。1713年の　[3]　条約によって　[2]　に関する権限はイギリスに与えられ，同国は，当該権限を政府から独占的に譲渡された南海会社（The South Sea Company）などの活動を介して，奴隷貿易における重要な役割を果たすようになっていった。

　　北米大陸では，1619年になって最初の黒人奴隷がもたらされたといわれ，それ以降，黒人奴隷はタバコ生産などにおいて主要な労働力となっていった。その後，18世紀前半にかけて，各植民地において奴隷に関する法制度が確立されていった。たとえば，最初に奴隷がもたらされたとされる　[4]　植民地では，1662年に黒人女性の身分が奴隷であればその子供もまた奴隷となる旨の法律が制定され，1705年には奴隷を財産とする旨の法律が制定されるなどした。

　　他方，アメリカでは，独立戦争の頃には北部の一部の州で奴隷制を廃止すべきとの考え方が一定の広まりをみせていた。1776年に採択された独立宣言の起草に際しては，当初の案には奴隷制度やイギリスによる奴隷貿易を否定する内容が含まれていたが，ニューイングランド植民地群の1つであるマサチューセッツ湾植民地（Massachusetts Bay Colony）の代表である　[5]　が主導した起草委員会および第二次大陸会議での議論を経たのち，最終的にそうした内容は削除された。1787年に採択された合衆国憲法でも，各州から下院議員に送り出す員数と直接税の配分の計算において，自由人と黒人奴隷およびインディアンとの間では平等な扱いがなされていなかった。

　　奴隷制度を巡っては，それに反対する北部と州の自治を重要視する南部との間で対立が続いたが，1854年にミズーリ協定を反故にする　[6]　が成立したことを契機として奴隷制度に反対する勢力が結集し，　[7]　党と自由土地党の党員を吸収する形

で共和党が結成された。　7　党の出身者であるリンカンが共和党から大統領に選
出された後には北部と南部の間の対立が決定的となって南北戦争が起こったが，1865
年に南軍が北軍に降伏する形で同戦争が終結した後，アメリカ合衆国として奴隷制の
廃止をうたった憲法修正第　8　条が批准され，これをもって法制上奴隷は一応の
解放をみたとされる。しかし，その後も黒人差別は継続し，とくに南部の州では，投
票税を課したり，識字率・理解度テストによって黒人に対して実質的に選挙権を制限
したり，病院・学校・図書館といった公共施設について，白人とそれ以外の人種の者
を分ける，といったことが行われた。それらのことを定めた一連の法律は，白人のパ
フォーマーが顔を黒く塗るなどして障害を抱えた黒人に扮し，ショーの中で歌った歌
になぞらえて　9　法と呼ばれた。1883年の連邦最高裁判所判決では，公共施設に
おける黒人の人種差別について，それが直ちに憲法修正第　8　条違反にはならな
いとし，さらに1896年のプレッシー対ファーガーソン（Plessy v. Ferguson）事件に
おいても，連邦最高裁判所がそれぞれの人種に提供される公共施設等の設備が同等な
ものである限り，分離はされていても平等（Separate but equal）であって，違憲で
はないことを確認したこともあり，　9　法は各地で維持され続け，黒人に対する
実質的な差別は継続されていくことになった。

　1954年になり，連邦最高裁判所は，いわゆる　10　判決において，公立学校にお
ける人種隔離はそれによって黒人の子供が平等に教育を受ける機会が実質的に損なわ
れているとし，違憲である旨の判示を行った。この判決をもって黒人に対する法律上
の差別はなくなったともいわれたが，その後も実質的な差別はアメリカ社会のいたる
ところで継続的にみられていった。1957年には，アーカンソー州で，それまで白人し
か入学が許されていなかった州立高校に9人の黒人学生が入学することに対し，州知
事がそれを妨害したことから，当時，共和党選出の大統領であり，1950年に　11
軍の最高司令官にもなった軍人出身のアイゼンハワーが，陸軍の空挺師団を派遣し，
入学する黒人学生を護衛させるといった事件なども起こった。その後，1960年代にか
けて公民権運動はさらなる隆盛を迎え，1964年には教育，公共施設の利用や投票権行
使の際の差別，さらには，民間部門の使用者による人種や皮膚の色などによる雇用関
係上の差別などを禁じた公民権法（Civil Rights Act）が成立し，立法上の措置も講
じられた。

　2000年代に入ってからは，2009年に　12　がアフリカ系アメリカ人初の大統領に
就任し，黒人差別の歴史において大きな転換点を迎えたともいわれた。しかし，2012
年2月には10代のアフリカ系アメリカ人が自警団員に殺害され，同自警団員が翌年に
無罪判決を受けたことに端を発する形で，ソーシャルメディアを通じて広がった，
　13　とよばれる黒人差別反対運動が起こった。2020年には，ミネアポリスにおい
て警察官による黒人殺害事件が起こったことを受けて，その運動はアメリカ各地で再
燃し，同国のみならず世界的にも注目を集めた。

解説　アメリカ合衆国における黒人の歴史

　2020年に全米に広がったブラック・ライヴズ・マターの運動も取り上げ，アメリカ合衆国における黒人の歴史をテーマに据えたリード文から空欄補充・論述問題が作問されている。空欄5での，アメリカ独立宣言の起草者の一人を考えさせる問題と，空欄7での，共和党結成の際の構成政党を問う問題，14の論述が教科書の内容を超えるものとなっており，難問であった。空欄13のように，時事問題からの出題も見られるので，常に社会の情勢に目を配っておくようにしたい。

1　答：カルロス1世 ────────────────── 標準

　「1518年」から，カルロス1世（スペイン王位1516〜56年）と判断できる。カルロス1世はポルトガル人マゼランの世界周航を支援したことでも知られ，神聖ローマ皇帝としてはカール5世（位1519〜56年）となり，ルターの宗教改革（1517年開始）に直面した。

2　答：アシエント ────────────────── 標準

　スペインは新大陸において農場や鉱山などで黒人奴隷の労働力を必要としたが，1494年，大西洋上にスペインとポルトガルの境界線を引いたトルデシリャス条約を受けて，主な奴隷供給地であったアフリカに植民地を持つことができなかった。そのため，諸外国の商人とアシエントを結んで黒人奴隷をアメリカ大陸の植民地に運ばせた。

3　答：ユトレヒト ────────────────── 標準

　1700年にフランスのルイ14世の孫フェリペ5世がスペイン国王になったことから，フランスがアシエントの権利を独占することになった。しかし，スペイン継承戦争の講和条約であるユトレヒト条約（1713年）で，イギリスがフランスからアシエントの権利を獲得し，以後はイギリスが黒人奴隷貿易を独占することになる。この奴隷貿易による利益が，イギリスの産業革命期の資本となったとされる。

4　答：ヴァージニア ────────────────── 標準

　1619年，タバコ=プランテーションにおける労働力として，黒人奴隷がオランダ商人によってヴァージニア植民地に持ち込まれた。この年はアメリカ植民地で初めての植民地議会がヴァージニアで開催された年でもある。

5　答：ジョン=アダムズ ────────────────── 難

　リード文に「最終的にそうした内容（当初の案にあった奴隷制度やイギリスによる奴隷貿易を否定する内容）は削除された」とあるので，独立宣言の起草者であるトマス=ジェファソン（ヴァージニア植民地の代表）ではないと判断しなければならない。独立宣言に加筆・修正したのは，フランクリンとジョン=アダムズだが，

マサチューセッツ湾植民地の代表としてジョン＝アダムズ（後に第2代大統領に就任）を選ぶのはかなり難しい。フランクリンはペンシルヴェニア植民地の代表であった。

6　答：カンザス・ネブラスカ法 ────────────── 標準

ミズーリ協定（1820年）は北緯36度30分以北には奴隷州をつくらないと定めた。カンザスとネブラスカは北緯36度30分以北にあるにもかかわらず，カンザス・ネブラスカ法（1854年）で，両準州が将来州に昇格する際には住民投票で奴隷州か自由州かを決定するとし，ミズーリ協定は反故にされた。

7　答：ホイッグ ────────────── 難

ホイッグ党は反ジャクソン派の人々が結成した政党。ジャクソンの政治手法を専制であるとして，イギリス王権に抵抗したホイッグ党と同じ党名を名乗った。

8　答：13 ────────────── やや難

奴隷制廃止をうたった憲法修正第13条は1865年に批准された。その後，黒人の市民権を認めた憲法修正第14条，黒人に投票権を認めた憲法修正第15条などが成立している。

9　答：ジム＝クロウ ────────────── やや難

ジム＝クロウ法と総称される一連の法律は，州法として可決された。この法律は合法的に公共施設などでの人種分離を行い，人種差別を続けるための法的根拠となっていった。

10　答：ブラウン ────────────── 難

ブラウン判決は，ブラウンという黒人の溶接工が，娘が公立学校に入学できないのは不当であるとカンザス州のトピーカ市の教育委員会を訴えた際の連邦最高裁の判決で，公立学校での人種隔離を憲法違反であるとした。

11　答：NATO〔北大西洋条約機構〕 ────────────── 難

1950年の就任なので，第二次世界大戦中にノルマンディー上陸作戦を成功させたことで知られる「連合国軍最高司令官」と間違わないようにしたい。アイゼンハワーは1949年に設立されたNATO軍の最高司令官を1952年まで務め，1952年の大統領選挙で勝利をおさめて大統領となった。

12　答：オバマ ────────────── 易

オバマは民主党の大統領。2009年から2期8年大統領を務めた。

13　答：ブラック・ライヴズ・マター〔BLM〕 ────────────── やや難

やや難だが，時事問題からの出題なので対応可能であろう。「ブラック・ライヴズ・マター（Black Lives Matter）」は「黒人の命は大切だ」の意味。

14　答：公民権運動を受けて民主党政権が公民権法を制定し，「偉大な社会」計
　　画で社会保障を拡大させたが，黒人暴動やベトナム反戦運動で社会が混乱した
　　ため，共和党は小さな政府を主張し，南部の白人保守層にアピールした。（100
　　字）　　　　　　　　　　　　　　　　　　　　　　　　　　　　　　《難》

　共和党が1960年代後半に民主党支持者の多かったアメリカ南部において，多くの
支持者を増やした背景や事情について，公民権運動および公民権法成立との関係か
ら説明することが求められている。

　民主党のジョンソン大統領による公民権法制定と「1960年代後半」当時の状況を
ふまえて考えれば，論述する道筋がみえるだろう。公民権法は1964年に制定された
が，これによって黒人差別が解消したわけではなく，1968年にキング牧師が暗殺さ
れた後に暴動が頻発し，ベトナム反戦運動も加わり，社会が混乱した。また，ジョ
ンソン大統領は，貧困問題に取り組んだ「偉大な社会」計画を掲げたが，これは社
会保障費の増大を招いた。これらへの反発から，もともと黒人に対する差別意識の
強い南部白人保守層は民主党に代わって共和党を支持するようになっていったので
ある。1968年の大統領選挙で共和党のニクソンが当選したことは，背景の一つにこ
うした事情がある。

解　答

1　カルロス1世　　2　アシエント　　3　ユトレヒト
4　ヴァージニア　　5　ジョン＝アダムズ
6　カンザス・ネブラスカ法　　7　ホイッグ　　8　13
9　ジム＝クロウ　　10　ブラウン　　11　NATO〔北大西洋条約機構〕
12　オバマ　　13　ブラック・ライヴズ・マター〔BLM〕
14　公民権運動を受けて民主党政権が公民権法を制定し，「偉大な社会」計
　　画で社会保障を拡大させたが，黒人暴動やベトナム反戦運動で社会が混乱
　　したため，共和党は小さな政府を主張し，南部の白人保守層にアピールし
　　た。（100字）

40

◇イスラエルの建国とパレスチナ問題に関する以下の文章を読み，下線部(1)〜(10)に関する問いについて，a〜dの選択肢の中から適切なものを選び，その記号をマーク解答用紙の所定欄にマークしなさい。また，波線部A，B，Cに関する設問の解答を記述解答用紙の所定欄に記入しなさい。

　1897年第1回世界シオニスト会議が開かれ，政治的シオニズム運動が始まり，ユダヤ人のパレスチナへの移住がすすんだ。第1次世界大戦中イギリスはユダヤ系資本の財政援助を期待し，バルフォア宣言でパレスチナにおけるユダヤ人のナショナル・ホーム建設を支持した。しかし，一方でアラブの指導者には戦争協力と引き換えに独立を約束していた。この矛盾が後にパレスチナ問題を複雑なものとする。戦後パレスチナはイギリスの委任統治領となる中でユダヤ人の移民は増加し，先住のアラブとの対立を惹起した。1947年国連でパレスチナ分割決議が採択され，翌年イスラエルが建国を宣言すると，これに反対するアラブ諸国との間に第1次中東戦争が勃発する。パレスチナ問題に起因する戦争はその後も第2次（1956-57），第3次（1967），第4次（1973）と4度にわたり，その結果多数の難民を生み出した。78年には米大統領の仲介でエジプト・イスラエル両国首脳が和平に合意し，79年平和条約が結ばれた。しかし，紛争はおさまらず，87年にはイスラエル占領地で民衆蜂起が始まり，翌年パレスチナ解放機構（PLO）はついに独立を宣言した。91年中東和平会議が開催され，93年にはパレスチナ暫定自治協定が締結された。しかし，イスラエルの占領地からの撤退，イェルサレム問題など課題も多く，いまだ解決に至っていない。

問(1)　1897年当時この地域を支配していたオスマン帝国の君主は誰か。
a　アブデュル＝メジト1世　　　　b　アブデュル＝ハミト2世
c　ムラト5世　　　　　　　　　　d　メフメト5世

問(2)　イスラエルの建国宣言以前に起きた出来事はどれか。
a　アラブ諸国連盟結成　　　　　　b　エジプト革命
c　中華人民共和国成立　　　　　　d　NATO結成

問(3)　第2次中東戦争についての説明で誤っているものはどれか。
a　エジプトのスエズ運河国有化宣言に対しイスラエルが軍事侵攻した。
b　米・英がイスラエルと共に参戦した。

　c　イスラエルは軍事的に勝利したが国連の即時停戦決議，ソ連のエジプト支持表
　　　明で撤退を余儀なくされた。

　d　戦後，ナセル指導下でアラブ民族主義が高揚した。

問(4)　第3次中東戦争に参戦しなかった国はどこか。

　a　エジプト　　　　b　シリア　　　　c　ヨルダン　　　　d　レバノン

問(5)　第4次中東戦争は第1次石油危機を招いたが，後に中東情勢に起因する石油危
　　機が再び勃発した。この第2次石油危機の原因となった出来事はどれか。

　a　イラク戦争　　　　　　　　　b　イラン＝イラク戦争

　c　イラン革命　　　　　　　　　d　湾岸戦争

問(6)　仲介役となったアメリカ合衆国大統領は誰か。

　a　カーター　　　　　　　　　　b　クリントン

　c　フォード　　　　　　　　　　d　レーガン

問(7)　この条約に関連する出来事の説明で誤っているものはどれか。

　a　条約はワシントンで調印された。

　b　イスラエルはシナイ半島の返還を拒否した。

　c　エジプトはアラブ連盟から脱退した。

　d　条約に調印したエジプト大統領サダトは後に暗殺された。

問(8)　中東和平会議が開かれた都市はどこか。

　a　ウィーン　　　　b　オスロ　　　　c　パリ　　　　d　マドリード

問(9)　パレスチナ暫定自治協定締結交渉を仲介した国はどこか。

　a　スウェーデン　　　　　　　　b　デンマーク

　c　ノルウェー　　　　　　　　　d　フィンランド

問(10)　イェルサレムについて正しいものはどれか。

　a　前997年頃ダヴィデがイスラエル王国の首都と定めた。

　b　イスラムの預言者ムハンマドの墓所「岩のドーム」がある。

　c　オスマン朝による占領が第1次十字軍遠征の原因となった。

　d　ロシアの聖地管理権要求をめぐりクリミア戦争が勃発した。

※大学より「選択肢に正解として扱うことができるものが複数あったので，そのいずれを選
　択した場合でも得点を与えることとする」という発表があった。

問A　この約束を記した文書を何と言うか。

問B　この民衆による抵抗運動を何と呼ぶか。

問C　当時この機構の指導者で，議長であったのは誰か。

解説 イスラエルの建国とパレスチナ問題

　19世紀末の第1回世界シオニスト会議の開催からパレスチナ暫定自治協定までのパレスチナ問題の通史をリード文とし，第一次世界大戦から1993年のパレスチナ暫定自治協定の締結までのパレスチナ問題を扱った設問が並んでいる。政治史のみで構成され，中東和平会議が開かれた都市を問う問(8)，パレスチナ暫定自治協定の締結交渉を仲介した国を問う問(9)がやや難しい。

問(1)　答：b ━━━━━━━━━━━━━━━━━━━━━━━━━━━━ 標準

　b　アブデュル＝ハミト2世（位1876～1909年）は露土戦争（1877～78年）勃発を口実にミドハト憲法を停止し，以後約30年間専制政治を行ったが，1908年の青年トルコ革命で退位していることから，1897年当時の君主と判断できる。

　a　アブデュル＝メジト1世（位1839～61年）は，1839年に帝国臣民の法の下の平等などを掲げたギュルハネ勅令を発し，タンジマートを始めたスルタンである。

　c　ムラト5世は，アブデュル＝ハミト2世の兄で，1876年の数カ月だけスルタンであった人物である。

　d　メフメト5世（位1909～18年）は，アブデュル＝ハミト2世の弟で，アブデュル＝ハミト2世が退位した後に即位したオスマン帝国のスルタンである。

　cとdは教科書レベルを超えている。

問(2)　答：a ━━━━━━━━━━━━━━━━━━━━━━━━━━━━ 標準

　イスラエルの建国宣言は1948年。aのアラブ諸国連盟がアラブ7カ国により結成されたのは1945年。bの自由将校団のナセル・ナギブらが王政を倒したエジプト革命は1952年，cの中華人民共和国成立とdのNATO結成は1949年の出来事。

問(3)　答：b ━━━━━━━━━━━━━━━━━━━━━━━━━━━━ 標準

　b－×　第2次中東戦争（スエズ戦争）は，エジプトのナセル大統領がアスワン＝ハイダム建設資金のために1956年に発したスエズ運河国有化宣言が発端となったもので，イスラエルとともに参戦したのは「米・英」ではなくイギリスとフランス。「米・英」は，当初予定していたアスワン＝ハイダム建設資金の支援を，エジプトのソ連への接近により撤回した2カ国である。

問(4)　答：d ━━━━━━━━━━━━━━━━━━━━━━━━━━━━ 標準

　第3次中東戦争ではイスラエルが国境を接するaのエジプト，bのシリア，cのヨルダンを先制攻撃した。dのレバノンは参戦していない。この戦争ではイスラエルはエジプトからシナイ半島とガザ地区，ヨルダンからはヨルダン川西岸，シリアからゴラン高原を奪ったため，多数のパレスチナ難民が発生した。

問(5)　答：c ━━━━━━━━━━━━━━━━━━━━━━━━━━━━ やや易

　第２次石油危機は1979年に起こった。豊富な原油収入をもとに「白色革命」と呼ばれる近代化を強権的に推進したパフレヴィー２世に対する不満から，反国王運動が激しくなり，1979年，パフレヴィー２世が亡命し，パフレヴィー朝は倒された。その後，パリに亡命していたシーア派の宗教指導者ホメイニ師が帰国し，イラン＝イスラーム共和国の最高指導者となった。これがｃのイラン革命であるが，この混乱の中でイランの石油産出が減少，さらに OPEC 諸国による原油価格値上げによって第２次石油危機となった。なお，イラン革命の影響が及ぶことを恐れたイラク（フセイン政権）がイランに侵攻して，1980年にｂのイラン＝イラク戦争が勃発した（～88年）。この戦争中にアメリカの支援を受けたイラクは，イラン＝イラク戦争の停戦（1988年）後の1990年にクウェートに侵攻し，これを排除しようとアメリカを中心とした多国籍軍が派遣され，イラクをクウェートから追い出した。これがｄの湾岸戦争（1991年）である。このときはフセイン政権は打倒されなかった。その後，2003年になってイラクに大量破壊兵器が存在するという情報をもとにアメリカ（ブッシュ（子）政権）とイギリス（ブレア政権）を中心とする多国籍軍がイラクに侵攻した。これがａのイラク戦争である。この際にイラクのフセイン政権は打倒された。

問(6)　答：a ━━━━━━━━━━━━━━━━━━━━━━━━ 標準

　1978年当時のアメリカ大統領はａのカーター（任1977～81年）。彼の外交政策は「人権外交」と呼ばれ，エジプト（サダト大統領）・イスラエル（ベギン首相）間の和平の仲介に尽力してキャンプ＝デーヴィッド合意を成立させた。この合意に基づいて，翌1979年にエジプト＝イスラエル平和条約が結ばれた。

問(7)　答：b ━━━━━━━━━━━━━━━━━━━━━━━━ 標準

　ｂ－✕　エジプト＝イスラエル平和条約締結により，イスラエルは第３次中東戦争の際に占領していたシナイ半島をエジプトに返還した（1982年）。イスラエルとの和平に反対するアラブ諸国と PLO（パレスチナ解放機構）はエジプトと断交した。

問(8)　答：d ━━━━━━━━━━━━━━━━━━━━━━━━ やや難

　1991年の中東和平会議は，ｄのマドリードで開かれた。これは，イスラエル，アラブ諸国，PLO が和平交渉のために初めて集まった会議となった。

問(9)　答：c ━━━━━━━━━━━━━━━━━━━━━━━━ やや難

　パレスチナ暫定自治協定はオスロ合意とも呼ばれることから，仲介国はｃのノルウェーと推測できる。協定自体はワシントンで調印され，1994年にはガザ地区とヨルダン川西岸で先行自治が開始された。なお，ノルウェーは，NATO 加盟国であるが，平時における外国軍事基地の設置拒否を認めさせており，さらに EU にも加盟せずに独自の外交を行っている。オスロ合意のほかにも，2002年のスリランカ内戦の停戦や，2008年のクラスター爆弾禁止条約の成立にも貢献した。

問(10)　答：a・d ━━━━━━━━━━━━━━━━━━━━━━━━━━━━━ 標準

※大学より「選択肢に正解として扱うことができるものが複数あったので，そのいずれを選択した場合でも得点を与えることとする」という発表があった。

a—○　ダヴィデ・ソロモン時代のヘブライ人の王国は，高校世界史ではヘブライ王国とすることが多いが，イスラエル王国という名称も用いられている。前10世紀後半，ソロモン王が死去すると，この王国は北のイスラエル王国と南のユダ王国に分裂した。

d—○　フランス革命期以降，聖地管理権はフランスからロシアに移っていたが，フランスのナポレオン3世がイェルサレムを領有するオスマン帝国に管理権の回復を求め，オスマン帝国側もこれを認めたため，ロシアは帝国内の正教徒の保護を口実にオスマン帝国に侵攻してクリミア戦争（1853〜56年）となった。

b—×　イェルサレムの「岩のドーム」はムハンマドが天界巡りに旅立ったとの伝説のある宗教建築だが，「墓所」ではない。

c—×　オスマン1世がアナトリア北西部でオスマン帝国を建国したのは13世紀末のこととされる。第1回十字軍（1096〜99年）の時代には，オスマン帝国はまだ成立していない。また，第1回十字軍の直接の原因は，セルジューク朝の圧迫を受けたビザンツ帝国がローマ教皇ウルバヌス2世に救援を求めたことである。なお，イスラーム勢力によるイェルサレム占領が関連する十字軍は，1187年にアイユーブ朝の建国者サラディンがイェルサレムを占領したことを受けて，英王リチャード1世，仏王フィリップ2世，神聖ローマ皇帝フリードリヒ1世と，3人の君主が参加した第3回十字軍である。

問A　答：フセイン（フサイン）・マクマホン協定（書簡） ━━━━━━━━━━ 標準

第一次世界大戦中，イギリスのエジプト高等弁務官マクマホンは，フセイン・マクマホン協定において，ハーシム家のフセインに対し，オスマン帝国に対する参戦を条件に戦後のアラブ人の独立を支持すると約束した（1915年）。これは，イギリス・フランス・ロシアの間でオスマン帝国領の分割やパレスチナの国際管理などを約したサイクス・ピコ協定（1916年）や，パレスチナでのユダヤ人国家建設を支持したバルフォア宣言（1917年）に矛盾する内容であり，のちにパレスチナ紛争を引き起こす原因となった。

問B　答：インティファーダ ━━━━━━━━━━━━━━━━━━━━━━━━ 標準

インティファーダは，イスラエル占領地のガザ地区やヨルダン川西岸地区で行われる，投石などによる抵抗運動のこと。1993年のパレスチナ暫定自治協定締結により，いったん沈静化した。

問C　答：アラファト ───────────────────────── 標準

　　パレスチナ解放機構（PLO）は1964年に結成され，アラファトは1969年にその議長となった。彼は1993年のパレスチナ暫定自治協定にイスラエルのラビン首相とともに調印し，1996年にはパレスチナ暫定自治政府の初代議長となっている。

> **解　答**
>
> 問(1)　b　　問(2)　a　　問(3)　b　　問(4)　d　　問(5)　c
> 問(6)　a　　問(7)　b　　問(8)　d　　問(9)　c　　問(10)　a・d
> 問A　フセイン（フサイン）・マクマホン協定（書簡）
> 問B　インティファーダ　　問C　アラファト

41

◇次の文章を読み，以下の設問に答えなさい。解答はマーク解答用紙の所定欄にマークしなさい。

　18世紀のムガル帝国は，アウラングゼーブの統治下で繁栄の時代の最後を告げ，ベ①ンガル太守などイスラーム諸侯が独立し，マラーター王国をはじめとした勢力が帝国②を脅かすなど，衰退の一途をたどっていた。他方，17世紀末までにインド洋西海域や③ベンガル湾へと経済活動を拡大したポルトガル，フランス，イギリスなどは交易都市を占領し，ヨーロッパの経済勢力はますますインド亜大陸への関心を高めていた。とくにイギリスは，1757年のプラッシーの戦いでフランスと手を組んだベンガル地方の太守に勝利すると，東インドの領域を手中に収め，ムガル帝国の弱体化を追い風に各地の諸王国を服従させ，19世紀半ばまでにインド全域を支配下に入れた。

　植民地統治と植民地経済の利益を優先するため，インドにおける既存の勢力や社会④構造に打撃を与えたイギリスに対して，旧支配層や農民，商人，手工業者たちは不満や反感を募らせていった。1857年に北インドでシパーヒーが反乱を起こすと，各地で幅広い社会層の人々が立ち上がり，大反乱へと発展した。しかし，地方の分裂が激しい状況において，反英の動きはまとまることができず，結局，イギリス軍に鎮圧された。ムガル帝国は3世紀にわたる長い歴史を閉じ，1877年，ヴィクトリア女王を皇帝⑤とするインド帝国が成立することで，イギリスの植民地支配が完成した。

　インド帝国は1947年までの70年間続くことになるが，その間，イギリス支配による「インドの近代化」と，インド人によるイギリス支配への抵抗運動という過程の中で，⑥宗教問題やカースト差別は複雑な様相を呈した。歴史的にとらえると，ヒンドゥー教⑦徒とイスラーム教徒は常に対立関係にあったわけではなく，イギリスの植民地統治が両者の関係を翻弄したといえるであろう。結果として1947年のイギリス支配からの解放は，ヒンドゥー教徒を主体とするインドとイスラーム教のパキスタンが二つの国家⑧として分離独立するという形で遂げることとなった。

設問1　下線①について，以下の記述のうち，明白に誤っているものを一つ選びなさい。

ア　それまでのヒンドゥー教徒への融和政策をやめ，イスラーム教徒を重用した。

イ　厳格なスンナ派イスラーム教徒の立場から，ジズヤを復活させた。

ウ　南方に覇権を拡大するため，帝国の都をアグラからデリーに移した。

エ　17世紀半ばからほぼ半世紀続く治世において，帝国の領土を最大とした。

設問 2　下線②について，18世紀から19世紀前半にかけてムガル帝国を脅かした勢力に関する以下の記述のうち，明白に誤っているものを一つ選びなさい。

ア　シヴァージーによって建設されたマラーター王国はヒンドゥー教国であった。

イ　カースト差別と偶像崇拝を否定し，唯一神を信仰したナーナクは，シク教徒を率いて独立王国を建てた。

ウ　南インドのマイソール王国は，一時，イスラーム勢力に圧迫された。

エ　ムガル帝国を脅かしたマラーター王国，シク王国，マイソール王国は，のちにイギリスとの戦争に敗れた。

設問 3　下線③について，16世紀からヨーロッパの経済勢力が占領していた都市を一つ選びなさい。

ア　マドラス　　　　　　　　イ　シャンデルナゴル
ウ　ポンディシェリ　　　　　エ　ゴア

設問 4　下線④について，イギリスがインドで展開した植民地経済に関する以下の記述のうち，明白に誤っているものを一つ選びなさい。

ア　イギリス東インド会社は，すでに国際商品として生産され，西欧へと輸出されていたインド綿布に関心を示した。

イ　インドの貿易独占権を有した東インド会社は1784年のインド法により解散し，イギリス産業資本家による自由貿易が可能となった。

ウ　イギリス本国での産業革命により安価な機械織り綿布が大量に生産され，インドは綿布の輸入市場へと立場の転換を強いられた。

エ　19世紀に入ると，インドは綿のほか，アヘンやインディゴ，茶などの原料生産地としても重要な位置を占めるようになった。

設問 5　下線⑤について，この帝国に関する以下の記述のうち，明白に誤っているものを一つ選びなさい。

ア　ティムールの子孫のバーブルによって，モンゴルという意味をもつムガル朝が建てられた。

イ　イスラーム教がインド全域に広まり，ヒンドゥー文化からの影響も受けてインド＝イスラーム文化が発達した。

ウ　公用語をウルドゥー語とし，第三代アクバルのもとで中央集権制度が確立した。

エ　1858年，イギリスがムガル皇帝を廃することで，この帝国は滅亡にいたった。

設問 6　下線⑥について，以下の記述のうち，明白に誤っているものを一つ選びなさい。

　ア　イギリスは，インド人が団結して大規模な反英勢力を形成しないよう，一部の
　　王国を藩王国として存続させ，地方内政を分断した。
　イ　反英運動の中心であったインド東部のパンジャーブ州では，イスラーム教徒の
　　州とヒンドゥー教徒の州に分割する法令が出され，民族運動の抑止が図られた。
　ウ　急進派ティラクが率いた国民会議派は，ボイコット，スワデーシ，スワラージ，
　　民族教育の綱領を打ち立てた。
　エ　第二次世界大戦において，インド国民会議派は戦争に非協力の立場をとり，独
　　立を要求し続けた。

設問7　下線⑦について，以下の記述のうち，明白に誤っているものを一つ選びなさ
　い。
　ア　国民会議派はヒンドゥー教徒が中心であり，イスラーム教徒はこれに対抗する
　　形で1885年に全インド＝ムスリム連盟を組織した。
　イ　イギリスで高等教育を受けたガンディーは，ヒンドゥー教徒とイスラーム教徒
　　の融和に努め，非暴力不服従運動を展開した。
　ウ　第一次世界大戦でイギリスがカリフの国オスマン帝国と戦うと，全インド＝ム
　　スリム連盟は反英的となり，国民会議派と提携した。
　エ　全インド＝ムスリム連盟を率いたジンナーは，ヒンドゥー教徒と対立し，イギ
　　リスに協力する姿勢を示した。

設問8　下線⑧について，以下の記述のうち，明白に誤っているものを一つ選びなさ
　い。
　ア　1940年，全インド＝ムスリム連盟はラホール大会でパキスタンの建設を決議し
　　た。
　イ　1971年，東パキスタンはカシミールの帰属をめぐる戦争でインドに勝利し，バ
　　ングラデシュとして分離独立した。
　ウ　1988年，ベーナズィール＝ブットーがイスラーム諸国で初の女性首相に就任し
　　た。
　エ　1998年，パキスタンはインドの核実験に対抗して原爆の実験に成功し，核保有
　　国となった。

解説 インドの植民地化と独立運動

　アウラングゼーブ帝の治世以降のムガル帝国の衰退，英仏の進出から18世紀後半以降の
イギリスによる植民地化，そして1947年のインド・パキスタン分離独立に至るまでの抵抗
運動という，近世・近現代インド史の典型的なリード文を用いた大問である。誤文判定問
題は年号も含めやや細かい知識が必要となっているが，植民地経済に関して問うた設問4
以外は丁寧に選択肢にあたることで解答は可能であろう。

設問1　答：ウ ───────────────────────────────── 標準

　ウ―×　アウラングゼーブ（位1658〜1707年）は，即位後，都をアグラからデリー
に移したが，地理的に南から北への遷都であり，「南方に覇権を拡大するため」
ではない。父であるシャー＝ジャハーンが都としていたアグラから遷都すること
で，新たな国内体制の確立や北インドの安定を目指したのである。

設問2　答：イ ───────────────────────────────── 標準

　イ―×　ナーナクはカースト差別と偶像崇拝を否定し，唯一神を信仰して16世紀の
初めにシク教を創始したが，パンジャーブ地方にシク教徒によるシク王国を建て
たのはランジット＝シング（位1801〜39年）。

　エ―○　プラッシーの戦いに勝利してインドにおけるフランスの勢力を排除したイ
ギリスは，南インドのマイソール王国（1799年），デカン高原西部のマラーター
同盟（1818年），パンジャーブ地方のシク王国（1849年）の順に制圧し，インド
をほぼ手中におさめた。

設問3　答：エ ───────────────────────────────── 易

　エ　ゴアはインド西海岸の都市で，1510年にこの地を占領したポルトガルがインド
総督府を置き，アジア交易の拠点とした。

　ア　インド南東部のマドラス（現チェンナイ）は，17世紀にイギリス東インド会社
が要塞を築いて拠点とした。1623年のアンボイナ事件でモルッカ諸島における香
辛料交易から撤退を余儀なくされたイギリスはインドに進出し，マドラスに続い
てインド西部のボンベイ（現ムンバイ），インド北東部のカルカッタ（現コルカ
タ）を相次いで拠点とした。

　イ・ウ　インド北東部のシャンデルナゴルとインド南東部のポンディシェリは，17
世紀後半にフランス東インド会社が交易の拠点とした。

設問4　答：イ ───────────────────────────────── やや難

　イ―×　イギリス東インド会社は，1858年にシパーヒーの反乱の責任を取らされる
かたちで解散させられた。1784年のインド法は，本国の東インド会社に対する監
督権を強化した法律。「イギリス産業資本家による自由貿易が可能」となったの
は，1813年のイギリス東インド会社のインド貿易独占権廃止によってである。

設問5　答：ウ　━━━━━━━━━━━━━━━━━━━━━━━━━━━━━━━　標準

ウ―×　ムガル帝国の公用語はペルシア語である。ウルドゥー語は，北インドの主
　　　要言語であったヒンディー語に，ペルシア語やアラビア語・トルコ語などが融合
　　　して生まれた言語で，現在のパキスタンの公用語となっている。

イ―○　領土最大となったアウラングゼーブの時代でも，ムガル帝国の領域はイン
　　　ド南端までは含んでいなかったため，誤りと判断できなくもない。しかし，ムガ
　　　ル帝国が成立した頃，南インドにはヒンドゥー教国のヴィジャヤナガル王国が存
　　　在し，その滅亡後もヒンドゥー教国のマイソール王国が成立したが，18世紀にな
　　　ると王位を簒奪したイスラーム教徒の将軍のもとでこの王国もイスラーム化して
　　　おり，「明白に誤っているもの」とはならないだろう。

設問6　答：イ　━━━━━━━━━━━━━━━━━━━━━━━━━━━━━━━　標準

イ―×　選択肢文中の「イスラーム教徒の州とヒンドゥー教徒の州に分割する法
　　　令」とはベンガル分割令（1905年）のことである。この分割対象とされたのは，
　　　イギリス領インド帝国の首都が置かれていたカルカッタを含むインド東部のベン
　　　ガル州である。ちなみに，ベンガル分割令に対抗して開催された1906年の国民会
　　　議派カルカッタ大会で選択肢ウの4綱領が採択されるなど，インドの民族運動が
　　　さらに盛り上がったことを受けて，1911年，イギリスはインド帝国の都をカルカ
　　　ッタからデリーへと移した。加えて，パンジャーブ州は，シク教徒が多く居住し
　　　ていることでも知られるインド北西部の州である。

設問7　答：ア　━━━━━━━━━━━━━━━━━━━━━━━━━━━━━━━　標準

ア―×　1885年は，植民地政府に対する請願を目的としたヒンドゥー教徒エリート
　　　層中心のインド国民会議派が結成された年である。イスラーム教徒がダッカで全
　　　インド＝ムスリム連盟を組織したのは1906年。イギリスは，ベンガル分割令以降
　　　急進化した国民会議派に対抗させるため全インド＝ムスリム連盟の結成を援助し
　　　たとされる。

設問8　答：イ　━━━━━━━━━━━━━━━━━━━━━━━━━━━━━━━　標準

イ―×　1947年に独立したパキスタンはインドを挟んで東西に分かれていたが，当
　　　時の首都イスラマバードは西パキスタンにあり，面積の小さい東パキスタンは政
　　　治的・経済的に西部に従属することになった。これに対して東パキスタンが独立
　　　を宣言すると，隣国パキスタンの弱体化を狙うインディラ＝ガンディー政権のイン
　　　ドがこれを支援したことで第3次印パ戦争となった。2週間ほどの戦闘を経てパキ
　　　スタンが降伏したため，東パキスタンはバングラデシュとして独立を認められた。

```
解　答

設問1　ウ　　設問2　イ　　設問3　エ　　設問4　イ　　設問5　ウ
設問6　イ　　設問7　ア　　設問8　イ
```

MEMO